Ausgesprochen schuldig

Frankfurter kriminalwissenschaftliche Studien

Herausgegeben von
Prof. Dr. Peter-Alexis Albrecht
Prof. Dr. Dirk Fabricius
Prof. Dr. Klaus Günther
Prof. Dr. Winfried Hassemer
Prof. Dr. Herbert Jäger
Prof. Dr. Walter Kargl
Prof. Dr. Klaus Lüderssen
Prof. Dr. Wolfgang Naucke
Prof. Dr. Ulfrid Neumann
Prof. Dr. Cornelius Prittwitz
Prof. Dr. Ernst Amadeus Wolff

Bd./Vol. 86

PETER LANG
Frankfurt am Main · Berlin · Bern · Bruxelles · New York · Oxford · Wien

Stefanie Schork

Ausgesprochen schuldig

Dogmatische und metadogmatische Untersuchungen zum Schuldspruch

PETER LANG
Europäischer Verlag der Wissenschaften

Bibliografische Information Der Deutschen Bibliothek
Die Deutsche Bibliothek verzeichnet diese Publikation in der Deutschen Nationalbibliografie; detaillierte bibliografische Daten sind im Internet über <http://dnb.ddb.de> abrufbar.

Zugl.: Frankfurt (Main), Univ., Diss., 2004

D 30
ISSN 0170-6918
ISBN 3-631-52926-0

Satz: Sascha Ziemann

www.peterlang.de

VORWORT

Die Strafrechtswissenschaft hat sich schon vor geraumer Zeit auf den Weg gemacht, neue Antworten auf delinquentes Verhalten zu finden. Diese Arbeit ist der Versuch, den Blick weg von Sanktionsvarianten auf die Verurteilung an sich, den Schuldspruch, zu lenken und damit ein Institut zu erforschen, dessen eigenständige Bedeutung im Umgang mit Straftaten bisher nahezu unbeachtet blieb.

Das Institut für Kriminalwissenschaften der Johann Wolfgang Goethe-Universität Frankfurt am Main steht in der Tradition, die Diskussion um die Kritik der Strafe entscheidend voranzutreiben. Bei allen Professoren und Mitarbeitern möchte ich mich dafür bedanken, von diesem Umfeld profitiert haben zu dürfen. Den Herausgebern der Frankfurter Kriminalwissenschaftlichen Studien schulde ich überdies besonderen Dank für die Aufnahme meiner Arbeit in die Institutsreihe.

Mein herzlicher Dank gilt Prof. Dr. Klaus Günther, der die Ausrichtung meiner Untersuchung geprägt hat und mir zugleich den nötigen Freiraum ließ, ergebnisoffen einen eigenen Zugriff auf das Thema zu entwickeln, sowie Prof. Dr. Klaus Lüderssen, der mir als Zweitgutachter mit konstruktiver Kritik hilfreich zur Seite stand. Ihnen verdanke ich mein Interesse am wissenschaftlichen Arbeiten; ihrer Unterstützung durfte ich mir als Studentin, wissenschaftliche Mitarbeiterin und Doktorandin stets sicher sein.

Für das mir erteilte Stipendium und das damit verbundene Vertrauen danke ich der hessischen Graduiertenförderung der Johann Wolfgang Goethe-Universität Frankfurt am Main.

Meiner Familie, meinen Freunden und Freundinnen danke ich für ihre Ermutigungen und konstruktiven Hinweise. Besonders hervorheben möchte ich Daniela M. Becker, Dr. Jochen Bung und Sascha Ziemann. Sie haben mich in entscheidenden Phasen tatkräftig unterstützt. Ihnen allen sei noch einmal herzlich gedankt.

Frankfurt am Main im Juni 2004

Stefanie Schork

Die Arbeit ist dem Andenken meines Vaters gewidmet.

S. Sch.

INHALTSÜBERSICHT

INHALTSVERZEICHNIS

EINFÜHRUNG

Die Tür des Beratungszimmers öffnet sich, die Anwesenden im Sitzungssaal stehen erwartungsvoll auf, das Gericht tritt ein. Der Vorsitzende räuspert sich und verkündet im Namen des Volkes folgenden Urteilstenor: „*Der Angeklagte ist des Diebstahls schuldig. Er wird zu einer Geldstrafe von dreißig Tagessätzen zu je zwanzig Euro verurteilt. Bitte Platz zu nehmen.*"

Das Gericht fährt fort, die Urteilsgründe zu erläutern. Doch das Wesentliche ist bereits ausgesprochen: Der Angeklagte ist schuldig.

Diese Arbeit ist der Versuch, den Schuldspruch aus der üblicherweise im Gesamtzusammenhang betrachteten strafgerichtlichen Verurteilung herauszulösen und ihn als eigenständiges Institut nicht nur neben den Urteilsgründen, sondern auch neben der Entscheidung über die Rechtsfolgen einer Straftat zu untersuchen.

Ausgangspunkt dafür ist das im ersten Kapitel des ersten Teils zu beleuchtende prozessuale Umfeld des Schuldspruchs. Die Anforderungen, denen dieser als formaler Bestandteil des Strafurteils ausgesetzt ist, werden herausgearbeitet. Auf dieser Grundlage kann im nächsten Schritt ein weiteres Kennzeichen des Schuldspruchs auf einer gänzlich anderen als der prozessualen Ebene betrachtet werden: Zwingend öffentlich und in Gegenwart aller Verfahrensbeteiligter im Namen des Volkes verkündet, nimmt das erkennende Gericht mit dem Ausspruch „*Der Angeklagte ist schuldig*" ebenso wie durch sein prozessuales Pendant – den Freispruch – bereits eine eigene Handlung vor. Diese erfolgt unabhängig von den sich im Rahmen des Urteiltenors anschließenden Entscheidungen über Rechtsfolgen und Kosten. Aufgabe des zweiten Kapitels des Abschnitts über die Kennzeichen des Schuldspruchs ist es, den Schuldspruch aus sprachtheorethischer Sicht als eigenständigen Sprechakt darzustellen.

Neben seiner prozessualen Rolle und seiner Bedeutung als Sprechakt besetzt der Schuldspruch darüber hinaus eine besondere Position im materiellen Recht. Im Strafgesetzbuch lassen sich verschiedene Regelungen herausgreifen, die sich auf der Rechtsfolgenseite durch eine unterschiedlich gewichtete Reduktion auszeichnen, dabei aber den Schuldspruch als gemeinsamen Nenner beibehalten. Aufgeteilt in die Gruppen des Schuldspruchs kombiniert mit ausgesetzter Strafe, des Schuldspruchs verknüpft mit nichtstaatlichen Strafsubstituten und des unter gleichzeitigem ersatzlosen Strafverzicht ergehenden Schuldspruchs lassen sich die vom Gesetzgeber vorgesehenen Konstellationen systematisieren und beschreiben. Ziel dieses Abschnitts ist es, einen vollständigen Überblick über die Anwendungsfelder des Schuldspruchs zu geben, mögliche Bedeutungszusammenhänge vorzuzeichnen und den Weg für die nachfolgenden Funktionsbestimmungen zu bereiten. Im Vordergrund steht dabei auch im zweiten Teil der Untersuchung die Position des Schuldspruchs. Ausgewählte Institute der vorgestellten Regelungen geben Anlass, die zugrunde liegenden gesetzgeberischen Materialien heranzuziehen, um die Frage zu klären, welche Berücksichtigung der Schuldspruch in den dort geführten Diskussionen erfuhr. Besonderes Augenmerk wurde dabei auf die Verwarnung mit Strafvorbehalt nach § 59 StGB sowie das Absehen von Strafe gemäß § 60 StGB gelegt – zwei Vorschriften, deren Systematik und Regelungsbereiche sie besonders prädestinieren, in der jeweiligen Entstehungsgeschichte nach Anhaltspunkten für die Einschätzung des Schuldspruchs zu forschen. Auch die wesentlich jüngere Vorschrift des § 46a StGB bietet vielversprechende Anhaltspunkte vor einem gänzlich veränderten kriminalpolitischen Hintergrund.

Das Untersuchungsergebnis der ersten beiden Teile wird darin bestehen, die verschiedenen Erscheinungsformen des Schuldspruchs als Schnittstelle zwischen materiellem und formellem Recht darzustellen. Zugleich wird eine Grundlage geschaffen, um sich im dritten Teil der Arbeit den Funktionen des Schuldspruchs zuwenden zu können.

In der Auseinandersetzung mit den materiell-rechtlichen Konstellationen hat sich gezeigt, dass mit der Fokussierung des Schuldspruchs jenseits des Strafurteils Neuland betreten wird. Die Untersuchung verlässt mit der Hinwendung zu den dem Schuldspruch zugeschriebenen Funktionen und der Entkoppelung von Schuldspruch und

Strafe bekanntes Terrain. Von dem Anliegen geleitet, ein vollständiges Bild der einschlägigen Funktionszusammenhänge zeichnen zu können, zeigt sich, dass ein einheitliches Konzept für das Institut des Schuldspruchs weder im formellen noch im materiellen Recht auszumachen ist.

Der Grund dafür, dass das Herausarbeiten von Begriff und Funktion des Schuldspruchs schwierig und das vorhandene Material vergleichsweise unklar ist, liegt daran, dass Schuldspruch und Strafe bisher außerhalb der Diskussion um die Einführung eines Schuldinterlokuts im deutschen Recht[1] nicht unabhängig voneinander gedacht wurden. Gleichzeitig schreiben Rechtsprechung und Wissenschaft dem Schuldspruch jedoch ein Konglomerat von Funktionen ohne Gesamtkonzeption zu, ohne die Konsequenzen für die Rolle des Schuldspruchs mitzubedenken.

Ausgehend von der im ersten Teil erarbeiteten Struktur der strafgerichtlichen Verurteilung, wendet sich die Arbeit in ihrem dritten Teil zunächst der Feststellungsfunktion des Schuldspruchs zu. Sodann wird die im Kontext der Dogmatik der Konkurrenzen entwickelte Klarstellungsfunktion des Schuldspruchs beleuchtet. Die allerorts dem Schuldspruch zugewiesene Aufgabe, ein Abbild des begangenen Unrechts zu sein, hat auch Auswirkungen auf den Kontext der Wahlfeststellung und des *dolus alternativus*.

Von der darstellenden Ebene gelangt die Arbeit unter der Überschrift der expressiven Funktion des Schuldspruchs zu dessen Außenwirkung. Bereits im Zusammenhang mit der Klarstellungsfunktion wird deutlich, dass dem Schuldspruch über rein formale Erwägungen hinaus zentrale Bedeutung zukommt. Im Zusammenhang mit den expressiven Funktionen des Schuldspruchs werden diese Ansätze vertieft. Den Schuldspruch als Ausdruck der Missbilligung zu begreifen, bedeutet, sich unmittelbar dem Strafbegriff zu nähern. Getragen von der These, mangelnde Auseinandersetzung mit dem Schuldspruch und fehlende konsequente Aneinanderreihung vielfältiger bereits vorhandener Zuschreibungen lasse auch das Verhältnis von Schuldspruch und Strafe im unklaren, stellt die Arbeit die Frage, wie sowohl dem Schuldspruch als auch der Strafe zugeschrieben werden

---

1 Dazu vgl. etwa *Krauß*, FS-Schaffstein, S. 411 (424 ff.); *Römer*, GA 1969, S. 333; *Dästner*, DRiZ 1977, S. 9.

kann, ein sozial-ethisches Unwerturteil zu enthalten, ohne sich zu dem Verhältnis beider Institute zueinander zu verhalten. Besondere Schwierigkeiten ergeben sich daraus, dass Schuldspruch und Strafe in einem prozessualen Verbund konzipiert sind[2], der verfassungsrechtliche Grundsätze garantiert[3] und nicht aufgelöst werden kann. Keine Strafe ohne Schuld bedeutet im prozessualen Kontext auch: keine Strafe ohne Schuldspruch. Dennoch ist der Schuldspruch mehr als rechtsstaatliche Voraussetzung für die Kriminalstrafe – so die These. Gerade vor dem Hintergrund der bereits bestehenden Konstellationen im materiellen Recht, die den Schuldspruch als alleinige Sanktion[4] bestehen lassen, sind die Wirkungsweisen von Schuldspruch und Strafe streng zu trennen.

Im Anschluss wird im vierten Kapitel des dritten Teils die repressive Funktion des Schuldspruchs erarbeitet und damit dessen expressive Wirkung noch um ein weiteres Element, das der Übelszufügung, erweitert. Anknüpfungspunkt ist nunmehr das Rechtsmittelrecht. Ob der Schuldspruch eine eigenständige Beschwer darstellt, und ob eine Veränderung des Schuldspruchs in der Rechtsmittelinstanz gegen das Verschlechterungsverbot verstößt, sind Fragen, die unmittelbar eine mögliche Belastung des Verurteilten durch den Schuldspruch betreffen.

Das bereits im Zusammenhang mit den Konstellationen im materiellen Recht angesprochene Verhältnis zwischen Schuldspruch und Strafe gilt es vor dem Hintergrund der erarbeiteten Funktion nun im vierten Teil der Untersuchung erneut aufzunehmen. Dem Schuldspruch zuzuschreiben, ein sozial-ethisches Unwerturteil zu enthalten sowie über repressive Wirkungen zu verfügen, zwingt zur Prüfung, ob dem Schuldspruch in der Folge auch Straffunktionen zugeschrieben werden. Die im ersten Teil hervorgehobenen Regelungen der §§ 60, 59 und 46a StGB rücken nun noch einmal in das Blickfeld. Insbesondere § 60 StGB gibt Anlass, die Frage nach der Erfüllung von Strafzwecken durch den Schuldspruch zu bearbeiten. In dessen Wortlaut ist bereits angedeutet, dass von Strafe nur abgesehen werden kann, wenn die Strafzecke anderweitig erfüllt werden. Inwieweit auch der Schuld-

2 1. Teil, 1. Kapitel.
3 3. Teil, 1. Kapitel.
4 Unter Sanktion wird hier jede Reaktion auf die Missachtung einer Norm verstanden, vgl. *Kerner*, Kleines Kriminologisches Wörterbuch (KKW), S. 438.

spruch neben den eingetretenen Tatfolgen dieser Aufgabe nachkommen kann, wird unter Zuhilfenahme der im dritten Teil erarbeiteten Funktionen des Schuldspruchs dezidiert dargelegt.

Im zweiten Kapitel des vierten Teils wird der Bereich der gegenwärtig bestehenden Gesetzeslage verlassen. Die Arbeit wendet sich der Stellung des Schuldspruchs in der kriminalpolitischen Diskussion zu. Um die Untersuchung zu vervollständigen, werden Zusammenhänge aufgezeigt, in denen der Schuldspruch aktuell vorwiegend unter der Prämisse der Position des Schuldspruchs im Sanktionenkatalog des Strafgesetzbuches diskutiert wird. Ferner wird dargestellt, inwieweit die Besonderheiten des Schuldspruchs anlässlich aktueller kriminalpolitischer Schwerpunktverlagerungen wie der Hinwendung zum Opfer und dem verstärkten allgemeinen Interesse an moralischer Verurteilungen von Straftätern durch autoritäre Stellen in den Fokus gerät.

Die Zusammenschau aller Erscheinungsformen des Schuldspruchs *de lege lata* und aller ihm zugeschriebenen Funktionen und Wirkungsweisen wird den Schuldspruch aus der Grauzone zwischen materiellem und prozessualem Recht befreien und ermöglichen, ihn als eigenständiges Institut zu begreifen. So entsteht eine feste Grundlage, auf der künftige strafrechtliche und strafprozessuale Konzepte aufbauen können.

TEIL 1
Die Kennzeichen des Schuldspruchs

Kapitel 1 Der Schuldspruch als Bestandteil des Urteils – zur Technik der Verurteilung

Der Schuldspruch bildet jenen Teil eines Strafurteils, in dem es beispielsweise heißt: *„Der Angeklagte ist des Diebstahls schuldig."* Gemeinsam mit dem in der Regel unmittelbar darauf folgenden Rechtsfolgenausspruch *„Er wird deshalb zu einer Geldstrafe in Höhe von [...] verurteilt"* und der (Neben-)Entscheidung über die Kosten sowie eventuell über eine zu leistende Entschädigung nach dem Entschädigungsgesetz für Strafverfolgungsmaßnahmen bildet der Schuldspruch den Urteilstenor.

Der Tenor wird grundsätzlich nach der letzten Hauptverhandlung verlesen und beendet gemeinsam mit der sich anschließenden Verkündung der Urteilsgründe das Strafverfahren. Mit dem Schuldspruch trifft das Gericht eine Sachentscheidung, die im Rahmen eines Urteils, nicht eines Beschlusses, ergeht.[5]

Eine eigene Regelung hat der Gesetzgeber der Strafprozessordnung dem Institut des Schuldspruchs nicht gewidmet. Die einzige Ausnahme bildet § 437 Abs. 1 StPO, der in seinem Wortlaut den Begriff des Schuldspruchs explizit nennt, jedoch aufgrund seines speziellen Regelungsgehalts aus dem Bereich der Verfahren bei Einziehungen für die hier gewollte Annäherung an das prozessuale Institut „Schuldspruch" nicht weiterhilft. Etwas anderes gilt für den allgemeineren Begriff der Urteilsformel, der mehrfach in der Strafprozessordnung Erwähnung findet und folglich als Ausgangspunkt für die Untersuchung der Position des Schuldspruchs im Strafprozessrecht dient.

---

5 LR-*Gollwitzer*, § 260, Rn. 7; KK-*Engelhardt*, § 260, Rn. 15; vgl. BGHSt 25, 242.

Eine Aussage über Inhalt und Bedeutung der Urteilsformel bzw. des Urteiltenors – beide Begriff werden im Folgenden synonym verwendet – trifft der Gesetzgeber etwa im Abschnitt über die Hauptverhandlung im ersten Rechtszug und bezieht sich dabei zugleich auch auf den hier interessierenden ersten Teil des Tenors, den Schuldspruch. Auf die einschlägige Regelung in § 260 Abs. 4 S. 1 StPO wird im nächsten Abschnitt einzugehen sein.

Nach § 268 Abs. 2 StPO wird das Urteil im Namen des Volkes verkündet, indem die Urteilsformel verlesen und die Urteilsgründe eröffnet werden. Beide Prozesshandlungen bilden eine Einheit[6] und sind nicht voneinander zu trennen.[7] Die Verkündung soll den Verfahrensbeteiligten und der Öffentlichkeit die Kenntnis vermitteln, wie das Gericht entschieden hat und weshalb es so erkannt hat.[8] Dennoch ist die Verlesung der Urteilsformel nach § 268 StPO, und nicht die Eröffnung der Gründe, als der wesentliche Teil der Hauptverhandlung anzusehen.[9] Ein wirksames Urteil liegt mithin bereits nach Verlesung der Urteilsformel vor.[10] Die Eröffnung der Gründe ist hingegen für den Urteilsspruch nicht wesentlich[11], obwohl eine unvollständige Eröffnung gegen § 268 Abs. 2 S. 1 StPO verstößt.[12] Chronologisch muss das erkennende Gericht den Tenor verlesen, bevor es die Entscheidungsgründe mitteilt.[13] Neben den zahlreichen Vorkommnissen, die den Gang und

6 Dass Urteilstenor und Urteilsgründe als einheitliches Ganzes zu sehen sind, unterstreicht die Rechtsprechung etwa im Zusammenhang mit der Revisionseinlegungsfrist. Nach § 341 Abs. 2 StPO beginnt die Frist mit der Verkündung des Urteils in Anwesenheit des Angeklagten. Entfernt sich der Angeklagte vor dem Ende der Urteilsverkündung aus dem Saal oder wird er entfernt, beginnt nach der Rechtsprechung des *Bundesgerichtshofs* die Rechtmittelfrist erst mit der Zustellung des Urteils zu laufen, BGH NStZ 2000, 498; vgl. zur Mitteilung der Urteilsgründe in Abwesenheit des einen Kreislaufzusammenbruch erleidenden Angeklagten BGHSt 15, 263; BGH NStZ 1998, 237; BGH NStZ 1986, 521; *Paulus*, Anmerkung zu OLG Stuttgart, Beschluss vom 13. 12. 1985.

7 BGHSt 5, 5 (9); 25, 333 (335).

8 Vgl. BGH NStZ 2000, 498.

9 BGHSt 8, 41; 15, 263 (264); 16, 178 (180); BGH NStZ-RR 2001, 333. Dazu auch *Roeder*, ZStW 79, 250 (277).

10 Für viele BGHSt 8, 41; 15, 263 (264) mit weiteren Nachweisen.

11 Vgl. BGHSt 8, 41 (42); 15, 263 (264).

12 BGH NStZ-RR 1996, 337.

13 Vgl. § 268 Abs. 2 S. 3 StPO. Die Urteilsformel kann nach Schluss der Verkündung, das heißt nach vollständiger Mitteilung der Urteilsgründe, sachlich nicht mehr geändert werden. Lediglich offensichtliche Schreibversehen und Unrichtigkeiten können berichtigt werden, sofern es sich um Fehler handelt,

das Ergebnis der Hauptverhandlung bestimmen, muss das Protokoll die Urteilsformel enthalten.[14]

In dem Abschnitt über die gerichtlichen Entscheidungen und ihre Bekanntmachung bezieht sich der Gesetzgeber ebenfalls auf die Urteilsformel. § 40 Abs. 2 S. 2 StPO legt fest, dass im Falle der öffentlichen Zustellung von Urteilen und Beschlüssen an den Angeklagten nur deren entscheidender Teil an die Gerichtstafel des Gerichts der ersten Instanz angeheftet wird. Da die Entscheidungsgründe, wie gesehen, nicht den entscheidenden Teil des Urteils bilden, wird lediglich der Tenor veröffentlicht.[15]

Ferner nimmt auch das Gerichtsverfassungsgesetz Bezug auf den Tenor. § 173 Abs. 1 GVG bestimmt, dass das Urteil grundsätzlich öffentlich zu verkünden ist.[16] Nach dem Wortlaut des zweiten Absatzes kann das Gericht jedoch unter bestimmten Voraussetzungen für die Verkündung der Urteilsgründe oder eines Teils davon die Öffentlichkeit ausschließen. Dies ergäbe keinen Sinn, wenn im ersten Absatz bereits die unantastbare öffentliche Verkündung des gesamten Urteils statuiert wird. Im Umkehrschluss kann im ersten Absatz mit dem Begriff des Urteils nur der Urteilstenor gemeint sein. Der Tenor wird mithin öffentlich verkündet, für die Urteilsgründe kann hingegen die Öffentlichkeit ausgeschlossen werden.[17]

Dem Schuldspruch voraus geht eine Abstimmung über die Schuldfrage, die in § 263 StPO näher beschrieben wird. Demnach ist für jede dem Angeklagten nachteilige gerichtliche Entscheidung über die Schuldfrage und über die Rechtsfolgen der Tat eine Zweidrittelmehrheit erforderlich.[18] Gegenstand der Abstimmung ist die Schuldfrage

---

die sich ohne weiteres aus Tatsachen ergeben, die für alle Verfahrensbeteiligten klar zutage liegen, und jeden Verdacht einer inhaltlichen Änderung ausschließen, ständige Rechtsprechung vgl. für viele BGHSt 5, 5 (7); 15, 263 (265); 25, 333 (335 ff.).

14 § 273 Abs. 1 StPO.

15 KK-*Maul*, § 40, Rn. 10.

16 Eine Ausnahme besteht allein für Verfahren gegen Heranwachsende. Nach § 109 Abs. 1 S. 4 in Verbindung mit § 2 JGG kann die Öffentlichkeit bei Urteilsverkündungen ausgeschlossen werden, wenn dies im Interesse des Heranwachsenden geboten ist, dazu BGHSt 42, 294, 296.

17 §§ 173 Abs. 1, 171b, 172 GVG.

18 § 263 StPO stellt damit eine Sondervorschrift zu der ansonsten geltenden einfachen Mehrheit nach § 196 Abs. 1 GVG dar, *Meyer-Goßner*, § 263, Rn. 1; KMR-*Paulus* (1999) § 263, Rn. 1.

„im ganzen".[19] Sie bezieht sich auf die Schuld im weitergehenden, im prozessualen Sinne. Diese ist zu unterscheiden von der materiellrechtlichen Schuld, dem Begriff der Strafzumessungsschuld sowie der Schuldidee bzw. dem Schuldgrundsatz als umfassendes rechtsstaatliches Prinzip.[20] Die Schuldfrage im rein prozessualen Sinne meint die Prüfung, ob der Angeklagte Täter oder Teilnehmer der ihm vorgeworfenen Tat ist, und ob diese tatbestandsmäßig, rechtswidrig und schuldhaft begangen wurde.[21] Nach § 263 Abs. 2 StPO umfasst die prozessuale Schuldfrage auch alle besonderen Umstände, welche die Strafbarkeit ausschließen, vermindern oder erhöhen. Dazu gehören Rechtfertigungs-, Schuldausschließungs-, Strafaufhebungs- und Strafausschließungsgründe, Privilegierungen sowie Qualifikationen.[22]

§ 260 Abs. 4 S. 1 StPO schreibt vor, dass die Urteilsformel die rechtliche Bezeichnung der Tat, derer der Angeklagte schuldig gesprochen wird, angeben muss.[23] Der Schuldspruch muss sich also auf einen bestimmten Straftatbestand beziehen. Soweit möglich, soll dabei die gesetzliche Überschrift des verwirklichten Straftatbestandes übernommen werden.[24] Wurde ein Straftatbestand nicht überschrieben, muss das Gericht die Tat anhand ihrer Kernmerkmale skizzieren.[25] Gerichtliche Uneinigkeit bezüglich des erfüllten Tatbestandes steht selbstredend

---

19 KK-*Engelhardt* § 263, Rn. 3; KMR-*Paulus* (1999) § 263, Rn. 8; *Peters*, Strafprozess, § 53 I 2.

20 Auf diese Unterscheidung wird noch an verschiedenen Stellen, insbesondere jedoch in dem Abschnitt über die Feststellungsfunktion des Schuldspruchs einzugehen sein, vgl. unten 3. Teil, 1. Kapitel.

21 *Eb. Schmidt*, Lehrkommentar, Teil II, § 263, Rn. 3; KK-*Engelhardt* § 263, Rn. 3; KMR-*Paulus* (1999) § 263, Rn. 7; *Meyer-Goßner*, § 263, Rn. 2 ff.; *Roxin*, Strafverfahrensrecht, § 46, Rn. 12.

22 KMR-*Paulus* (1999) § 263, Rn. 7, *Meyer-Goßner*, § 263, Rn. 3 ff.

23 In dieser Form findet der Schuldspruch auch Eingang in das Bundeszentralregister, sofern darüber hinaus auch eine Rechtsfolge ausgesprochen wird, § 5 Abs. 1 Nr. 6 BZRG (*Bundeszentralregistergesetz*).

24 Vgl. § 260 Abs. 4 S. 2 StPO.

25 KK-*Engelhardt* § 260, Rn. 29; AK-*Wassermann* (1993) § 260, Rn. 10.

einer Verurteilung[26] entgegen.[27] Die innerhalb der Urteilsbegründung in Bezug genommenen Straftatbestände müssen entsprechend im Tenor aufgeführt werden.[28] Über die rechtliche Bezeichnung hinaus gehen würden Angaben zum Wortlaut des Tatbestandes sowie hinsichtlich des der Entscheidung zugrunde liegenden Sachverhalts. Solche Ausführungen bleiben mithin unerwähnt.

Näheres zur Bezeichnung der Tat regelt die Strafprozessordnung nicht, sondern stellt es im übrigen in das gerichtliche Ermessen, den Tenor zu formulieren.[29] Der Wortlaut der Urteilsformel, genauer des Schuldspruchs, hat sich allerdings stets an dessen Aufgabe zu orientieren, *„das begangene Unrecht erschöpfend zu erfassen."*[30]

Diese Formel wurde in der Rechtsprechung entwickelt und bildet den Rahmen für die in den Schuldspruch aufzunehmenden Informationen über die Tat. Dabei soll das Gericht die dem Urteil zugrunde gelegte Tat in knapper und leicht verständlicher Sprache bezeichnen und den Tenor aller weiteren Informationen entledigen, die nicht unmittelbar der Erfüllung seiner Aufgaben dienen.[31] Als seine Aufgabe gilt es zum einen, die Ebene des Rechtsfolgenausspruchs betreffend, eine Grund-

---

26 Im Fortgang der Untersuchung wird der Begriff der Verurteilung noch vielfach verwendet. Daher sei bereits gleich zu Beginn klargestellt, dass zwei Bedeutungszusammenhänge zu unterscheiden sind, die als Verurteilung im engeren bzw. im weiteren Sinne bezeichnet werden können. Die Verurteilung im engeren Sinne meint die Verurteilung zu einer bestimmten Rechtsfolge und spiegelt sich wie gesehen regelmäßig im zweiten Abschnitt der Urteilsformel wieder. Daneben kann die Verurteilung als gegenteilige Variante zu einer ebenfalls im Anschluss an die Hauptverhandlung folgenden freisprechende Sachentscheidung in einem weiteren Sinne verstanden werden. Wenn im Folgenden von „Verurteilung" gesprochen wird, so ist damit stets die Verurteilung im weiteren oder generellen Sinn gemeint. Die alternative Verwendung wird überdies dem unmittelbaren Kontext zweifellos zu entnehmen sein. Ob für eine Verurteilung im weiten Sinne allein der Schuldspruch genügt oder es vielmehr des Zusammentreffens von Schuld- und Strafausspruch innerhalb des Tenors bedarf, ist die Frage, die im Laufe des zweiten Teils der Arbeit untersucht wird.

27 KMR-*Paulus* (1999) § 263, Rn. 9.

28 BGH NStZ 2001, 83.

29 Vgl. § 260 Abs. 4 S. 5 StPO. Dazu etwa *Willms*, DRiZ 1976, 82.

30 BGHSt 39, 100 (108); 41, 113 (115); 46, 24, (25); BGH StV 1994, 63 f.; BGH NJW 1999, 69 (70); LR-*Gollwitzer*, § 260, Rn. 26.

31 BGHSt 27, 287 (289).

lage für die Vollstreckung[32] zu schaffen[33], zum anderen – auf der Ebene des Schuldspruchs – den Rechtsgrund für den Eintritt der materiellen Rechtskraft[34] zu benennen.[35] Darüber hinaus liegt der Grund für die Bemühungen um eine möglichst klare und leicht verständliche Sprache im Urteilstenor auch in dem Wunsch, auf die Adressaten des Urteils[36], das heißt den Angeklagten, die Öffentlichkeit sowie den Verletzten der Straftat, besondere Rücksicht zu nehmen.[37]

So gehört zur rechtlichen Bezeichnung der Tat, dass grundsätzlich klargestellt wird, welche Beteiligungsform, Täterschaft oder Teilnahme, vorliegt[38], und dass etwaig erfüllte Qualifikationstatbestände benannt werden.[39] Anders verhält es sich im Hinblick auf Strafzumessungsgründe oder Regelbeispiele.[40] Diese gehören nicht zur rechtlichen Bezeichnung der Tat. Liegt dem Urteil die Verwirklichung mehrerer Straftatbestände zugrunde, müssen die Konkurrenzverhältnisse der Tatbestände in der Urteilsformel Berücksichtigung finden, das heißt, es müssen die rechtlichen Beziehungen jeder einzelnen Tat

32 LR-*Gollwitzer* § 20, Rn. 30. Dazu unten in dem Abschnitt über die Feststellungsfunktion des Schuldspruchs, 3. Teil, 1. Kapitel.

33 Vgl. § 451 Abs. 1 StPO. Weist der Schuldspruch Lücken auf, hat dies nach ständiger Rechtsprechung in der Revisionsinstanz zur Folge, dass *„Art und Umfang der Schuld nicht in dem notwendigen Maße festgestellt werden kann"* und der Schuldspruch der Vorinstanz den veränderten Strafausspruch nicht zu tragen vermag, vgl. BGHSt 33, 59; 40, 97; 43, 293; BGH NStZ 1994, 130; BGH StV 1996, 214.

34 Vgl. dazu unten näher, 3. Teil, 4. Kapitel, II., 1., b).

35 *Roxin*, Strafverfahrensrecht, § 47 B I.

36 LR-*Gollwitzer*, § 260, Rn. 55.

37 Von der rechtlichen Bezeichnung der Tat in der Urteilsformel zu unterscheiden, ist die Benennung der angewendeten Strafvorschriften in einem Einschub nach der Urteilsformel und vor den Entscheidungsgründen nach Paragraph, Absatz, Nummer, Buchstabe und mit der Bezeichnung des Gesetzes, § 260 Abs. 5 S. 1 StPO. Die von der Urteilsformel gesonderte Aufführung der angewendeten Vorschriften soll der Übersichtlichkeit und dem leichteren Verständnis der Urteilsformel durch den Angeklagten (AK-*Wassermann* [1993] § 260, Rn. 18) einerseits sowie andererseits als zuverlässige Grundlage für die Eintragung der Verurteilung in das Bundeszentralregister dienen (KK-*Engelhardt*, § 260, Rn. 52).

38 Allein- Mit-, Neben- oder mittelbare Täterschaft braucht nicht als solche bezeichnet zu werden, BGHSt 27, 287 (289); BGH NStZ 1999, 205.

39 BGH NStZ 1994, 285; LR-*Gollwitzer*, § 260, Rn. 61; KK-*Engelhardt*, § 260, Rn. 30.

40 BGHSt 27, 287 (289); BGH, Urteil vom 3. 9. 1997, 2 StR 431; BGH NJW 1998, 2987; BGH NStZ 2000, 194; KK-*Engelhardt* § 260, Rn. 31 ff.; LR-*Gollwitzer*, § 260, Rn. 60.

angegeben werden.[41] Entsprechend den restriktiven Vorgaben klassifiziert das Gericht die Tat innerhalb der Urteilsformel auch nicht als Verbrechen oder Vergehen.[42] Angaben zu vorsätzlichem oder fahrlässigem Handeln erfolgen nur, sofern der entsprechende Tatbestand durch beide Begehungsweisen erfüllt werden kann.[43]

Um den Ausführungen zur Feststellungsfunktion des Schuldspruchs im dritten Teil der Untersuchung nicht vorzugreifen, seien die inhaltlichen Anforderungen an die Fassung der Urteilsformel, die von der Rechtsprechung entwickelt wurden, hier zunächst dahingestellt. Für die Beschreibung der Kennzeichen des Schuldspruchs soll es dabei belassen werden, dessen äußere Form darzustellen.

Im Anschluss an die Schuldfeststellung, meist noch im gleichen Satz, verkündet das Gericht seine Entscheidung über die Rechtsfolgen. Darunter fallen alle staatlichen Reaktionen, auf die der Strafrichter nach dem Strafgesetzbuch erkennen kann.[44] Das heißt Hauptstrafen, Nebenstrafen, Nebenfolgen, Maßregeln der Besserung und Sicherung, sofern die Schuldfähigkeit nicht ausgeschlossen ist, sowie sonstige Maßnahmen, die unter § 11 Abs. 1 Nr. 8 StGB fallen. Der Rechtsfolgenausspruch umfasst also sowohl die Strafzumessung in diesem Sinne als auch alle anderen im Strafgesetzbuch statuierten Rechtsfolgen, die keine Strafverhängung vorsehen. Als solche gilt die Verwarnung mit Strafvorbehalt (§ 59 StGB), das Absehen von Strafe (etwa in den §§ 60, 83a, 84 Abs. 4 und 5, 85 Abs. 3, 113 Abs. 4, 139 Abs. 1, 158 Abs. 1, 320 Abs. 2 StGB geregelt), die Straffreierklärung (§ 199 StGB), die Strafaussetzung zur Bewährung (§§ 56 bis 56g StGB) und aus dem Bereich des Jugendstrafrechts die Schuldfeststellung und Aussetzung der Entscheidung über die Jugendstrafe gemäß § 27 JGG.

In der Mehrzahl aller Verurteilungen folgt indes auf den Schuldspruch sogleich die exakte Bezeichnung der vorgenommenen Strafzumessung.[45] Sowohl die Strafart als auch die Höhe der Strafe wer-

---

41 BGH NJW 1994, 2034 (2035). Dazu näher unten, 3. Teil, 2. Kapitel, III, 2., a).

42 BGH NStZ 1986, 40; LR-*Gollwitzer*, § 260, Rn. 56.

43 Dies gilt insbesondere, wenn ein solcher Tatbestand nur fahrlässig verwirklicht wurde, BGH NStZ 1992, 546.

44 LR-*Gollwitzer*, § 260, Rn. 68.

45 Mit Strafvorbehalt verwarnt gemäß § 59 StGB wurden im Jahre 2000 insgesamt nur 4681 Angeklagte von insgesamt 638893 Verurteilten, vgl. Statistisches Bundesamt, Rechtspflege, S. 200, 68. Die übrigen genannten Rechtsfol-

den bestimmt. Im Falle der Verurteilung zu einer Geldstrafe muss Zahl und Höhe der Tagessätze in die Urteilsformel aufgenommen werden.[46] Die Gesamtsumme der Geldstrafe wird hingegen nicht erwähnt. Lautet der Rechtsfolgenausspruch auf die Verhängung einer zeitigen Freiheitsstrafe, bemisst sich deren Länge nach vollen Monaten und Wochen oder nach vollen Jahren und Monaten, sofern sie ein Jahr überschreitet.[47] Wird die Freiheitsstrafe zur Bewährung ausgesetzt, ist dies ebenfalls in der Urteilsformel zu vermerken.[48] Weitere Regelungen haben sich in der Rechtsprechung entwickelt und sollen hier lediglich in den Grundzügen nachgezeichnet werden. So muss etwa im Falle der Verhängung einer lebenslangen Freiheitsstrafe mit Blick auf eine mögliche Strafrestaussetzung nach § 57a StGB in der Urteilsformel mitgeteilt werden, ob die Schuld des Angeklagten besonders schwer wiegt.[49] Werden Nebenfolgen wie die der Veröffentlichungsanordnung im Strafgesetzbuch[50] angeordnet, sind auch diese im Tenor zu berücksichtigen. In diesem Fall ist auf entsprechenden Antrag des Verletzten oder eines Strafantragsberechtigten die öffentliche Bekanntmachung der Verurteilung anzuordnen.[51]

Der Schuldspruch als Bestandteil der Urteilsformel ist eingebettet zwischen dem Rubrum, das heißt dem Kopf des Urteils, und den Entscheidungsgründen.[52] Das Rubrum bildet den ersten Abschnitt

---

gen finden in den Aufstellungen des Statistischen Bundesamtes keine Erwähnung.

46 Vgl. § 260 Abs. 4 S. 3 StPO.

47 Vgl. § 39 StGB.

48 Vgl. § 268a StPO.

49 Die Feststellung der besonderen Schwere der Schuld ist nach ständiger Rechtsprechung systematisch kein Teil des Schuld- bzw. Strafausspruchs. Sie ist vielmehr eine das Vollstreckungsverfahren betreffende Entscheidung, die dem Tatrichter übertragen wurde. Die Feststellung der besonderen Schwere der Schuld dient nicht der Bemessung der Sanktion, sondern soll die Entscheidung über die Aussetzung der weiteren Strafvollstreckung vorbereiten. Dass die Entscheidung über die Schwere der Schuld in den Schuldspruch aufgenommen wird, entspricht mittlerweile der ständigen Rechtsprechung, vgl. BGHSt 40, 360 unter Verweis auf BGHSt 39, 208. Dazu bereits BGHSt 39, 121. Schuld im Sinne der Schuldschwereklausel ist also nicht Strafbegründungs-, sondern Strafzumessungsschuld, vgl. *Lackner/Kühl*, § 57a, Rn. 3b; Sch/Sch-*Stree*, § 57a, Rn. 5.

50 Vgl. §§ 165, 200 Abs. 2 StGB.

51 RiStBV Nr. 231 (*Richtlinien für das Strafverfahren und das Bußgeldverfahren*).

52 Nach § 275 Abs. 2 StPO ist für die Vollständigkeit des Strafurteils letztlich die jeweilige Unterschrift der Berufsrichter, die bei der Entscheidung mitge-

des Strafurteils. An dieser Stelle finden die Bezeichnung des Sitzungstages sowie die Namen der Richter, der Schöffen, des Beamten der Staatsanwaltschaft, des Verteidigers und des Urkundsbeamten Aufnahme in das Urteil.[53] Darüber hinausgehende Anforderungen ergeben sich nicht unmittelbar aus dem Gesetzeswortlaut. Es können aber Schlüsse aus benachbarten Regelungen auch für den Inhalt des Urteilskopfes gezogen werden. Aus der Regelung, dass die Strafakte einschließlich des während der Hauptverhandlung gefertigten Protokolls nach etwa fünf bis zehn Jahren vernichtet werden kann, das Urteil hingegen 30 Jahre aufbewahrt wird[54], folgt, dass der Gesetzgeber davon ausgeht, das Urteil bedürfe zu seinem Verständnis keinerlei Ergänzung durch das Sitzungsprotokoll.[55] Für das Rubrum bedeutet dies, dass eben dort der über die Forderungen in § 275 Abs. 3 StPO hinaus gehende Inhalt des Protokolls ebenfalls erwähnt werden soll.[56] Das umfasst insbesondere nach § 272 StPO den Ort und Tag der Verhandlung einschließlich des Aktenzeichens, den Namen des Angeklagten[57], die Sitzungstage sowie die mitwirkenden Personen, das heißt das erkennende Gericht unter Anführung der Namen der Richter und Schöffen sowie des Vertreters der Staatsanwaltschaft, des Verteidigers und des Urkundsbeamten. Weitere Beteiligte müssen im Rubrum keine Erwähnung finden, eine Ausnahme besteht jedoch in der Regel im Falle der Nebenklage hinsichtlich des Nebenklägers und dessen Vertreters.[58] Die Angabe der einer Verurteilung – nicht unbedingt auch dem Strafverfahren – zugrunde liegenden Straftat ist gesetzlich nicht vorgeschrieben, erfolgt aber üblicherweise in der Praxis.[59]

An den Schuldspruch und den Rechtsfolgenausspruch schließen sich die Urteilsgründe an. Aus § 268 Abs. 2 StPO ergibt sich, dass das erken-

---

wirkt haben, notwendig. Damit wird deutlich gemacht, dass die getroffene Entscheidung der Mehrheitsmeinung entspricht, KMR-*Paulus* (1999) § 275, Rn. 10; BGHSt 26, 92 (93).

53 Vgl. § 275 Abs. 3 StPO.

54 *Kroschel/Meyer-Goßner*, Urteile in Strafsachen, Rn. 13.

55 BGH NStZ 1989, 584.

56 KMR-*Paulus* (1999) § 275, Rn. 7.

57 Nr. 141 Abs. 1 S. 1 und Nr. 110 Abs. 2 a) RiStBV.

58 BGH NStZ-RR 1999, 38.

59 *Kroschel/Meyer-Goßner*, Urteile in Strafsachen, Rn. 15.

nende Gericht die Urteilsgründe in der Regel nur ihrem wesentlichen Inhalt nach eröffnet, das heißt verliest oder mündlich mitteilt.[60]

Die Frist für die Ausfertigung der vollständigen Urteilsgründe ergibt sich aus § 275 Abs. 1 StPO und beträgt grundsätzlich fünf Wochen nach Verkündung; Verlängerungsmöglichkeiten sind jedoch vorgesehen. Adressat der mündlichen Urteilsbegründung ist in erster Linie der Angeklagte, Adressat der schriftlichen Urteilsbegründung hingegen grundsätzlich jeder potentielle Leser, speziell natürlich die Verfahrensbeteiligten, die Vollzugs- und Gnadenbehörden sowie eventuell das Rechtsmittel- oder Wiederaufnahmegericht. Durch die Niederschrift der Urteilsgründe soll gegenüber allen Beteiligten und der Öffentlichkeit die prozessuale Ordnungsmäßigkeit der Sachverhaltsfeststellung sowie deren rechtliche Würdigung im Sinne von § 261 StPO nachgewiesen werden.[61]

§ 267 StPO regelt den Inhalt der Urteilsgründe, die im wesentlichen in fünf Gliederungspunkte eingeteilt werden können:[62]

Nicht zwingend, aber als die aufbautechnisch harmonischste Lösung, beginnt das erkennende Gericht damit, die persönlichen Verhältnisse des Angeklagten auszuführen, sofern deren Kenntnis erforderlich ist, um die Schuld- und Straffrage zu beurteilen.[63] Diese Verhältnisse, obwohl in diesem Sinne zur Sache gehörend, nicht zu erwähnen, ist als sachlich-rechtlicher Mangel zu werten.[64] Daran schließt sich entsprechend § 267 Abs. 1 S. 1 StPO die Feststellung hinsichtlich aller objektiven und subjektiven Tatbestandsmerkmale an, das heißt eine Schilderung der Geschehnisse, die das Gericht als erwiesen erachtet hat (Sachverhaltsschilderung)[65] sowie gegebenenfalls der in § 267 Abs. 2 StPO genannten, besonderen Umstände, die die Strafbarkeit im konkreten Fall ausgeschlossen, vermindert oder erhöht haben. Die deutliche Hervorhebung der Tatsachen erfolgt immer mit Blick auf die

60 Näher zur mündlichen bzw. schriftlichen Urteilsbegründung *Werner*, JZ 1951, 779 ff.

61 KMR-*Paulus* (1999) § 267, Rn. 37.

62 *Kroschel/Meyer-Goßner*, Urteile in Strafsachen, Rn. 65 ff.; KMR-*Paulus* (1999) § 267, Rn. 2.

63 KMR-*Paulus* (1999) § 267, Rn. 10.

64 BGH JR 1977, 162; BGH NStZ 1991, 231; das Urteil einschließlich des Schuldspruchs auf Grund eines solchen Versäumnisses aufhebend BGH StV 1990, 438 f.

65 Entsprechend § 261 StPO.

entsprechenden Tatbestandsmerkmale, die das Gericht als erfüllt ansieht.[66] In diesen Ausführungen liegt schließlich die Begründung des Schuldspruchs.

Im nächsten Abschnitt der Urteilsgründe widmet sich das Gericht der Beweiswürdigung. Alle festgestellten Tatsachen sowie die zugehörigen Überlegungen müssen im Rahmen einer Gesamtwürdigung angegeben und berücksichtigt werden. Dies gilt auch für Tatsachen, die das Gericht als Indizbeweise herangezogen hat.[67] Auch diese tragen den Schuldspruch.[68] Die Pflicht zur vollständigen Darlegung aller Beweismittel besteht grundsätzlich nicht[69], jedoch muss der Prozess der Beweiswürdigung, also der Weg zur Folgerung rechtsrelevanter Tatsachen und zur Überzeugungsbildung des Gerichts, anhand der Urteilsgründe nachvollziehbar sein.[70]

Die Richtigkeit des Beweiswürdigungsvorgangs auf der Basis des Grundsatzes der freien Beweiswürdigung wird auf diese Weise begründet.[71] Eine solche Begründungspflicht wird dem Gericht aufgegeben, um eine spätere Überprüfung durch das Revisionsgericht zu ermöglichen.[72] Über die Sachverhaltsdarstellung hinaus können weitere rechtliche Ausführungen geboten sein, um eine spätere Überprüfung des Urteils auf eine einwandfreie Subsumtion zu ermöglichen. Die einschlägigen Strafgesetze sind ebenfalls anzuführen.[73]

Im nächsten Schritt begründet das Gericht die gewählte Rechtsfolge, einschließlich der Strafzumessung. Nach § 267 Abs. 3 S. 1 StPO müssen die Gründe des Strafurteils die Umstände anführen, die für die Zumessung der Strafe bestimmend waren. Dabei sind insbesondere die Tatumstände, aber auch der Grad der persönlichen Schuld des Angeklagten, zu berücksichtigen. Ein unterbliebener oder unzu-

---

66 *Engisch* spricht vom berühmten „Hin- und Herwandern des Blickes" im Rahmen des Syllogismusmodells, *ders.*, Logische Studien, S. 15.

67 Vgl. § 267 Abs. 1 S. 2 StPO.

68 KMR-*Paulus* (1999) § 267 Rn. 3; *Kroschel/Meyer-Goßner*, Urteile in Strafsachen, Rn. 392; *Herdegen*, FS-Kleinknecht, S. 173 (176).

69 Nach ständiger Rechtsprechung dienen die Urteilsgründe nicht der Dokumentation der Beweisaufnahme. So müssen folglich auch Zeugenvernehmungen nicht vollständig wiedergegeben werden, vgl. BGH NStZ-RR 1999, 293; BGH NStZ 1997, 379.

70 KMR-*Paulus* (1999) § 267, Rn. 37.

71 KMR-*Paulus* (1999) § 267, Rn. 36.

72 BGH GA 1965, 208; BGH StV 1984, 64.

73 Vgl. § 267 Abs. 3 1. Halbs. StPO.

reichender Nachweis ist ein Revisionsgrund, sofern anzunehmen ist, dass die Strafzumessung auf diesem Mangel beruht.[74] Die Methoden, zu einer gerechten Strafzumessung zu gelangen, sind Teil der Strafzumessungslehre und sollen an dieser Stelle nicht näher erläutert werden.

Der letzte Abschnitt der Urteilsgründe befasst sich mit der konkret getroffenen Kostenentscheidung und einem etwaig zugesprochenen Anspruch auf Entschädigung[75]. Nach einhelliger Auffassung in Rechtsprechung und Literatur genügt es in der Regel, die für die grundsätzliche Entscheidung über die Kostenverteilung herangezogenen Paragraphen zu bezeichnen. Weder der Tenor noch die Urteilsgründe treffen indes eine Entscheidung über die Höhe der Kosten im Einzelnen. Dagegen muss ein im Tenor anerkannter Anspruch auf Entschädigung für Strafverfolgungsmaßnahmen gemäß § 34 StPO begründet werden.

Kapitel 2 Der Schuldspruch als Sprechakt

Dem Schuldspruch nicht gerecht wird eine Beschreibung, die den Schuldspruch allein als formalen Bestandteil der strafgerichtlichen Verurteilung begreift. Die diesbezüglichen Erörterungen haben zwar bereits die formalen Kennzeichen des Schuldspruchs zusammengetragen, sie genügen jedoch nicht, um ein vollständiges Bild von diesem Institut nachzuzeichnen.

Neben seiner Ausgestaltung als Bestandteil des Strafurteils ist der Schuldspruch zudem aus sprachphilosophisch angelehnter Perspektive zu betrachten und zu beschreiben.

Aus diesem Blickwinkel stellt sich der Schuldspruch zunächst als eine sprachliche Äußerung des Gerichts dar, die stets aus den etwa gleichlautenden Worten gebildet wird, der Angeklagte sei eines bestimmten Deliktes schuldig. Die vorangegangenen Ausführungen haben gezeigt, dass dieser Teil der Urteilsformel grundsätzlich öffentlich verlesen werden muss. Er eröffnet die Urteilsverkündung. Indem

74 Zu den Anforderungen an die Begründung der Strafzumessung BGH NStZ 1987, 405 f.

75 Vgl. § 8 Abs. 1 StrEG (*Gesetz über die Entschädigung für Strafverfolgungsmaßnahmen*).

das Gericht diese Worte aneinander reiht und sie zum Schuldspruch zusammenfügt, vollzieht es zugleich einen Sprechakt. Der Begriff des Sprechaktes, vollzogen durch Worte und Sätze, entstammt dem sprachphilosophischen Werke *John R. Searles* und meint dort die Grundeinheit der sprachlichen Kommunikation.[76] Die Verwendung des Begriffs des Aktes indiziert bereits, was *Searle* als tragende Prämisse seiner Untersuchungen herausstellt: das Verständnis des Sprechens als regelgeleitete Form[77] des Verhaltens.[78]

Ob das Gericht mit der Äußerung des Satzes *„Der Angeklagte ist des Diebstahls schuldig"* einen Sprechakt nach bestimmten Regeln vollzieht und damit zugleich eine Handlung vornimmt, gilt es im Folgenden zu untersuchen. Die einzelnen Unterteilungen des Sprechaktes müssen im Rahmen der vorliegenden Untersuchung nicht nachvollzogen werden.[79] Eine Ausnahme gilt es für den Bestandteil des Sprechaktes zu machen, den *Searle* als illokutionären Akt bezeichnet. Dieser liegt in der kommunikativen Funktion des Sprechaktes. Welche illokutionäre Rolle einer Äußerung zukommt, lässt sich mit Hilfe verschiedener Indikatoren ermitteln, insbesondere anhand performativer Ausdrücke.[80]

Den Ausdruck eines performativen Satzes oder einer performativen Äußerung prägte *John R. Austin* und meinte damit alle sprachlichen Äußerungen, durch die der Sprecher zugleich etwas tut. Wer sich in dieser Form äußert, nimmt eine Handlung vor.[81] Ob eine in Frage stehende Äußerung explizit-performativ ist[82], kann nach Ansicht *Austins* geprüft werden, indem gefragt wird, ob *„x"* sagen *„y"* tun bedeutet.[83]

---

76 *Searle*, Sprechakte, S. 30.

77 Die Regeln werden ihrerseits in regulative und konstitutive Regeln unterteilt, *Searle*, Sprechakte, S. 54 ff.

78 *Searle*, Sprechakte, S. 31, 38 ff.

79 *Searle* benennt neben dem illokutionären noch den propositionalen Akt sowie den Äußerungsakt, als die Bestandteile eines Sprechaktes, *Searle*, Sprechakte, S. 40.

80 *Searle*, Sprechakte, S. 50.

81 *Austin*, Sprechakte, S. 31 f.

82 Die Alternative zu explizit-performativen Äußerungen sind nach *Austin* konstativ-performativen Äußerungen, die nicht auf den illokutionären Aspekt eines Sprechaktes abzielen, *ders.*, Sprechakte, S. 164 f.

83 *Austin*, Sprechakte, S. 167 f.

In dem Versuch, Kriterien für performative Äußerungen zu destillieren, benennt *Austin* als größte Gruppe performativer Äußerungen diejenigen, in denen der Sprecher bestimmte Verben in der ersten Person Singular verwendet, so zum Beispiel die Wendungen *„Ich wette"* oder *„Ich taufe"*. Mit diesen Äußerungen tut der Sprecher gleichzeitig etwas.[84] Aber auch entsprechende Äußerungen in der zweiten und dritten Person, dann jedoch im Passiv, gehören den performativen Äußerungen an.[85] Im Fortgang seiner Untersuchung zeigt *Austin* weiter auf, dass Person und Verbform, aber auch grammatikalische Zeiten und sogar das verwendete Vokabular Indizien für eine performative Äußerung sein können. Der Beweis, dass diese Merkmale konstituierende Kriterien für performative Äußerungen sind, gelang jedoch auf diese Weise nicht.[86]

Noch einmal zurück zum Ausgangspunkt: Der Schuldspruch ist eine performative Äußerung und damit eine Handlung, wenn der Sprecher, also das Gericht, durch die Äußerung des Schuldspruchs etwas tut. Der Schuldspruch wird nicht in der erste Person Singular formuliert, auch wird der Sprecher nicht genannt. Jedoch genügt die entsprechende mündliche Äußerung durch die zuständige Stelle, also durch den vorsitzenden Richter am Ende des Hauptverfahrens als Hinweis auf den Sprecher.[87]

Dass der Sprecher durch seine Äußerung etwas tut, lässt sich am einfachsten in den Fällen erkennen, in denen das verwendete Verb selbst die gemeinte Handlung explizit macht[88], so zum Beispiel *„warnen"*, *„wetten"*, *„befehlen"*, *„taufen"*, *„verkünden"*.[89] Auch ein solches Verb enthält der Schuldspruch nicht. Aber eine andere Besonderheit weist der Schuldspruch auf. Der Satz *„Der Angeklagte ist des Diebstahls schuldig"* ist immer untrennbar mit performativen Verben der genannten Gestalt verbunden und könnte um solche erweitert werden, ohne seine Bedeutung zu verändern. Jeder Schuldspruch impliziert die

---

84 *Austin*, Sprechakte, S. 76.
85 *Austin*, Sprechakte, S. 77.
86 *Austin*, Sprechakte, S. 76 ff., 80.
87 Vgl. *Austin*, Sprechakte, S. 79 f.
88 *Austin*, Sprechakte, S. 81.
89 Diese Verben zeigen die illokutionäre Rolle der Äußerung auf, *Searle*, Sprechakte, S. 39 f., 50. *Searle* verweist an dieser Stelle auf *Austin*, der den Begriff des illokutionären Aktes geprägt hat, vgl. dazu *Austin*, Sprechakte, S. 149 f.

Äußerung, dass das Gericht im Namen des Volkes die Schuld des Angeklagten öffentlich verkündet und feststellt.[90]

Die Äußerung *„Der Angeklagte ist schuldig"*, aber auch die in der Praxis häufig verwendete Verkürzung der Urteilsformel auf den Ausspruch *„Der Angeklagte wird wegen Diebstahls zu einer Geldstrafe in Höhe von x verurteilt"* bedeutet aus der Perspektive des Richters *„Ich erkenne ihn für schuldig"* oder *„Ich verurteile ihn als den Schuldigen"*.[91]

Im Schuldspruch vollzieht das Gericht also einen performativen Akt.[92] Auf dieser Basis kann im zweiten Teil der Arbeit untersucht werden, welche Funktionen sich im einzelnen daraus ableiten lassen, dass der Schuldspruch performativer (Sprech)Akt und zugleich intentionale Handlung ist.

---

90 *Austin*, Sprechakte, S. 81.
91 Beispiel nach *Austin*, Sprechakte, S. 82.
92 *K. Günther*, Strafrechtliche Verantwortlichkeit, S. 40.

TEIL 2

Der Schuldspruch und die Rechtsfolgen – Konstellationen im materiellen Recht

Im ersten Teil der Untersuchung wurde gezeigt, dass ein verurteilendes Gericht gleichzeitig mit dem Schuldspruch auch über etwaige Rechtsfolgen, in der Regel also über die Strafverhängung, entscheidet. Beide Entscheidungen kumulieren im Urteilstenor. Empirisch nachweisbar erkennt das Gericht in der Mehrzahl aller Verurteilungen auf die Verhängung einer Geldstrafe, in einer weit geringeren Anzahl der Fälle auf die Verhängung einer Freiheitsstrafe, die meist zur Bewährung ausgesetzt wird.[93] Daneben sieht das Strafgesetzbuch vordringlich im Abschnitt über die Rechtsfolgen einer Straftat eine Reihe weiterer Institute vor, die die Strafsanktion in unterschiedlichem Ausmaß durch andere staatliche Reaktionen ergänzen, ersetzen oder eine Rechtsfolge nahezu vollständig entfallen lassen.

Unangetastet und unverändert bleibt bei allen einschlägigen Konstellationen der gerichtliche Schuldausspruch als gemeinsamer Nenner, der grundsätzlich das Vorliegen einer tatbestandsmäßigen, rechtswidrigen und schuldhaften Tat formell und öffentlich feststellt und so das Hauptverfahren abschließt. Doch darf der Schuldspruch nicht allein aus einem prozessualen Blickwinkel als statischer Bestandteil des Strafurteils begriffen werden. Neben der formalen Zusammengehörigkeit des Schuld- und des Rechtsfolgenausspruchs kommt dem Schuldspruch gleichwohl im materiell-rechtlichen Kontext eine zentrale Position zu.

Welche Konstellationen zwischen Schuldspruch und Rechtsfolgen-

93 Im Jahre 2000 wurden von insgesamt 638 893 zur Verurteilung gebrachten Straftaten in 513 336 Fällen eine Geldstrafe, in 125 305 Fällen eine Freiheitsstrafe verhängt, davon wurden 84 763 zur Bewährung ausgesetzt, Statistisches Bundesamt, Rechtspflege, S. 68/69.

ausspruch sieht das Strafgesetzbuch vor? Die Bandbreite der zu beleuchtenden Institute reicht vom sogenannten „Normalfall", das heißt der Kombination des Schuldspruchs mit einer sich anschließenden Strafverhängung und Strafvollstreckung, bis zum „freischwebenden" Schuldspruch, also einer Verurteilung unter gleichzeitigem ersatzlosen Strafverzicht.

Anhand des Sanktionenkatalogs des Strafgesetzbuches können die dort vorgesehenen Reduktionen auf der Rechtsfolgenseite Schritt für Schritt nachgezeichnet werden. In diesem Sinne orientiert sich die Gliederung des zweiten Teils am Grad der Demontage auf der Ebene der Strafe[94] , um auf diese Weise den Schuldspruch freizulegen. Dabei kann jedoch die Gewöhnlichste aller Erscheinungsformen des Schuldspruchs im materiellen Recht, die Verbindung des Schuldspruchs mit dem Strafausspruch, dessen Vollstreckung auch zugleich angeordnet wird, unberücksichtigt bleiben. Einen Erkenntnisgewinn für die Entkoppelung von Schuldspruch und Strafe verspricht die Konstellation denknotwendig gerade nicht.

Kapitel 1 Der Schuldspruch und die Strafaussetzung

I. Die Aussetzung der Strafvollstreckung zur Bewährung nach § 56 StGB

Die Strafaussetzung zur Bewährung nach § 56 StGB[95] sieht vor, dass der Schuldspruch erfolgt, das Strafmaß verhängt und die Vollstreckung der Strafe für einen festgelegten Zeitraum (mindestens

94 Diese Regelungen als Institute zu begreifen, die einen isolierten Schuldspruch als einzige Zielbestimmung aufweisen, greift hingegen deutlich zu kurz. In diesem Sinne benennt *Wagner* jedoch als verbindendes und jeweils konstituierendes Element des Absehens von Strafe, der Straffreierklärung, der Strafaussetzung zur Bewährung sowie der Idealkonkurrenz das hervortretende Schuldfeststellungsbedürfnis. Er hält weiter fest, dass es Strafverfahren gäbe, die nur auf die Herbeiführung eines Schuldspruchs gerichtet seien, *ders.* GA 1972, S. 33 (38 ff.). Unberücksichtigt bleiben bei dieser Einschätzung jedoch die Substitute, die an die Stelle der Strafverhängung bzw. deren Vollstreckung treten. Für § 60 StGB in diesem Sinne kritisch *Bassakou*, Analyse und Reform, S. 53, Fn. 208.

95 Eingeführt durch das 3. Strafrechtsänderungsgesetz vom 4. 8. 1953 (BGBl. I, S. 735).

zwei, höchstens fünf Jahre)[96] zur Bewährung ausgesetzt wird. Voraussetzung ist, dass der Angeklagte zu einer Freiheitsstrafe von jedenfalls nicht mehr als zwei Jahren verurteilt worden ist.[97] Verläuft die Bewährungszeit positiv, erlässt das Gericht die in der Urteilsformel festgelegte Strafe[98] und erklärt in einem zweiten Schritt[99] nach der Urteilsverkündung die Straflosigkeit des Betroffenen und das Ende der Bewährungszeit.[100] Begeht der Verurteilte während der Bewährungszeit eine Straftat und zeigt dadurch, dass er die Erwartung künftigen Legalverhaltens nicht zu erfüllen vermochte, oder verstößt er gegen verhängte Weisungen oder Auflagen, widerruft das Gericht die Strafaussetzung. Die Strafe wird unter Bezugnahme auf den bereits ergangenen Schuldspruch einerseits und auf das im Tenor bestimmte Strafmaß andererseits, vollstreckt.[101]

Hat sich der Verurteilte bewährt und das Gericht auf die Strafvollstreckung verzichtet, erhöhen sich gleichsam Bedeutung und Wirkung der verbleibenden Sanktionselemente. Dabei können Schuldspruch, Strafmaßbestimmungen und ausgesetzte Bewährungszeit, aber auch etwaige an eine Strafaussetzung gekoppelte Auflagen oder Weisungen einzeln oder gemeinsam Wirkungen auf Täter und Allgemeinheit entfalten.

Ziel der Strafaussetzung ist in erster Linie, das künftige Legalverhalten eines Verurteilten mit Mitteln zu erzielen, die keine Strafe sind. Im Vordergrund steht dabei das Bemühen um eine positive Spezialprävention unter Vermeidung der allenthalben als kontraproduktiv eingeschätzten kurzen Freiheitsstrafe.[102] Nach § 56 Abs. 1 S. 1 StGB wird unter dem Stichwort der günstigen Sozialprognose erwartet, dass der Verurteilte sich schon die Verurteilung zur Warnung dienen lasse und künftig auch ohne die Einwirkung des Strafvollzugs keine Straftaten mehr begehe.

Als Mittel der spezialpräventiv wirkenden Warnung nennt der Gesetzgeber die Verurteilung und meint damit sowohl den Schuld-

96 § 56a Abs. 1 S. 2, Abs. 2 StGB.
97 § 56 Abs. 1 S. 1 StGB.
98 § 56g Abs. 1 S. 1 StGB.
99 *Schmidhäuser*, Strafrecht AT, 20/80.
100 Straferlass nach § 56g Abs. 1 StGB.
101 Vgl. § 56 f. StGB.
102 Sch/Sch-*Stree*, § 56, Rn. 2 f. m. w. N.

spruch wegen der ebenda exakt bezeichneten Tat als auch das aufgrund dieser Tat verhängte Strafmaß. Schuldspruch und die drohende Strafe wirken dabei zusammen. Gleichzeitig verhängte Auflagen sollen nach dem Willen des Gesetzgebers der Genugtuung für das begangene Unrecht dienen.[103] Weisungen sollen Hilfestellungen bieten, künftig keine Straftaten mehr zu begehen.[104] Bewährt sich der Verurteilte, und kann ihm die Strafe letztlich erlassen werden, bleibt indes die Verurteilung wegen einer bestimmten Straftat, also der Schuldspruch, bestehen.

II. Die Verwarnung mit Strafvorbehalt nach § 59 StGB

1. Tatbestandsvoraussetzungen

Im fünften Titel des Abschnitts über die Rechtsfolgen der Straftat sieht das Strafgesetzbuch in § 59 StGB die Möglichkeit des Gerichtes vor, den Täter neben dem Schuldspruch zu verwarnen und es sich vorzubehalten, eine Geldstrafe zu vollstrecken.

Die Regelungen über die Verwarnung mit Strafvorbehalt in den §§ 59 bis 59c StGB stehen im unmittelbaren systematischen Zusammenhang mit dem in § 60 StGB normierten Institut des Absehens von Strafe. Der Gesetzgeber hat beiden Instituten einen abgeschlossenen Titel zugeordnet. Im Vordergrund stand bei dieser systematischen Ordnung die Überlegung, zwei Regelungen in einem Abschnitt zusammenzufassen, deren Besonderheit in erster Linie darin liegt, einen Straftäter in Form des Schuldspruchs verurteilen zu können ohne eine Strafe zu verhängen. Im Unterschied zu § 60[105] StGB ist § 59 StGB indes als Ermessensvorschrift konzipiert.[106]

Einhellig als Ausnahmevorschrift[107] anerkannt[108], setzt die Verwarnung mit Strafvorbehalt zum einen die gerichtliche Einschätzung vor-

---

103 Vgl. § 56b Abs. 1 S. 1 StGB.

104 Vgl. § 56c Abs. 1 S. 1 StGB.

105 Zu § 60 StGB näher unten 2. Teil, 2. Kapitel, I.

106 Für den Fall einer Ermessensreduktion auf Null, vgl. BGHSt 46, 278 (290 f.).

107 Die Konzeption als Ausnahmeregelung spiegelt sich auch in der Verfahrenswirklichkeit wider, vgl. oben Fn. 45.

108 Vgl. etwa BGHSt 46, 279 (290 f.); LK[11]-*Gribbohm*, § 59, Rn. 1; *Lackner / Kühl*, § 59, Rn. 1; *Zipf*, JR 1976, 512.

aus, der Täter habe eine Geldstrafe, begrenzt bis zu einer Höhe von allenfalls einhundertachtzig Tagessätzen, verwirkt. Zum anderen fordert § 59 StGB eine positive Prognose für das künftige Legalverhalten des Täters während einer ebenfalls im Rahmen des Urteils zu bestimmenden Bewährungszeit (§ 59a Abs. 1 StGB).[109] Hinzu kommt, dass die sogenannte Würdigkeitsklausel[110] nach § 59 Abs. 1 Nr. 2 StGB erfüllt sein muss.[111] Dem Stichwort der Würdigkeitsklausel sind besondere Gründe zu subsumieren, die in der Person des Täters oder der Tat liegen und anzeigen, dass der Täter von der Strafe zu verschonen ist.[112] Ferner darf nach § 59 Abs. 1 Nr. 3 StGB die Verteidigung der Rechtsordnung eine Strafe nicht gebieten.

§ 59 StGB sieht vor, dass das Gericht das verwirkte Strafmaß bereits im Urteiltenor bestimmt. Neben dem Schuldspruch, der Verwarnung und dem Vorbehalt der Bestrafung müssen Anzahl und Höhe der Tagessätze entsprechend den Vorgaben aus § 260 Abs. 4 S. 4 StPO Eingang in die Urteilsformel finden. Die auszusetzende Strafe wird also bemessen, aber nicht verhängt.[113]

Nebenentscheidungen bezüglich der Bewährungszeit und etwaiger Auflagen oder Weisungen nach § 59a Abs. 2 StGB nimmt das Gericht nicht in den Tenor auf. Diese ergehen gemeinsam mit dem Urteil in Form eines gesonderten Beschlusses.[114]

---

109 § 59 Abs. 1 StGB verweist ausdrücklich auf § 56 Abs. 1 S. 2 StGB, der die Anforderungen an eine günstige Prognose präzisiert.

110 *Dreher*, FS-Maurach, S. 275 (293).

111 Der einschlägige Gesetzentwurf des Bundesrates zur Änderung des Strafgesetzbuches und der Strafprozessordnung sah vor, die sogenannte Würdigkeitsklausel in § 59 StGB ersatzlos zu streichen, BT-Dr 14, 761. Vgl. dazu auch die Beschlüsse der „Kommission zur Reform des strafrechtlichen Sanktionensystems", Bonn 2000.

112 Für viele BGHSt 40, 307.

113 Sch/Sch-*Stree*, § 59, Rn. 1.

114 § 268a Abs. 1 StPO.

2. Die Position des Schuldspruchs

a) Die Elemente des § 59 StGB

Der Ausspruch einer Verwarnung mit Strafvorbehalt gemäß § 59 StGB muss nach § 260 Abs. 4 S. 4 StPO in die Urteilsformel aufgenommen werden. Der Tenor lautet etwa wie folgt:

„Der Angeklagte hat sich des Diebstahls schuldig gemacht. Er wird verwarnt und hat die Kosten des Verfahrens zu tragen. Die Verurteilung zu einer Geldstrafe in Höhe von xy Tagessätzen bleibt vorbehalten."

Der beispielhafte Wortlaut soll die verschiedenen Elemente des § 59 StGB verdeutlichen. Hier wie in allen anderen Fällen einer strafrechtlichen Verurteilung dokumentiert der Schuldspruch zunächst, dass eine tatbestandsmäßige, rechtswidrige und schuldhafte Tat, mithin eine Straftat, vorliegt.[115] Dem Schuldspruch schließen sich die Elemente der Verwarnung, der Bezeichnung der verwirkten Strafe sowie deren Aussetzung an.

Die Besonderheit des § 59 StGB liegt in dem Element der Verwarnung. An deren Formulierung stellt der Gesetzgeber keinerlei inhaltlichen Anforderungen. Über die bereits oben beispielhaft zitierte Wendung in der Urteilsformel (*„Der Angeklagte wird verwarnt."*) muss das Gericht auch im Rahmen der Urteilsgründe nicht hinausgehen. Lediglich den Nachweis, warum § 59 StGB Anwendung findet und aufgrund welcher Erwägungen der Vorbehalt einer Geldstrafe für eine hinreichende Reaktion erachtet wird, soll das Gericht in den Gründen liefern. Die im Tenor ausgesprochene Verwarnung muss hingegen nicht näher erläutert oder konkretisiert werden.

b) Der gesetzgeberische Entstehungsprozess

Im Anwendungsbereich des § 59 StGB verlässt der Schuldspruch, der Strafe entledigt, das Schattendasein des rein als formales Eingangstor für den Strafausspruch und die Strafvollstreckung wahrgenommenen Instituts und gewinnt als strafrechtliche Sanktion an materiellrechtlicher Bedeutung.

---

115 *Dencker*, StV 1986, 399 (403). Vgl. dazu noch näher im 3. Teil, 1. Kapitel der Arbeit.

Ob es nachgerade Ziel des Gesetzgebers war, den Schuldspruch in eine exponierte Position zu rücken oder vielmehr Nebenfolge anderer Motive, soll anhand der zentralen Materialien nachvollzogen werden.[116]

Dabei sind die folgenden drei gesetzgeberischen Entwicklungsschritte hervorzuheben: die Arbeiten der Großen Strafrechtskommission, der Alternativ-Entwurf eines Allgemeinen Teils des Strafgesetzbuches sowie die in das 2. Strafrechtsreformgesetz 1968 mündenden Arbeiten des Sonderausschusses des Bundestages für die Strafrechtreform.[117]

aa) Die Arbeiten der Großen Strafrechtskommission des Deutschen Bundestages

Im Jahre 1956 beschäftigte sich die Große Strafrechtskommission mit den Möglichkeiten, das Institut der Verwarnung mit Strafvorbehalt in den Allgemeinen Teil des Strafgesetzbuches einzuführen. Hintergrund war die grundsätzliche Erörterung aller Möglichkeiten, die kriminalpolitisch unerwünschte kurzfristige Freiheitsstrafe zurückzudrängen.[118]

Innerhalb der Kommission des Bundestages standen in erster Linie zwei Modelle zur Diskussion, an denen sich die Ausgestaltung des neuen Instituts orientieren konnte: die Konzeption der „sursis" sowie der „probation".

Der dem belgisch-französischen Recht entstammende „sursis" sieht im Anschluss an das Hauptverfahren sowohl den Schuldspruch als auch die Strafverhängung vor. Lediglich die Strafvollstreckung wird ausgesetzt. Verläuft die, eventuell mit Auflagen verbundene, Probezeit erfolgreich, entfallen Schuldspruch und Strafverhängung rückwirkend. Nach diesem Muster wurde bereits im Vorfeld der Diskussion um die Verwarnung mit Strafvorbehalt die Aussetzung der Freiheitsstrafe zur Bewährung konzipiert. Ein Äquivalent für die Geld-

116 Ausführlich zur Entstehungsgeschichte der Verwarnung mit Strafvorbehalt; *Bartelt*, Verwarnung mit Strafvorbehalt, S. 2 ff.; *Neumayer-Wagner*, Verwarnung, S. 33 ff.

117 Vgl. Erster Schriftlicher Bericht des Sonderausschusses für die Strafrechtsreform, BT-Dr V/4094.

118 Niederschriften, Band 1, Grundsatzfrage 5 und Unterfragen b) und c), *Welzel* in seinem Referat, Niederschriften, Band 1, S. 101 ff.

strafe sahen die Kommissionsmitglieder nicht als das geeignete Modell für das neu zu statuierende Institut an, das sich von den bereits bestehenden Regelungen deutlich unterscheiden sollte.

Das Vorbild der „probation" ist demgegenüber dem anglo-amerikanischen Recht entnommen. Kennzeichnend ist die Trennung von Schuldspruch und Straffestsetzung. Letztere wird von dem Wohlverhalten des Täters in der Probezeit abhängig gemacht. Verläuft sie positiv, unterbleibt die Strafverhängung, andernfalls wird die Strafe in einem neuen Verfahren bestimmt. Die anglo-amerikanische Regelung stand bereits Modell für entsprechende nationalsozialistische Reformabsichten. Als „Gürtnersche Gesetzentwurf"[119] sah dieser Vorschlag aus dem Jahre 1935/36 als einzige Aussetzungsmöglichkeit die Verwarnung mit Strafvorbehalt vor.[120]

Hauptkritikpunkt der Kommissionsmitglieder an diesem Modell war der mögliche Verstoß gegen das Schuldprinzip. Man befürchtete, im Falle einer späteren Strafverhängung würde das Nachtatverhalten des Täters in die Strafzumessungserwägungen miteinbezogen werden, obwohl ein Schuldspruch bereits im zurückliegenden Zeitpunkt der Verurteilung erfolgte.[121] Zeigten die Diskussionen auch auf, dass die Kommission dem Modell der „probation" den Vorzug gab[122], fand die Verwarnung mit bzw. unter Strafvorbehalt in ihrem Gesetzentwurf zu einem Allgemeinen Teil des Strafgesetzbuches schließlich dennoch keine Berücksichtigung. Gründe hierfür waren in erster Linie die Uneinigkeit bezüglich der der Verwarnung zuzuweisenden Rechtsnatur.[123] Genauer hinsichtlich deren Anwendungsfeldes neben

---

119 § 60 S. 1 E-StGB 1936 lautete wie folgt: *„Der Richter kann denjenigen, der Gefängnis oder Haft bis zu einem Monat oder Geldstrafe bis zu 30 Tagesbußen, allein oder nebeneinander, verwirkt hat, unter Feststellung seiner Schuld verwarnen, eine bestimmte Strafe gegen ihn auswerfen und die Verurteilung zu dieser für den Fall vorbehalten, dass der Verwarnte sich während einer Probezeit nicht ordentlich führt. [...]"*

120 Vgl. *Grau*, Verwarnung mit Strafvorbehalt, S. 183 ff. Dazu *Welzel*, Niederschriften, Band 1, S. 103 ff.; *Hall*, ZStW 66, S. 77 (92); *Dreher*, FS-Maurach, S. 275 ff. Vgl. auch *Baumann*, JZ 1980, 464.

121 *Lackner*, Niederschriften, Band 1, S. 185, *Hall*, ZStW 66, S.77 (90).

122 *Welzel*, Niederschriften, Band 1, S. 104, 188; *Lackner*, Niederschriften, Band 1, S. 185 f.

123 Diskutiert wurde, ob der Verwarnung Strafcharakter zukomme, dagegen insbesondere *Schafheutle*, Niederschriften, Band 1, S. 189 und *Gallas*, Niederschriften, Band 1, S. 199 f.

der bereits bestehenden bedingten Verurteilung[124] und anhaltende Zweifel an der Vereinbarkeit der neuen Sanktion mit dem Schuldprinzip.[125]

Konzepte und Vorstellungen der Kommissionsmitglieder hinsichtlich der Bedeutung des von der Strafverhängung entkoppelten Schuldspruchs traten nur mittelbar zu Tage, wenn die mögliche Rechtsnatur des neuen Instituts zur Erörterung anstand. Wurde die Verwarnung mit Strafvorbehalt als Strafe konstruiert, stellte sich die Frage, durch welche Komponente die Straffunktion denn übernommen werden könnte.[126] *Welzel* sieht die Verwarnung nur in Verbindung mit Auflagen über den Charakter des Denkzettels zu einer Strafe erhoben.[127] In den Mittelpunkt der Straffunktionen stellt er dabei Sühne und Genugtuung im Wege der Wiedergutmachung.[128] An anderer Stelle weist er darauf hin, dass die Verwarnung bereits als solche als Strafe anzusehen sei und den Täter auch im Falle seiner Bewährung als vorbestraft bemakele.[129] Auf die Bedeutung des Schuldspruchs geht er dabei nicht ein. Dem wurde entgegengehalten, der Grundgedanke der Verwarnung mit Strafvorbehalt sei gerade, auf die Tat nur den Schuldspruch und keine Strafe folgen zu lassen. Nur so könne das neue Institut von der bedingten Verurteilung abgegrenzt werden und entfalte es beim Täter den notwendigen Motivationsdruck, nicht mehr straffällig zu werden, ohne ihn als vorbestraft gelten zu lassen.[130] Der Schuldspruch scheint bei diesen Überlegungen eine rein formelle Rolle zu spielen und ohne eigene sanktionierende Funktion zu bleiben. Er wird als Eingangsvoraussetzung für strafrechtliche Rechtsfolgen gesehen, ohne selbst als eine solche eingeschätzt zu werden.

---

124 *Jescheck*, Niederschriften, Band 1, S. 197; *Lange*, Niederschriften, Band 1, S. 197; *Rösch*, Niederschriften, Band 1, S. 199, a. A. *Welzel*, Niederschriften, Band 1, S. 188; *Schafheutle*, Niederschriften, Band 1, S. 189; *Baldus*, Niederschriften, Band 1, S. 189. Umstritten war zudem, ob eine Differenzierung bzw. Abschwächung im Bereich der Registereintragungen vorgenommen werden könnte.

125 Niederschriften, Band 3, S. 127 ff.

126 Darauf wird noch näher im Abschnitt über die Erfüllung von Straffunktionen durch den Schuldspruch einzugehen sein, vgl. unten 4. Teil, 1. Kapitel, III.

127 *Welzel*, Niederschriften, Band 1, S. 104.

128 *Welzel*, Niederschriften, Band 1, S. 104.

129 *Welzel*, Niederschriften, Band 1, S. 188, a. A. *Krille*, Niederschriften, Band 1, S. 190 f.

130 *Schafheutle*, Niederschriften, Band 1, S. 189.

bb) Der Alternativ-Entwurf eines Strafgesetzbuches Allgemeiner Teil 1966

Die Intention, eine Sanktion in Form der Verwarnung auf unterster Stufe des Sanktionenkatalogs[131] zu konzipieren, hatten auch die Verfasser des Alternativ-Entwurfs eines Strafgesetzbuches im Jahre 1966. Vierzehn Strafrechtslehrer stellten darin ihre Vorschläge für die Neuformulierung des Allgemeinen Teils vor.[132] Die Autoren konstruierten wie ihre Vorgänger in der Strafrechtskommission in § 57 AE[133] eine staatliche Sanktion, die dem Täter den Makel der Vorstrafe ersparen sollte, gleichzeitig jedoch auch einen erforderlichen Motivationsdruck für künftiges Legalverhalten auszuüben vermochte.[134] Die Verwarnung war mithin nicht als Lösung für die Fälle gedacht, in denen die Staatsanwaltschaft ihre Zustimmung zu einer Einstellung nach § 153a StPO verweigerte, sondern als selbstständige Sanktion für eine bestimmte Form der Delinquenz, die für eine Verfahrenseinstellung als zu schwerwiegend eingeschätzt wurde.[135] Die Anwendung des neuen Instituts wurde an erstmalige Verurteilungen zu einer Freiheitsstrafe bis zu höchstens einem Jahr[136], zu einer entsprechenden Geldstrafe bzw. an ein Fahrverbot gekoppelt. § 57 Abs. 2 AE schloss ausdrücklich die Möglichkeit aus, die Verwarnung mit Auflagen und Weisungen zu verknüpfen. Im Gegensatz zu vorangegangenen Entwürfen beschränkte sich der Alternativ-Entwurf auf die Umschreibung, der Täter sei durch Urteil zu verwarnen. Auf die Position des Schuldspruchs wurde weder im Wortlaut des Normentwurfes noch in der zugehörigen Begründung eingegangen. Die dem Alternativ-Entwurf in seiner ersten Auflage angefügte Übersicht über die möglichen Stra-

---

131 Vgl. so auch OLG Köln JR 1977, S. 116.

132 *Baumann* u. a., Alternativ-Entwurf StGB-AT[1].

133 § 57 Abs. 1 AE lautete in der 1. Auflage 1966 wie folgt: *„Hat der Täter erstmals Freiheitsstrafe bis zu einem Jahr oder eine entsprechende Geldstrafe verwirkt, so kann das Gericht ihn durch Urteil verwarnen und die Verhängung der zugemessenen Strafe bis zum Ablauf einer Probezeit vorbehalten, wenn zu erwarten ist, dass der Täter sich künftig straffrei verhalten wird."* Auflagen und Weisungen wurden im 2. Absatz explizit ausgeschlossen. In der 2. Auflage des Alternativ-Entwurfes aus dem Jahre 1969 ergänzten die Verfasser den Anwendungsbereich des § 57 AE um verwirkte Fahrverbote, *Baumann* u. a., Alternativ-Entwurf StGB-AT[2], S. 112 f.

134 Erläuterung zu § 57 AE.

135 *Baumann*, JZ 1980, 464 (465).

136 Gleichzeitig schloss § 36 Abs. 1 Satz 1 AE die Verhängung einer Freiheitsstrafe unter sechs Monaten aus. Dazu *Grünwald*, ZStW 80, 89 (107 ff.).

fen führt das neue Institut an zweiter Stelle nach dem Schuldspruch unter Strafverzicht in § 58 AE an und zeigt auf, dass die Verfasser die angemessene Strafe hier allein in dem Element der Verwarnung sahen.[137] Im Gegensatz zu der Regelung über den Strafverzicht fand der Schuldspruch mithin innerhalb der Verwarnung mit Strafvorbehalt keine Erwähnung.

c) Der Entwurf eines Strafgesetzbuches durch den Sonderausschuss des Deutschen Bundestages

Erst durch den Sonderausschuss des Bundestages für die Strafrechtsreform[138] erhielt die Verwarnung mit Strafvorbehalt ihren gegenüber dem Alternativ-Entwurf stark eingeschränkten (Ausnahme)charakter[139]. Auch dieses Gremium sah sich in erster Linie verpflichtet, die Sanktionsmöglichkeiten im unteren Kriminalitätsbereich auszuweiten, um die kurze Freiheitsstrafe einzuschränken. Ein exzeptionelles Institut für außergewöhnliche Taten und Täter, denen der Makel der Strafe erspart werden sollte, wollten die Ausschussmitglieder schaffen.[140] Das neue Institut in § 80a E 1969 wurde ausschließlich für verwirkte Geldstrafen bis zu 180 Tagessätzen mit der Begründung eröffnet, eine Überschneidung mit der Strafaussetzung zur Bewährung vermeiden zu wollen.[141] Weiter verlangte der Sonderausschuss erstmals die Würdigung besonderer, in der Tat und in der Persönlichkeit des Täters liegender Umstände, dic es notwendig erscheinen lassen, den Täter von der Verurteilung zur Strafe zu verschonen.[142] Ferner durfte die Bewährung der Rechtsordnung die Verurteilung zur Strafe nicht gebieten.[143] Zudem betonte der Sonderausschuss, dass die Verwarnung neben den Schuldspruch trete, und machte so deutlich, dass beide Komponenten selbstständig nebenein-

137 *Baumann* u. a., Alternativ-Entwurf StGB-AT[1], S. 182 ff.

138 Die Beratungen des 4. Deutschen Bundestages endeten mit dem Beschluss, die Verwarnung mit Strafvorbehalt einzuführen, der durch den Sonderausschuss der 5. Wahlperiode Bestätigung und Wiederaufnahme fand.

139 Grundlegende Kritik bei den Verfassern des Alternativ-Entwurfes, vgl. *Baumann* u. a., Alternativ-Entwurf StGB-AT[2], S. 210.

140 So *Schafheutle*, Sonderausschuss BT, 5. WP, S. 812.

141 BT-Dr V/32, Protokoll des Sonderausschusses „Strafrecht", 5. Wahlperiode, 107. Sitzung, Anlage, S. 2152, 2184.

142 § 80a Abs. 1 Nr. 2 E 1969.

143 § 80a Abs. 1 Nr. 3 E 1969.

ander stehen sollen. Die Formulierung des Alternativ-Entwurfs, der noch von einer Verwarnung durch Urteil sprach, blieb an dieser Stelle ungenau. Eine Auseinandersetzung mit der Position des Schuldspruchs wurde auch vom Sonderausschuss nicht vorgenommen.[144]

Im Anschluss an die Arbeit des Sonderausschusses wurde die Verwarnung mit Strafvorbehalt zunächst in die §§ 80a ff. E 1969 eingeführt und sodann durch das Zweite Strafrechtsreformgesetz 1969 (2. StrRG) in die §§ 59 bis 59c StGB übernommen.[145] In den folgenden Jahren erfuhr § 59 StGB noch eine Ausweitung des Weisungskatalogs. Der Wortlaut des zweiten Absatzes wurde dahingehend verändert, dass eine Gesamtwürdigung der Tat und der Täterpersönlichkeit verlangt wurde.[146]

3. Rechtsnatur

Über die Bestimmung der Rechtsnatur des § 59 StGB gingen die Meinungen nicht allein innerhalb des gesetzgeberischen Entstehungsprozesses auseinander. Auch nach der Einführung der Verwarnung mit Strafvorbehalt in das Strafgesetzbuch blieb deren Rechtsnatur umstritten. In der Rangordnung der Rechtsfolgen ist die Verwarnung mit Strafvorbehalt als mildeste eigenständige Sanktion des Strafgesetzbuches unterhalb der Verhängung einer Geldstrafe einzuordnen.[147] In diesem Sinne wird § 59 StGB in der Literatur als Sanktion *sui generis*[148] beschrieben. Verfehlt wäre es, § 59 StGB als schlichte Modifikation im Sinne einer zur Bewährung ausgesetzten Geldstrafe zu sehen.[149] Vielmehr begründet die Verknüpfung von Schuldspruch, aus-

---

144 Vgl. *Baumann*, NJW 1980, 464 (466).

145 Sonderausschuss BT, 5. WP, S. 3335. Kritisch *Baumann*, der § 59 StGB gegenüber § 57 AE als „denaturiert und demontiert" bezeichnete und ihm eine Verfehlung des ursprünglich verfolgten kriminalpolitischen Zwecks vorwarf, JZ 1980, 464 ff.

146 23. StrÄndG vom 13. 4. 1986, BGBl. I, S. 393; vgl. noch die Diskussion um eine schlichte Verwarnung BT-Dr 10/5828, S. 5 und das Verbrechensbekämpfungsgesetz vom 28. 10. 1994.

147 *Schöch*, Gutachten C, 59. DJT, C 90.

148 *Dölling*, ZStW 104, S. 259 (269); *Dreher*, FS-Maurach, S. 275 (294); LK[11]-*Gribbohm*, Vor §§ 59 bis 59c, Rn. 3; SK[8]-*Horn*, § 59, Rn. 2; *Köhler*, Strafrecht AT, S. 620; *Jescheck/Weigend*, Lehrbuch des Strafrechts AT, S. 856.

149 A. A. *Schöch*, JR 1978, 74 (75).

gesetzter Strafe und Verwarnung einen eigenständigen Sanktionscharakter.[150]

Die Bezeichnung des § 59 StGB als eigene Strafform lehnen weite Teile der Strafrechtswissenschaft mit dem zutreffenden, aber auch schlichten, Argument ab, gerade auf die Strafe werde in diesem Fall zumindest anfänglich verzichtet.[151] Daraus folge, dass der Schuldspruch, die Verwarnung sowie der Strafvorbehalt auch nicht zusammengefasst als Strafe bezeichnet werden könnten.[152] Damit ist aber noch keine Aussage darüber getroffen, ob den Elementen, die § 59 StGB konstituieren, nicht gleichwohl ein pönaler Charakter zugeschrieben werden kann.[153] Dieser Fragestellung widmet sich die Untersuchung explizit im vierten Teil.[154] Ohne den dort erfolgenden Erörterungen vorzugreifen, sei gleichwohl bereits an dieser Stelle darauf hingewiesen, dass die dem § 59 StGB einen sanktionierenden Charakter zuschreibenden Ansichten dabei stets den Schuldspruch und nicht die ausgesprochene Verwarnung im Blick haben. So wurde die Rechtsnatur der Verwarnung mit Strafvorbehalt auch vordringlich in Abgrenzung zu den Einstellungsvorschriften der Strafprozessordnung bestimmt. Weder die in der Regel nicht allzu hoch angesetzte Geldstrafe noch die Verwarnung machen den wesentlichen Unterschied zu einer Verfahrenseinstellung unter Auflagen nach § 153a StPO aus. Der Schuldspruch mit seiner sozial bemakelnden Wirkung[155] ist vielmehr das sanktionierende Element des § 59 StGB.

In der Sanktionshierarchie „nach unten" ist § 59 StGB von der Einstellung des Verfahrens gegen Auflagen nach § 153a StPO abzugrenzen. Hinsichtlich ihrer Tatbestandsvoraussetzungen liegen beide Regelungen eng beieinander. Argumente, die ein öffentliches Interesse

---

150 Gesetzentwurf Sanktionensystem BT-Dr 13/4462.

151 In diesem Sinne sahen die Alternativprofessoren, die im Rahmen ihres im Jahre 1969 vorgelegten Alternativ-Entwurfes eines Strafgesetzbuches der Verwarnung unter Strafvorbehalt eine große Bedeutung zuwiesen, deren Vorteil gerade darin, dass eine „Abstempelung zum Vorbestraften" vermieden werde, vgl. *Baumann* u. a., Alternativ-Entwurf StGB-AT², S. 113. In diesem Sinne auch Schöch, der den Vorteil des § 59 StGB gerade darin sieht, den Strafmakel zu vermeiden, *Schöch*, JR 1978, 74 (75).

152 *Jescheck/Weigend*, Lehrbuch des Strafrechts AT, S. 855 f., Sch/Sch-*Stree*, § 59 Rn. 3, LK¹¹-*Gribbohm*, Vor §§ 59 bis 59c, Rn. 3; *Dreher*, FS-Maurach, S. 275 (294).

153 Der Schuldspruch als pönales Element, vgl. Sch/Sch-*Stree*, § 59, Rn. 3.

154 Vgl. unten 4. Teil, Der Schuldspruch und die Strafe.

155 Vgl. etwa *Cremer*, NStZ 1982, 449 (452).

an der Strafverfolgung begründen und damit eine Verfahrenseinstellung nach § 153a StPO ausschließen, sind wohl regelmäßig geeignet, die Anwendung des § 59 StGB an dessen sogenannter Würdigkeitsklausel scheitern zu lassen.[156] Doch kann dies nicht zur Konsequenz haben, dass es in den Händen der Staatsanwaltschaft – bzw. des Angeklagten – liegt, qua erforderlicher Zustimmung zur Verfahrenseinstellung zu entscheiden, ob im konkreten Fall ein Schuldspruch ergehen soll. Der qualitative Unterschied zwischen der Einstellung des Verfahrens und einer Verurteilung in Form des Schuldspruchs lässt darauf schließen, dass Fallgruppen bestehen, in denen die Verfahrenseinstellung als eine zu milde, die Verurteilung zu einer Geldstrafe hingegen als eine zu scharfe Reaktion auf begangenes Unrecht erachtet wird.[157] Mit der gerichtlichen oder staatsanwaltlichen Entscheidung, es bestehe kein Strafbedürfnis, ist noch nicht gesagt, dass auch kein Bedürfnis nach einer förmlichen Durchführung und eines förmlichen Abschlusses des Verfahrens in Form des Schuldspruchs besteht. Vielmehr stellt sich im Rahmen der Einstellung die Frage, ob die dem Schuldspruch zugeschriebenen Funktionen in diesen Fällen gleichwohl durch den Einstellungsbeschluss, eventuell in Verbindung mit verhängten Auflagen, wahrgenommen werden können.[158]

Ob hinsichtlich der Konstellation eines Schuldspruchs ohne darauf folgenden Strafausspruch von einer Verurteilung gesprochen werden kann, beantwortet die Strafrechtswissenschaft nicht einheitlich.[159] Hintergrund divergierender Aussagen sind in der Regel keine abweichenden Vorstellungen von der rechtlichen Wirkung der Verwarnung mit Strafvorbehalt, sondern vielmehr definitorische Unschärfe im Zusammenhang mit dem Begriff der Verurteilung, auf die hier bereits zu Beginn der Untersuchung hingewiesen wurde. Unklarheiten in diesem Punkt treten auf, wenn in der Strafrechtswissenschaft nicht deutlich zwischen den beiden möglichen Bedeu-

---

156 Zum Verhältnis des § 59 StGB zu § 153a StPO näher *Horn*, NJW 1980, 106 f.; *Dencker*, StV 1986, 399 (400); *Lackner/Kühl*, § 59, Rn. 5.

157 Vgl. dazu auch *Dencker*, StV 1986, 399 (402), der der Klarstellung des Straftatcharakters durch den Schuldspruch ebenfalls ein gesteigertes Eingriffspotential zuschreibt.

158 *Dencker*, StV 1986, 399 (403).

159 Gegen eine Verurteilung in diesem Fall Sch/Sch-*Stree*, § 59, Rn. 1 ff.; *Köhler*, Strafrecht AT, S. 620; *Dencker*, StV 1986, 399; *Dreher*, FS-Maurach, S. 275.

tungszusammenhängen des Begriffs der Verurteilung unterschieden wird.[160]

Ein mit Strafvorbehalt verwarnter Angeklagter gilt bereits für die Dauer der Bewährungszeit und selbstverständlich auch im Falle deren positiven Verlaufs als unbestraft[161], ist also nicht verurteilt im engeren Sinne.[162] Die Verurteilung zu einer Strafe behält sich das Gericht schließlich gerade vor.[163] Gleichwohl zeigt § 59 StGB, dass eine Verurteilung im weiteren Sinne nicht zwingend eine Strafverhängung erfordert. Konstitutiv ist vielmehr das Vorliegen eines Schuldspruchs.

Dies spiegelt sich auch in den Regelungen bezüglich der Eintragungen in das Bundeszentralregister wider. § 4 Nr. 3 BZRG normiert unter der Überschrift „Verurteilungen" die Eintragungspflicht einer ausgesprochenen Verwarnung mit Strafvorbehalt in das Bundeszentralregister.[164] Die Registrierung besteht nur innerhalb des Probezeitraums. Stellt das Gericht nach Ablauf der Bewährungszeit fest, dass es bei der Verwarnung sein Bewenden hat, lässt es die Eintragung aus dem Register entfernen.[165] Die bereits bestimmte Strafe ist damit getilgt. Die Verurteilung, genauer der Schuldspruch, bleibt hingegen bestehen. Aufnahme in das polizeiliche Führungszeugnis findet die Verwarnung nach § 59 StGB hingegen nicht.[166] Auch im Rahmen der Regelungen über die Kosten des Strafverfahrens wird in § 465 Abs. 1 StPO eindeutig festgelegt, dass eine Verurteilung im Sinne dieser Vorschrift auch dann vorliegt, wenn der Angeklagte mit Strafvorbehalt verwarnt wird.[167]

---

160 Vgl. bereits oben dazu, Fn. 26.

161 BGH, Urteil vom 22. 8. 2001, 3 StR 191/01; *Dreher*, FS-Maurach, S. 275.

162 Anders im Falle der Strafaussetzung zur Bewährung, in deren Anwendungsbereich der Täter zu einer Freiheitsstrafe verurteilt wird.

163 Vgl. entsprechend den Wortlaut des § 59b Abs. 1 StPO, der von der „Verurteilung zu der vorbehaltenen Strafe" spricht.

164 Die Verurteilung im engeren Sinne kann hier nicht gemeint sein. Schließlich umfasst das BZRG (*Bundeszentralregistergesetz*) in § 4 Nr. 4 BZRG auch die Feststellung der Schuld nach § 27 JGG. Auf den Strafausspruch kann es mithin nicht ankommen. In der Konsequenz hätte jedoch auch § 60 StGB mit aufgenommen werden müssen.

165 § 12 Abs. 2 BZRG in Verbindung mit § 59b Abs. 2 StGB.

166 Vgl. § 32 Abs. 1 BZRG in Verbindung mit Abs. 2 Nr. 1 BZRG. Allein unter Verweis auf die Regelung lehnt *Dencker* es ab, § 59 StGB als Verurteilung anzuerkennen, *ders.*, StV 1986, 399.

167 Auch die Fälle, in denen das Gericht von Strafe absieht (so bereits der Geset-

III. Die Aussetzung des Strafausspruchs nach § 27 JGG

Auch im Jugendstrafrecht sieht der Gesetzgeber die Möglichkeit des Gerichts vor, die staatliche Reaktion auf eine Straftat vorläufig auf den Schuldausspruch zu beschränken.

So kann der Richter in dem Fall, in dem trotz vollständig ausgeschöpfter Ermittlungsmöglichkeiten nicht mit Sicherheit entschieden werden kann, ob eine Jugendstrafe tatsächlich erforderlich ist, nach § 27 JGG die Schuld des Täters in Form des Schuldspruchs feststellen. Die Bestimmung der Strafe, und nicht nur deren Vollstreckung, wird dann für eine festgelegte Bewährungszeit ausgesetzt.[168] Zeigt die Bewährungszeit, dass die dem Schuldspruch zugrunde liegende Tat doch auf schädliche Neigungen des jugendlichen Täters zurückzuführen sind, die eine Jugendstrafe erforderlich machen, misst der Richter im sogenannten „Nachverfahren" auf Grundlage des einstigen Schuldspruchs die Strafe zu, die er in Kenntnis der schädlichen Neigungen bereits zum Zeitpunkt des Schuldspruchs ausgesprochen hätte.[169] Dabei berücksichtigt er nicht das Täterverhalten während der Bewährungszeit, sondern fingiert das Stadium der Hauptverhandlung unter Einbeziehung der Überzeugung von der schädlichen Neigung des Täters.[170]

Nachdrücklicher als im Anwendungsbereich des Erwachsenenstrafrechts berücksichtigt der Gesetzgeber im Jugendstrafrecht damit die Wirkungen von Rechtsfolgen auf den Täter. Insbesondere im Rahmen der Vorschriften über die Aussetzung der Verhängung der Jugendstrafe soll trotz gleichsam aufrecht erhaltener, erzieherisch konstruktiver Rechtsfolge vermieden werden, den Betroffenen durch die Strafe zu bemakeln.[171] Eine mildere Wirkung, die aber dennoch geeignet sein solle, den jugendlichen Täter zu künftigem Legalverhalten zu motivieren, verspricht sich der Gesetzgeber hingegen vom isolierten Schuldspruch.

---

zeswortlaut) bzw. nach § 27 JGG den Strafausspruch aussetzt, werden dem Begriff der Verurteilung subsumiert, *Meyer-Goßner*, § 465 Rn. 2.

168 § 27 JGG wurde 1953 als § 13 in das Jugendgerichtsgesetz eingeführt, vgl. BT-Dr 1/3264, S. 43 und BT-Dr 1/4437, S. 6 f.

169 Vgl. § 30 Abs. 1 JGG. Vgl. dazu *Meyer*, MDR 1978, 983.

170 Vgl. *P.-A. Albrecht*, Jugendstrafrecht, § 34, III.

171 *P.-A. Albrecht*, Jugendstrafrecht, § 34 I 1; *Eisenberg*, JGG[9], § 27, Rn. 6.

Im Gegensatz zur Strafaussetzung zur Bewährung nach § 56 StGB, aber auch zur Verwarnung unter Strafvorbehalt nach § 59 StGB, entscheidet das Gericht im Anwendungsbereich des § 27 JGG im Zeitpunkt des Schuldausspruchs nicht über eine etwaige später zu verhängende Freiheits- oder Geldstrafe. Vielmehr wird die Bewährungszeit bestimmt, ohne dass die Folgen der Nichtbewährung bereits festliegen.

Umstritten ist, ob in der Aussetzung des Strafausspruchs eine eigenständige, wenn auch möglicherweise nur vorläufige Sanktion zu sehen ist[172], oder diese vielmehr eine Unterform der bedingten Verurteilung[173] darstellt. Daneben wird ferner vertreten, § 27 JGG als Sanktionsandrohung unter einer aufschiebenden Bedingung zu begreifen, das heißt die Regelung in die unmittelbare Nähe der Strafaussetzung zur Bewährung aus dem Erwachsenenstrafrecht zu stellen.[174] Diese Einschätzungen sind unmittelbar verbunden mit der Frage, in welchem Element das Sanktionsgewicht zu sehen ist. So kann zum einen der isoliert bestehende Schuldspruch, zum anderen die für den Fall der Nichtbewährung in Aussicht gestellte Jugendstrafe als Sanktion angesehen werden.[175]

Die Auffassung, § 27 JGG sei eine eigenständige Sanktion, kann für sich in Anspruch nehmen, der im Jugendgerichtsgesetz angelegten Differenzierung zwischen einer Aussetzung der Verhängung einer Jugendstrafe und der dort ebenfalls vorgesehenen Straf(vollstreckungs)aussetzung zur Bewährung[176] konsequent Rechnung zu tragen.[177]

Fällt die drohende, bereits bestimmte Strafe als Sanktionsmittel weg, bleibt zunächst der Eintrag der Verurteilung nach § 27 JGG in das Erziehungs- aber auch in das Zentralregister gemäß § 4 Nr. 4 BZRG, die bereits als eigenes Strafübel anzusehen ist.[178] Daneben vermag das Gericht durch die Verurteilung, genauer den Schuldspruch, die

---

172 So *Ostendorf*, JGG, Grdl. zu §§ 27–30, Rn. 1 und § 27 Rn. 7.

173 BayObLG GA 1971, S. 181 (182); *Schaffstein/Beulke*, Jugendstrafrecht, § 26, I, 2; *Potrykus*, JR 1961, 407 (408); *ders.*, MDR 1954, 456 ff.

174 Vgl. *Ostendorf*, NJW 1981, 379 mit weiteren Erklärungsansätzen.

175 Vgl. *Ostendorf*, NJW 1981, 379.

176 Vgl. §§ 21 ff. JGG.

177 A. A. *Potrykus*, JR 1961, 407 (408), der sich strikt gegen einen *„ahnenden"* Charakter des Schuldspruchs ausspricht und diesem aberkennt irgendeine Form der Zweckmäßigkeit nachkommen zu können.

178 So *Ostendorf*, JGG, Grdl. zu §§ 27–30, Rn. 1.

sozial-ethische Missbilligung der begangenen Straftat zu manifestieren.[179] Die ausgesetzte, aber dennoch drohende Strafverhängung ist hingegen aufgrund ihrer Koppelung an das zukünftige Verhalten des Täters nicht geeignet, die zurückliegende Tat zu missbilligen. Jedoch entfalten Schuldspruch und die Strafaussetzung Warn- und Hilfsfunktionen gegenüber dem Täter.[180]

Dass der Schuldspruch vom Gesetzgeber als eine den Täter belastende Maßnahme eingeschätzt und funktionalisiert wird, ist dem Jugendgerichtsgesetz auch noch an anderer Stelle zu entnehmen, sieht doch § 30 Abs. 2 JGG vor, dass im Falle einer positiv verlaufenden Bewährungszeit der Schuldspruch getilgt werden muss. Dies erfolgt durch Urteil im Rahmen einer Hauptverhandlung oder schlicht durch Beschluss, sofern die Staatsanwaltschaft zustimmt.[181] Gleichzeitig wird auch der Eintrag in das Bundeszentralregister gelöscht.[182] Der „Täter" gilt fortan als unbestraft.[183] Ginge vom Schuldspruch keine gegenüber der Strafe und sogar gegenüber einer ausgesetzten Strafverhängung eigenständige Wirkung aus, bedürfte es keiner Tilgungs- und Löschungsvorschriften.

Es kann mithin festgehalten werden, dass dem Schuldspruch eine eigenständige Position unabhängig von seiner formalen Erscheinungsform, aber auch unabhängig von der Strafe zugeschrieben wird. Diese Stellung ist auf die den Täter nachteilig betreffende Wirkung des

---

179 Dies ergibt sich bereits aus § 30 Abs. 1 JGG, der ausdrücklich von einer im Schuldspruch missbilligten Tat spricht. Näher zur Missbilligung durch den Schuldspruch vgl. unten 3. Teil, 3. Kapitel, II. *Ostendorf* stellt fest, gewöhnlich werde die erstrebte sozial-ethische Missbilligung durch das Strafmaß dokumentiert, für § 27 JGG, der Aussetzung des Strafausspruchs, gelte indes etwas anderes. Dort werde die missbilligende Funktion durch die *„Verurteilung und Reaktion an sich"* wahrgenommen, vgl. *Ostendorf*, NJW 1981, 379. Mit dem Begriff *„Verurteilung"* kann *Ostendorf* nichts anderes als den Schuldspruch meinen. Dies insbesondere in Abgrenzung zur *„Reaktion an sich"*, die im Falle des § 27 JGG allein in der Auferlegung der Bewährungszeit und dem bleibenden Vorbehalt einer späteren Strafmaßbildung liegen kann. Ob der Schuldspruch tatsächlich nur ausnahmsweise und stellvertretend Funktionen wahrnimmt, die ursprünglich nicht zu den seinen gehören oder ob hier vielmehr eine originäre Funktion des Schuldspruchs zu Tage tritt, die gewöhnlich durch andere Maßnahmen, insbesondere die Strafverhängung überlagert wird, wird im 3. Teil der Untersuchung zu klären sein.

180 *Ostendorf*, JGG, Grdl. zu §§ 27–30, Rn. 3.

181 Vgl. § 62 Abs. 1 und 2 JGG.

182 Vgl. § 13 Abs. 2, S. 2 Nr. 1 BZRG.

183 *Potrykus*, MDR 1954, 456 (458).

Schuldspruchs zurückzuführen. Der entstehenden Belastung ist eine Intensität zuzuschreiben, die es im Interesse des jugendlichen oder heranwachsenden Täters erfordert, die Schuld nur bedingt auszusprechen und den Schuldspruch einer späteren Tilgung zugänglich zu machen.

Kapitel 2 Der Schuldspruch und die Substitution der Strafe durch bereits eingetretene Einbußen des Täters

I. Das Absehen von Strafe nach § 60 StGB

1. Tatbestandsvoraussetzungen und Anwendungsbereich

Im Abschnitt über die Rechtsfolgen der Tat eingeordnet, gibt § 60 StGB dem Gericht auf, von Strafe abzusehen, wenn die Folgen der Tat für den Täter selbst so schwer sind, dass es offensichtlich verfehlt wäre, die Strafe zu verhängen, und der Täter eine Freiheitsstrafe von nicht mehr als einem Jahr verwirkt hat. Liegen diese Voraussetzungen vor, ist die Rechtsfolge des § 60 StGB obligatorisch.[184] Eine Einschränkung auf bestimmte Deliktskategorien erfolgt dem Grunde nach nicht, insbesondere wird der Anwendungsbereich auch nicht auf Vergehen beschränkt.[185]

„Absehen von Strafe ist Schuldspruch ohne Strafausspruch".[186] Diese Definition von Webers bestimmt präzise die außergewöhnliche Wesensart eines Instituts, das zeigt, dass der Satz *„nulla poena sine culpa"*[187] sich nicht umkehren lässt.[188] Ist eine Strafverhängung ohne Schuld ausge-

184 LK[11]-*Hirsch*, § 60, Rn. 43.
185 LK[11]-*Hirsch*, § 60, Rn. 9.
186 *Von Weber*, MDR 1956, 705 (707) vgl. BGHSt 4, 172 (176).
187 Zum Schuldgrundsatz noch näher unten, 3. Teil, 1. Kapitel, I.
188 Für viele *Roxin*, Strafzweck und Strafrechtsreform, S. 75 (76); *ders.*, FS-Bockelmann, S. 279 (285); *Jescheck/Weigend*, Lehrbuch des Strafrechts AT, S. 861. Die Umkehrung des Schuldgrundsatzes steht unmittelbar im Zusammenhang mit der Kontroverse um die Strafzwecktheorien und ist nicht unumstritten. Für eine zwangsläufige Strafverhängung nach begangenem Unrecht die Vertreter einer Vergeltungstheorie, vgl. grundlegend *Kants* Inselbeispiel in der Metaphysik der Sitten, Band 8, S. 455; liberaler etwa *Gallas* ZStW 80, S. 1 (3); *Arth. Kaufmann*, Schuldprinzip, S. 205; *ders.*, Dogmatische und kriminalpo-

schlossen, ermöglicht § 60 StGB, die Schuld festzustellen, ohne Strafe zu verhängen. Der isolierte Schuldspruch ist für die vorliegende Untersuchung von besonderem Interesse. Nach einer vollständigen Sachprüfung im Rahmen der Hauptverhandlung steht am Ende fest, ob eine tatbestandsmäßige, rechtswidrige und schuldhafte Tat vorliegt. Zugleich wird über die Strafbarkeit, genauer den öffentlichen Strafanspruch, positiv beschieden.[189] Dies ergibt sich aus § 260 Abs. 4 S. 4 StPO, der bestimmt, dass es in die Urteilsformel aufzunehmen ist, sollte das Gericht von Strafe absehen. Die Erwägungen, die zu dieser Entscheidung geführt haben, müssen in den Urteilsgründen dargestellt werden.[190] Belässt es das Gericht bei der strafrechtlichen Sanktionierung in Form des Schuldspruchs, erfolgt gemäß § 4 BZRG auch kein Eintrag in das Bundeszentralregister. Der isolierte Schuldspruch begründet folglich keine Vorstrafe des Täters. Die Kosten des Verfahrens werden dem Verurteilten nach § 465 Abs. 1 S. 2 StPO auferlegt.[191]

Vom Absehen von der Strafe streng zu unterscheiden sind die Strafausschließungsgründe und Strafaufhebungsgründe als Unterfälle der persönlichen Ausnahmen von der Strafbarkeit[192] („*wird nicht bestraft, wer ...*“), die dem erkennenden Gericht hinsichtlich des Freispruchs des Angeklagten kein Ermessen einräumen.[193]

Ergibt die gerichtliche Überprüfung im Anschluss an die Feststellung einer rechtswidrigen, schuldhaften Tat, dass die speziellen Voraussetzungen für das Absehen von Strafe nach § 60 StGB[194] vorliegen, wird der Täter in Form des Schuldspruchs verurteilt[195], jedoch keine Strafe verhängt.[196]

---

litische Aspekte, S. 59 f. Die vorliegende Untersuchung erfordert indes keine Entscheidung dieser Frage, von Interesse sind an dieser Stelle lediglich die bestehenden, den Schuldspruch isolierenden Institute.

189 *Beling*, Lehre vom Verbrechen, S. 90; *Bruns*, Teilrechtskraft, S. 43. Vgl. dazu auch unten zur Feststellungsfunktion des Schuldspruchs, 3. Teil, 1. Kapitel, III.

190 Sch/Sch-*Stree*, § 60, Rn. 11.

191 Grundlegend noch für die kasuistischen Regelungen BGHSt 4, 172 (176).

192 *Jescheck/Weigend*, Lehrbuch des Strafrechts AT, S. 552.

193 Vgl. §§ 24, 264a Abs. 3, 265b Abs. 2 StGB.

194 Näher dazu im nächsten Abschnitt.

195 LR-*Gollwitzer*, § 260, Rn. 78; *Eb. Schmidt*, Lehrkommentar, Teil II, § 260, Rn. 15; *von Weber*, MDR 1956, 705 (707).

196 LK[11]-*Hirsch* § 60, Rn. 2.

2. Der gesetzgeberische Entstehungsprozess

Der gegenwärtig bestehenden Regelung des Absehens von Strafe in § 60 StGB gingen jahrzehntelange Vorarbeiten voraus, die sich durchgehend mit zwei Varianten beschäftigten, die Möglichkeit des Gerichts, von Strafe abzusehen, im materiellen Recht einzuführen. So wurde zum einen diskutiert, ob im Besonderen Teil des Strafgesetzbuches Normen statuiert werden sollen, die gekoppelt an bestimmte Tatbestände oder Tatumstände die Möglichkeit des Absehens von Strafe vorsehen. Zum anderen wurde eine generelle Regelung im Allgemeinen Teil des Strafgesetzbuches erörtert. Diese sollte den Bestimmungen über die Rechtsfolgen zugeordnet werden und anknüpfend an bestimmte Modalitäten der Tatbegehung oder Tatfolgen deliktsunabhängig ermöglichen, von Strafe abzusehen.

Aus der Fülle der einschlägigen Entwürfe und Materialien zahlreicher Untersuchungsgruppen politischer oder wissenschaftlicher Prägung werden für die Beantwortung der vorliegenden Fragestellung die Vorbereitungsarbeiten der Großen Strafrechtskommission aus dem Jahre 1954 und den folgenden Jahren, die in den Gesetzentwurf 1962 mündeten, der Alternativ-Entwurf eines Strafgesetzbuches Allgemeiner Teil aus dem Jahre 1966 sowie die Arbeiten des Sonderausschusses Strafrecht des Deutschen Bundestages aus den Jahren 1962 bis 1969, abgeschlossen durch den Erlass des 1. StrRG[197] und des 2. StrRG[198], herausgegriffen und vorgestellt werden.

Im Zentrum der wissenschaftlichen Überlegungen bezüglich des Absehens von Strafe stand die eingangs als zweite Variante skizzierte Idee, nach der die Konstruktion des Schuldspruchs ohne Strafverhängung als eigenes Rechtsinstitut im Allgemeinen Teil des Strafgesetzbuches geschaffen werden sollte. Die drei genannten gesetzgeberischen Entwicklungsschritte bilden die Eckpunkte der Diskussion um das Absehen von Strafe und werden im Fortgang hinsichtlich ihrer Konzepte für die Bedeutung des Schuldspruchs untersucht.

---

197 Erstes Gesetz zur Reform des Strafrechts vom 25. 6. 1969, BGBl. I, S. 645.
198 Zweites Gesetz zur Reform des Strafrechts vom 4. 7. 1969, BGBl. I, S. 717.

a) Vorbereitungsarbeiten für die große Strafrechtskommission und der Gesetzentwurf 1962

Auf Initiative des Bundesjustizministers trat im Jahre 1954 die Große Strafrechtskommission, bestehend unter anderem aus Abgeordneten des Bundestages, Strafrechtslehrern, Vertretern der Rechtsanwaltschaft und des *Bundesgerichtshofes*, zusammen, um eine Grundlage für die bereits seit dem Jahre 1902 geplante große Strafrechtsreform zu erarbeiten. Ein Unterpunkt der zu bearbeitenden Grundsatzfragen lautete: *„Soll der Richter unter Umständen von Strafe absehen können und inwieweit?"*.[199]

Nicht besprochen wurde in diesem Zusammenhang die im Jahre 1954 bereits bestehende prozessrechtliche Regelung des § 153a StPO (a. F.).[200] Diese sah vor, dass von einer Strafverfolgung abgesehen werden kann, sofern die entsprechenden materiell-rechtlichen Voraussetzungen erfüllt sind. Zu diesem Zeitpunkt bestand noch keine Regelung des Absehens von Strafe im Allgemeinen Teil des Strafgesetzbuches. Gerade deren Notwendigkeit sollte die Große Strafrechtskommission schließlich diskutieren. Also konnte sich § 153a StPO a. F. in seinen Tatbestandsvoraussetzungen nur auf die im Jahre 1954 bereits statuierten materiell-rechtlichen Regelungen des Absehens von Strafe im Besonderen Teil des Strafgesetzbuches beziehen. Diese werden im Folgenden kasuistische Regelungen genannt, sahen sie damals wie heute, eindeutig als Strafzumessungsregeln konzipiert, die Möglichkeit des Gerichts vor, von Strafe abzusehen, sofern besondere Umstände den Unrechtsgehalt einer eigentlich volldeliktischen Tat aus dem Besonderen Teil zu mildern vermögen.[201]

Die Kommissionsmitglieder diskutierten, ob neben der bereits bestehenden Regelung der Verfahrenseinstellung nach § 153 StPO[202] wegen Geringfügigkeit eine weitergehende Regelungsbedürftigkeit für besonders leichte Fälle überhaupt besteht.[203] Schließlich sollte der Rege-

199 Niederschriften, Band 1, Grundsatzfrage 6.

200 § 153b StPO wurde im Jahre 1951 als § 153a StPO eingeführt, vgl. Strafrechtsänderungsgesetz vom 30. 8. 1951, BGBl. I 739.

201 Näher dazu unten 2. Teil, 3. Kapitel, I.

202 Mit der Neuverkündung der Strafprozessordnung am 22. 3. 1924 eingeführt, RGBl. I 322.

203 Dagegen insbesondere *Lange*, Niederschriften, S. 122; *Krille*, Niederschriften, S. 132; *Eb. Schmidt*, Niederschriften, S. 132 f.

lungsbedürftigkeit im Zusammenhang mit Bagatelldelinquenz gerade mit der Einführung des § 153 StPO im Jahre 1924 entgegengetreten werden. In den Folgejahren verlagerte sich mithin das Interesse an der Möglichkeit, von Strafe absehen zu können, auf den Besonderen Teil des Strafgesetzbuches und hier insbesondere auf schwerere Straftaten.

Das wiederkehrende Interesse an einer Regelung im Allgemeinen Teil mit Blick auf leichte Fälle ergab sich in den 50er Jahren aus laut werdender Kritik an der Praxistauglichkeit des § 153 StPO. Im Kern wurde kritisiert, es gäbe eine zu große Anzahl von Fällen, die § 153 StPO nicht erfassen. So sahen in erster Linie Richter und Strafverteidiger eine große Regelungslücke und eine Benachteiligung der Bagatelldelinquenten in den Fällen, in denen einzig aus der versagten Zustimmung der Staatsanwaltschaft von der Möglichkeit, das Verfahren einzustellen, Abstand genommen werden müsse.[204]

Im Gesetzentwurf aus dem Jahre 1962 (E 1962)[205] wurde das Absehen von Strafe schließlich nicht als eigenständiges Institut in den Allgemeinen Teil des Strafgesetzbuches eingeführt[206], aber im Tatbestand des Versuches aus grobem Unverstand in § 27 Abs. 3 E 1962 berücksichtigt. Hingegen wurden die Möglichkeiten, von Strafe abzusehen, im Besonderen Teil indes stetig erweitert.[207]

---

204 Vgl. Niederschriften, Band 1, Grundsatzfragen, S. 122.

205 BT-Dr IV / 650.

206 *Lange* wendete sich im Rahmen seines Gutachtens für die Große Strafrechtskommission ausdrücklich gegen die Einführung eines solchen Instituts und führt an, eine derartige Regelung entspringe dem überkommenen Gnadenrecht und unterliefe die generalpräventive Wirkung der Strafe. Er sprach sich jedoch für eine Ausweitung der Einstellungsvoraussetzungen wegen Geringfügigkeit nach § 153 StPO aus, *Lange*, Systematik der Strafdrohungen, S. 80, *ders.*, Niederschriften, Band 1, Grundsatzfragen, S. 122. Demgegenüber sah *Dahs* in § 153 StPO eine Schwäche aufgrund der notwendigen Zustimmung aller Beteiligter zur Verfahrenseinstellung. Im Falle der Verweigerung der staatsanwaltlichen Zustimmung entstünde so eine ausfüllungsbedürftige Lücke zwischen den prozessualen Erledigungsmöglichkeiten und möglichen Strafmilderungen, die durch die Alternative des Strafverzichts bei Schuldausspruch geschlossen werden sollte, *Dahs*, Niederschriften Band 1, Grundsatzfragen, S. 127. Im Ergebnis ablehnend entschieden, vgl. Niederschriften, Band 1, Anhang B, S. 396 f.

207 Vgl. etwa § 218a Abs. 4 S. 2 StGB (eingeführt durch das 5. Gesetz zur Reform des Strafrechts vom 18. 6. 1974, BGBl. I 1297); § 266a Abs. 5 StGB (eingeführt durch das 2. Gesetz zur Bekämpfung der Wirtschaftskriminalität vom 15. 5. 1986, BGBl. I, S. 721); § 182 Abs. 4 StGB (eingeführt durch das 29. Strafrechtsänderungsgesetz vom 31. 5. 1994, BGBl. I, S. 1168).

b) Der Alternativ-Entwurf eines Strafgesetzbuches Allgemeiner Teil 1966

Als kritische Reaktion auf den Gesetzentwurf 1962 und unter Bezugnahme auf die Vorarbeiten hierzu, überschrieben die Autoren des Alternativ-Entwurfs eines Strafgesetzbuches ebenda den 3. Titel des 3. Abschnittes über die Strafen mit „Absehen von Strafe". Dieser umfasste zwei Paragraphen, die in § 57 AE die Verwarnung unter Strafvorbehalt, in § 58 AE den Schuldspruch unter Strafverzicht vorsahen.

§ 58 AE lautete wie folgt:

> Abs. 1: *Hat der Täter Freiheitsstrafe bis zu zwei Jahren oder Geldstrafe verwirkt, so kann das Gericht sich auf den Ausspruch der Schuld beschränken, wenn der Täter durch die Folgen der Tat bereits hinreichend bestraft erscheint oder die Tat einer außergewöhnlichen Konfliktlage entsprungen ist.*
>
> Abs. 2: *Ein Schuldspruch unter Strafverzicht ist ausgeschlossen bei vollendeten vorsätzlichen Straftaten gegen das Leben.*
>
> Abs. 3: *Die Regelungen des Besonderen Teils über das Absehen von Strafe bleiben unberührt.*[208]

In der Begründung des Alternativ-Entwurfs führten die Verfasser aus, dass der Schuldspruch unter Strafverzicht für Ausnahmefälle konzipiert sei, die sich nicht durch das Vorliegen einer Bagatelltat, sondern vielmehr durch außergewöhnliche Tatumstände auszeichnen. Als in diesem Sinne regelungsbedürftige Konstellationen erachteten die Verfasser das Vorliegen schwerer zur Tat führender Gewissenskonflikte sowie schwere Tatfolgen für den Täter.[209]

Der Wortlaut des Alternativ-Entwurfs trennt deutlich zwischen der Wirkung der Strafe und der des Schuldspruchs. Eine strafähnliche Wirkung des Schuldspruchs nahmen die Verfasser dabei ausdrücklich nicht an. Schuld und Strafe stehen in ihrer Bedeutung vielmehr

---

208 Der Wortlaut des § 58 AE sowie dessen Begründung blieb in der 2. Auflage des Alternativ-Entwurfes aus dem Jahre 1969 identisch.

209 *Baumann* u. a., Alternativ-Entwurf StGB-AT[1], S. 115.

unabhängig nebeneinander. Die Strafe wird faktisch durch die Tatfolgen abgegolten; es bleibt der Schuldspruch, als ein „Mehr" gegenüber der Verfahrenseinstellung. Trotz seines Ausnahmecharakters wurde der Schuldspruch unter Strafverzicht im Gegensatz zu allen vorangegangenen Entwürfen als neues eigenständiges Rechtsinstitut eingeführt und in den Katalog der Strafen und Maßregeln als mildeste Sanktion aufgenommen.[210] Dies ergibt sich insbesondere aus der dem Alternativ-Entwurf angefügten Tabelle über Strafen und Maßregeln. Dort ordneten die Verfasser für alle Fälle einer verwirkten Freiheitsstrafe bis zu zwei Jahren den Schuldspruch als gleichberechtigte Sanktion neben der Verwarnung, des Fahrverbots, der gemeinnützigen Arbeit, der Geldstrafe sowie der ausgesetzten und nicht ausgesetzten Freiheitsstrafe ein.[211]

Der Wortlaut des § 58 AE unterstreicht diese Einschätzung durch die gewählte Formulierung, nach der nicht vorgesehen wird, von Strafe abzusehen, sondern, der isolierte Schuldausspruch als Sanktion statuiert wird. Zu der Frage, ob trotz dieser positiven Fassung des Wortlautes die prozessuale Regelung des § 153a StPO a. F. (§ 153b StPO n. F.) greift, die eindeutig auf Fälle Bezug nimmt, in denen von Strafe *abgesehen* werden kann, beziehen die Verfasser keine Stellung. § 153a StPO a. F. erforderte bereits das Vorliegen entsprechender materiellrechtlichen Voraussetzungen, um von Strafe absehen zu können. Offen bleibt, ob die Überschrift des dritten Abschnittes des dritten Titels im Alternativ-Entwurf, die nicht auf den alleinigen Schuldausspruch, sondern entgegen dem in § 58 AE gewählten Wortlaut auf Absehen von Strafe lautet, allein geeignet ist, die Anwendung der prozessualen Norm zu begründen.

---

210 *Baumann* u. a., Alternativ-Entwurf StGB-AT¹, S. 182 ff. und *Baumann* u. a., Alternativ-Entwurf StGB-AT², S. 199 ff.

211 *Baumann* u. a., Alternativ-Entwurf StGB-AT¹, S. 182 ff.

c) Der Entwurf eines Strafgesetzbuches durch den Sonderausschuss des Deutschen Bundestages sowie das 1. und 2. StrRG 1969

In § 80e sieht der Entwurf des Sonderausschusses des Deutschen Bundestages, der in den Jahren 1962 bis 1969 tagte, das Absehen von Strafe mit folgenden Worten vor[212]:

> § 80e SA
>
> *Das Gericht sieht von Strafe ab, wenn die Folgen der Tat, die den Täter getroffen haben, so schwer sind, dass die Verhängung einer Strafe offensichtlich verfehlt wäre. Dies gilt nicht, wenn der Täter für die Tat eine Freiheitsstrafe von mehr als zwei Jahren verwirkt hat.*[213]

Die Höchstgrenze von zwei Jahren Freiheitsstrafe in Satz 2 wurde letztlich vom Sonderausschuss auf ein Jahr herabgesetzt, ansonsten wurde der Entwurf unverändert in das 1. StrRG[214] übernommen und damit erstmals eine allgemeine Regelung des Absehens von Strafe in § 16 a. F. StGB statuiert. Der Wortlaut änderte sich auch mit der Umbenennung von § 16 StGB in § 60 StGB mit dem 2. StrRG 1969[215] nicht und blieb bis heute unverändert bestehen.

In dem vom Sonderausschuss gefertigten Entwurf eines Strafgesetzbuches sowie in den statuierten § 16 bzw. § 60 StGB wurden sowohl Vorschläge des Gesetzentwurfes 1962 als auch des Alternativ-Entwurfs berücksichtigt.[216] Ein bedeutender Unterschied zwischen den genannten Fassungen ist die Betonung des Schuldausspruchs in § 58 AE. Spricht der Alternativ-Entwurf ausdrücklich davon, dass das Gericht sich auf den Ausspruch der Schuld beschränken könne, verwenden die späteren Entwürfe nur die Formel des Absehens

---

212 BT-Dr V/32, Protokoll des Sonderausschusses „Strafrecht", 5. Wahlperiode, 107. Sitzung, Anlage, S. 2119.

213 Erster schriftlicher Bericht des Sonderausschusses 1969, BT-Dr V/4094, S. 6 f; Fassungsvorschläge Sonderausschuss, 131. Sitzung, Anlage, S. 2709.

214 BGBl. I, S. 645; BT-Dr V/4094, S. 6 f.

215 2. StrRG vom 4. 7. 1969, BGBl. I, S. 717; BT-Dr V/4095, S. 25.

216 Kritisch zu dem Versuch des Sonderausschusses mit Ausschnitten des Gesetzentwurfes aus dem Jahre 1962 sowie der ersten Auflage des Alternativ-Entwurfes einen neuen Gesetzentwurf zu erarbeiten: *Baumann* u. a., Alternativ-Entwurf StGB-AT^2, S. 202.

von Strafe.[217] Dass trotz Strafverzichtes nicht auch vom gerichtlichen Schuldausspruch abgesehen wird, ist im Umkehrschluss aus der im Prozessrecht bereits vorgesehenen Möglichkeit der Verfahrenseinstellung zu folgern. Die schließlich gewählte Formulierung, eine Strafverhängung müsse „offensichtlich verfehlt" sein, nimmt im Gegensatz zum Wortlaut des Alternativ-Entwurfes Bezug auf die Strafzwecke.[218]

Festzuhalten bleibt, dass das Institut des Absehens von Strafe nach dem Gesetzentwurf 1962 sowohl im Alternativ-Entwurf der Strafrechtslehrer als auch vom Sonderausschuss „Strafrecht" und letztlich im 1. und 2. StrRG 1969 als Rechtsfolge konstruiert wurde, die den isolierten Schuldspruch, wenn auch nur für Ausnahmefälle, als die einzig sachgerechte Reaktion auf begangenes Unrecht begreift.[219]

II. Das Absehen von Strafe im Falle des Täter-Opfer-Ausgleichs und der Wiedergutmachung

Für zwei Fallgestaltungen sieht auch § 46a StGB[220] die Möglichkeit des Gerichts vor, von Strafe abzusehen, sofern keine höhere Strafe als Freiheitsstrafe bis zu einem Jahr oder Geldstrafe bis zu dreihundertsechzig Tagessätzen verwirkt ist.

§ 46a Nr. 1 StGB umfasst die Konstellation, in der ein Täter in dem Bemühen einen Ausgleich mit dem Opfer zu erreichen, seine Tat ganz oder zum überwiegenden Teil wiedergutgemacht oder deren Wiedergutmachung ernsthaft erstrebt hat. In der zweiten Variante nach § 46a Nr. 2 StGB hat eine vollständige oder überwiegende Schadenswiedergutmachung mit der Folge einer erheblichen Einbuße des Täters bereits stattgefunden. In der wissenschaftlichen Auseinandersetzung mit den wenig trennscharfen Tatbestandsvoraussetzungen hat sich die wohl inzwischen einhellige Ansicht herausgebildet, nach der § 46a Nr. 1 StGB neben der auch von § 46a Nr. 2 StGB umfassten materiellen Wiedergutmachung auch die ideelle Wiedergutmachung

---

217 *G. Müller*, Schuldspruch unter Strafverzicht, S. 10 f.

218 Dazu ausführlich unten, 4. Teil, 1. Kapitel, I.

219 *„Die Funktion von § 60, dass bereits der Schuldspruch als solcher die ausreichende Reaktion auf die Strafe ist [...]"* LK[11]-*Hirsch* § 60, Rn. 49.

220 Eingeführt durch das Verbrechensbekämpfungsgesetz vom 28. 10. 1994, BGBl. I, S. 3186.

berücksichtigt, für diese jedoch, anders als § 46a Nr. 2 StGB, entsprechende ernsthafte Bemühungen des Täters genügen lässt.[221]

Der gerichtlichen Ermessensentscheidung darüber, ob die Schuld des Täter festgestellt und von Strafe abgesehen werden kann, geht die Bestimmung des Strafrahmens anhand der konkret vorliegenden Tat voraus. Sodann untersucht das Gericht die Tatbestandsvoraussetzungen des § 46a StGB. Erst im Anschluss daran ist zu prüfen, ob die festgestellte Strafe nach § 49 Abs. 1 StGB zu mildern und zu verhängen ist, oder ob das Verfahren mit dem Schuldspruch sein Bewenden haben soll.

Orientiert sich die Bestimmung des verwirkten Strafrahmens noch am Unrechts- und Schuldgehalt der Tat, fließen die Bemühungen des Täters um Schadenswiedergutmachung oder einen anders gestalteten Ausgleich mit dem Opfer erst in die Entscheidung über das „Ob" und „Wie" der Strafe im Rahmen der Rechtsfolgen des § 46a StGB ein.[222] Dabei ist die weitreichendste Möglichkeit, vollständig von Strafe abzusehen, vor jener, die Strafe zu mildern, zu prüfen.[223]

Im Vergleich zu anderen, vorstehend bereits skizzierten, Instituten, die eine Reduktion der Strafe vorsehen, geht § 46a StGB hinsichtlich der Reduktion der Strafe und hinsichtlich deren Kehrseite, der Betonung des Schuldspruchs, besonders weit. So auch im Vergleich zu § 59a Abs. 2 StGB, der ebenfalls besondere Bemühungen des Täters um eine materielle oder immaterielle Wiedergutmachung oder einen anderweitigen Ausgleich in Form die Bewährungszeit flankierender Auflagen berücksichtigt. Allerdings steht der Einsatz des Täters für die Wiedergutmachung entstandener Schäden anders als in § 46a StGB[224] auf der Rechtsfolgenseite und verstärkt die sanktionierenden

221 Für viele *Loos*, FS-Hirsch, S. 851 (861).

222 SK^7-*Horn*, § 46a, Rn. 9.

223 *Loos*, FS-Hirsch, S. 851 (865 f.).

224 § 46a StGB regelt jene Fälle, in denen die Bemühungen des Täters um Schadenswiedergutmachung chronologisch bereits vor seiner Verurteilung stattgefunden haben oder der Ausgleich mit dem Verletzten bereits abgeschlossen ist. Aus diesem Grund hätte § 46a StGB auch erst dem nächsten Kapitel unter der Überschrift „Schuldspruch unter Strafverzicht" zugeordnet werden können. Die Übereinstimmung bezüglich der Rechtsfolge mit § 60 StGB sowie die Tatsache, dass von einer Strafverhängung nur in Anbetracht der entsprechenden Einbußen des Täters abgesehen wird, rechtfertigt gleichwohl den hier gewählten Aufbau.

Einwirkungen neben Schuldspruch, Strafmaßbestimmung und dem Vorbehalt der Strafe. Dies gilt ebenfalls für § 153a StPO, der in seinem ersten Absatz unter Ziffer 5 die Möglichkeit vorsieht, das Verfahren einzustellen, diese Entscheidung indes neben der Erfüllung aller anderen Tatbestandsvoraussetzungen an die Auflage bindet, dass der Beschuldigte sich ernsthaft um einen Ausgleich mit dem – zu diesem Zeitpunkt des Verfahrens freilich nur vermuteten – Opfer bemüht, um damit die Tat ganz oder überwiegend wiedergutzumachen, oder er deren Wiedergutmachung – auf anderer Weise – ernsthaft erstrebt. Auch hier kommt den Bemühungen um eine Genugtuung des Verletzten ein, den gewöhnlichen Sanktionen zumindest nahe stehender, Charakter zu.[225]

Unabhängig von der jüngsten Veränderung im Auflagen- und Weisungskatalog ist die Einstellungsvorschrift[226] in § 155a StPO zu lesen.[227] § 155a StPO regelt die prozessuale Seite der bereits seit dem Jahre 1994 bestehenden[228] materiell-rechtlichen Regelung des Täter-Opfer-Ausgleichs und benennt für ein noch nicht abgeschlossenes Verfahren die Voraussetzungen für entsprechende Bemühungen des Angeklagten. Rechtsfolgen sind hier nicht geregelt, vielmehr wurde § 155a StPO als verfahrensrechtliche Grundnorm konstruiert.[229]

Die in diesem Sinne stattgefundenen Ausgleichsbemühungen des Angeklagten können nach § 153a StPO, § 46a StGB, aber auch gemäß § 56 Abs. 2 S. 2 StGB berücksichtigt werden. Die Möglichkeit, nach § 46a StGB von Strafe abzusehen, eröffnet weiter den Anwendungsbereich des § 153b StPO. Damit fingiert der Gesetzgeber eine Gleichstellung der Fälle, in denen durch förmlichen Schuldspruch nach § 46a StGB verurteilt, und denjenigen, in denen das Verfahren ohne Schuldspruch

---

225 Keine strafähnliche Sanktion nach *Meyer-Goßner*, § 153a, Rn. 12 unter Verweis auf BGHSt 28, 174 (176), LR-*Rieß*, § 153a, Rn. 9.

226 § 153a StPO ist mit dem Gesetz zur strafverfahrensrechtlichen Verankerung des Täter-Opfer-Ausgleichs vom 20.12.1999 in Abs. 1 Satz 2 Nr. 5 neu gefasst worden (BGBl. I, S. 2491). Nun kommt als Auflage oder Weisung ferner in Betracht, dass sich der Beschuldigte ernsthaft um einen Ausgleich mit dem Verletzten bemüht.

227 Eingeführt durch das Gesetz zur Einführung des Täter-Opfer-Ausgleichs und zur Änderung des Gesetzes über Fernmeldeanlagen, 20.12.1999, BGBl. I, S. 2491.

228 Eingeführt durch das Verbrechensbekämpfungsgesetz vom 28.10.1994, BGBl. I 3186.

229 BT-Dr 14/1928, S. 6.

nach § 153b StPO eingestellt wurde.[230] § 46a StGB ermöglicht dem erkennenden Gericht, die Bemühungen des vermeintlichen Täters um Wiedergutmachung oder Ausgleich mit dem mutmaßlichen Verletzten im Wege einer geminderten Strafe oder eines vollständigen Strafverzichts zu belohnen und bildet damit einen Einzelfall.

Die sanktionierenden Maßnahmen werden ebenso wie bei den Fällen des Absehens von Strafe im Besonderen Teil des Strafgesetzbuches ausschließlich auf den bloßen Schuldspruch reduziert. Begründet werden diese Handlungsmöglichkeiten in beiden Fällen mit dem stark geminderte Unrechts- bzw. Schuldgehalt der begangenen Tat.

III. Die Straffreierklärung nach § 199 StGB

Wird eine Beleidigung auf der Stelle erwidert, kann der Richter im Anschluss an die Verurteilung im Rahmen des Schuldspruchs nach § 199 StGB einen oder beide Beteiligte für straffrei erklären.[231] Hinsichtlich der Begründung der Straffreiheit ist zwischen den sich wechselseitig Beleidigenden zu unterscheiden. Dem sogenannten Erstbeleidiger wird zugute gehalten, dass er bereits durch die auf der Stelle zu seinem Nachteil erwiderte Beleidigung eine Art Strafe erhalten hat, die geeignet ist, das Strafbedürfnis entfallen zu lassen.[232] Hinsichtlich des Zweitbeleidigers wird zum einen berücksichtigt, dass seiner Tat eine Provokation vorangegangen ist.[233] Zum anderen wird zu seinen Gunsten angenommen, dass er sich im Zeitpunkt seiner Tathandlung in einem Zustand affektiver Erregung befunden hat.[234] Demzufolge wird

230 Ein klares Nebeneinander von Absehen von der Klage nach § 153b StPO und dem Absehen von Strafe in BT-Dr 12/6853, S. 22.

231 Die Regelung besteht im Wortlaut unverändert seit dem Reichsstrafgesetzbuch aus dem Jahre 1871.

232 *Küper*, JZ 1968, 654; Sch/Sch-*Lenckner*, § 199, Rn. 1. Zu der Ansicht, dass die Straffreierklärung mit dem Bagatellcharakter der begangenen Straftat zu begründen sei, *von Weber*, MDR 1956, 705 (706); vgl. kritisch *Kargl*, FS-Wolff, S. 196.

233 OLG Hamburg NJW 1965, 1611 (1612); OLG Hamburg NJW 1966, 1977 f.; OLG Köln MDR 1973, 688; OLG Hamm GA 1972, 29; *Küper*, JZ 1968, 654 (656).

234 Vgl. *Küper*, JZ 1968, 654 (656); Sch/Sch-*Lenckner*, § 199, Rn. 1; *Tröndle/Fischer*, § 199, Rn. 1; *Lackner/Kühl*, § 199, Rn. 1.

in diesen Fällen auf einen geminderten Unrechts- bzw. Schuldgehalt bezüglich beider Täter geschlossen.[235]

Prozessual ergeht im Anwendungsbereich der Straffreierklärung auch ein gerichtlicher Schuldspruch, ohne dass Strafe verhängt wird.[236] Insofern unterscheidet sich die Straffreierklärung nicht vom Absehen von Strafe und kann § 199 StGB systematisch durchaus als Unterfall des § 60 StGB eingeordnet werden.[237] Auch berücksichtigt der Gesetzgeber in § 199 StGB ebenso wie in § 60 StGB tatsächlich eingetretene (Selbst)schädigungen des Täters als die Strafe ausnahmsweise substituierende Sanktionen.

Dass sich die jeweiligen Anwendungsbereiche dennoch nicht überschneiden, liegt an den divergierenden Tatbestandsvoraussetzungen. Auch die in der Strafprozessordnung vorgesehenen Einstellungsvorschriften sowie die Verwarnung mit Strafvorbehalt nach § 59 StGB weisen einen Regelungsgehalt auf, der sich von dem des § 199 StGB unterscheidet. Für den bis zum Jahre 1998 neben § 199 StGB bestehenden § 233 StGB, der für den Fall wechselseitig zugefügter Körperverletzungen ebenfalls die Möglichkeit einer Straffreierklärung vorsah, beurteilte der Gesetzgeber das Verhältnis zu den genannten prozessualen Vorschriften bzw. zu § 59 StGB jedoch entgegengesetzt. Unter Verweis auf das Regelungspotential der §§ 153, 153a StPO und des § 59 StGB wurde die Straffreierklärung im Falle wechselseitiger Körperverletzungen bzw. Beleidigungen und Körperverletzungen im Wechsel in § 233 StGB a. F. mit dem 6. Strafrechtsreformgesetz aufgehoben. Es erschien dem Gesetzgeber überflüssig, in Anbetracht der genannten Normen die Regelung des § 233 StGB a. F. beizubehalten.[238] Die Entscheidung, demgegenüber an § 199 StGB festzuhalten, ist daher wenig einsichtig und steht anhaltend in der Kritik.[239]

---

235 *Küper*, JZ 1968, 654 (656); *Jescheck/Weigend*, Lehrbuch des Strafrechts AT, S. 868; Sch/Sch-*Lenckner*, § 199, Rn. 1; etwa BGH StV 1995, 23. Kritisch *Kargl*, FS-Wolff, S. 189 (205).

236 Sch/Sch-*Lenckner*, § 199, Rn. 10; *Küper*, JZ 1968, 654.

237 So *Jescheck/Weigend*, Lehrbuch des Strafrechts AT, S. 868; *Köhler*, Strafrecht AT, S. 621.

238 BT-Dr 13/8587, S. 36.

239 *Kargl*, FS-Wolff, S. 189 ff.

Kapitel 3 Der Schuldspruch und ersatzloser Strafverzicht

I. Die kasuistischen Regelungen des Absehens von Strafe im Besonderen Teil des Strafgsetzbuches

Die exponierteste Stellung ist dem Schuldspruch im Rahmen der Regelungen zuzuschreiben, die trotz des im Schuldspruch manifestierten öffentlichen Strafanspruchs von Strafe ersatzlos absehen und darüber hinaus darauf verzichten, tatsächlich eingetretene Schädigungen des Täters selbst als Strafsubstitute einzusetzen. Solche Regelungen sind zunächst alle Normen des Besonderen Teils des Strafgesetzbuches, die es dem erkennenden Gericht ermöglichen, den Schuldspruch beizubehalten und von Strafe abzusehen.

Sah das Reichsstrafgesetzbuch aus dem Jahre 1871[240] ein Absehen von Strafe durch das Gericht weder im Allgemeinen noch im Besonderen Teil vor, wurde im Jahre 1935 die Möglichkeit des Strafverzichts nach zahlreichen Vorentwürfen[241] als § 175 Abs. 2[242] in das Reichsstrafgesetzbuch eingeführt. Zentrales Anliegen aller Gesetzesvorschläge im Vorfeld sowie der Einführung des Absehens von Strafe in den Besonderen Teil des Reichsstrafgesetzbuches war, die Bagatelldelinquenz auf der Strafzumessungsebene zu regeln und damit Einzelfallgerechtigkeit zu schaffen.[243] Dies blieb auch die bestimmende Motivation bei

240 Reichsstrafgesetzbuch in Kraft getreten am 1. 1. 1872, RGBl. 1871, 127 ff.

241 § 83 des Vorentwurfes zu einem Deutschen Strafgesetzbuch aus dem Jahre 1909 sah die Möglichkeit von Strafe abzusehen neben der Strafmilderung für besonders leichte Fälle vor; im Entwurf zu einem Deutschen Strafgesetzbuch nach den Beschlüssen der Strafrechtskommission 1913 und 1919 wurde der Vorentwurf 1909 in § 116 ohne wesentliche Abweichungen übernommen. Art. 75 des Amtlichen Entwurfs eines Allgemeinen Deutschen Strafgesetzbuchs 1925 statuierte das Absehen von Strafe aus Billigkeitserwägungen und forderte nach wie vor eine explizite Zulassung in entsprechenden Tatbeständen des Besonderen Teils, eine Regelung im Allgemeinen Teil wurde nicht vorgesehen. Im Gesetzentwurf 1927 erfolgte eine Anbindung des Absehens von Strafe (§ 76) sowohl an bestimmte Tatbestände als auch an die Geringfügigkeit der Schuld sowie ein fehlendes Strafbedürfnis. Dieser Vorschlag wurde im Gesetzentwurf aus dem Jahre 1930 übernommen. Vgl. ausführlich zu der gesetzgeberischen Entwicklung *Zickendraht-Wendelstadt*, Straffreierklärung, S. 146 ff. Zur historischen Entwicklung des Absehens von Strafe bis 1965 vgl. *Krümpelmann*, Bagatelldelikte, S. 194 ff.

242 Strafrechtsänderungsgesetz vom 28. 6. 1935, RGBl. 839.

243 Näher *Zickendraht-Wendelstadt*, Straffreierklärung, S. 151 ff.

allen Ausweitungen des Absehens von Strafe im Besonderen Teil in den folgenden Jahrzehnten.[244]

Die beiden Hauptgruppen der kasuistischen Regelungen[245] des Absehens von Strafe umfassen zum einen Delikte mit geringem Unrechts- bzw. Schuldgehalt, also Bagatelldelikte, zum anderen Delikte, von denen der Täter nach ihrer Vollendung zurücktrat.[246] (Die §§ 84 Abs. 4, 86 Abs. 4, 139 Abs. 1, 113 Abs. 4 S. 1, 236 Abs. 5 StGB setzen geringe Schuld, die §§ 157 Abs. 2, 174 Abs. 4 StGB geringes Unrecht voraus.) Absehen von Strafe unter der Prämisse verschiedener Ausgestaltungen tätiger Reue des Täters sehen etwa die §§ 83a Abs. 1, 84 Abs. 5, 87 Abs. 3, 98 Abs. 2, 142 Abs. 4, 158 Abs. 1, 239a Abs. 4, 261 Abs. 10, 306e Abs. 1, 314a, 320 StGB vor. Die verschiedenen Vorschriften im Besonderen Teil müssen nicht weiter kategorisiert werden, sie sind für die Bedeutung des Schuldspruchs nicht relevant. Keine der Regelungen ist an eine Strafobergrenze gebunden, so dass auch schwerwiegende Straftaten mit umfasst werden. Die kasuistischen Regelungen stellen ferner nicht auf besonders schwere Tatfolgen, sondern in erster Linie auf Umstände ab, die das Unrecht und/oder die Schuld des Täters aufgrund besonderer Tatumstände stark mindern und folgen damit anderen kriminalpolitischen Erwägungen. Es steht im Falle der Regelungen des Besonderen Teils im Ermessen des Gerichts, Schuld festzustellen und von Strafe abzusehen.

Die Strafwürdigkeit der Tat, das heißt deren Unrechts- und Schuldgehalt – nicht das Strafbedürfnis – gilt als in einem so hohen Maße herabgesetzt[247], dass die Sanktion auf den Schuldspruch reduziert werden kann.[248]

Im Zusammenhang mit den Vorschriften des Besonderen Teils, die dem Gericht ermöglichen, von Strafe abzusehen, ist § 153b StPO zu

244 Vgl. Nachweise oben Fn. 207.

245 *Maiwald* spricht von *„kasuistischen Fällen"* – eine tautologische Begriffsschöpfung, mit der schlechterdings auch nur diejenigen Fallgruppen bezeichnet werden sollen, in denen der Gesetzgeber die gerichtliche Möglichkeit von Strafe abzusehen, an Tatbestände des Besonderen Teils koppelte, *ders.*, ZStW 83, S. 663.

246 Sch/Sch-*Stree*, Vorbem. §§ 38 ff. Rn. 54.

247 Sch/Sch-*Stree*, Vorbem. §§ 38 ff. Rn. 54; *Jescheck*, Lehrbuch des Strafrechts AT[3], S. 690.

248 *von Weber*, MDR 1956, 705; *Wagner*, GA 1972, 33 (35); *Eser*, FS-Maurach, S. 257 (260); *Jescheck/Weigend*, Lehrbuch des Strafrechts AT, S. 867 f.

lesen. § 153b StPO sieht vor, dass Staatsanwaltschaft bzw. Gericht von einer Klage absehen oder ein bereits erhobenes Verfahren einstellen können, wenn die Voraussetzungen, unter denen nach den materiell-rechtlichen Vorschriften des Strafgesetzbuches von Strafe abgesehen werden kann, erfüllt sind. Eingeführt wurde § 153b StPO als § 153a StPO a. F. und wurde als prozessrechtliche Ergänzung den Rechtsfolgenregelungen im materiellen Recht zur Seite gestellt. Der entscheidende Unterschied zum Absehen von Strafe ist augenfällig: Ein formeller Schuldspruch kann im Falle eines eingestellten Verfahrens nicht erfolgen. Damit steht fest, dass § 153b StPO ausgeschlossen ist, wenn ein öffentliches Interesse daran besteht, den Schuldspruch herbeizuführen.[249] Umgekehrt kann es aber auch angemessen sein, bereits von dem öffentlichen Schuldausspruch abzusehen, sofern dieser seinerseits offensichtlich verfehlt erscheint.[250]

II. Das Absehen von Strafe im Falle des Versuchs aus grobem Unverstand, § 23 Abs. 3 StGB

§ 23 Abs. 3 StGB benennt ebenfalls Voraussetzungen, unter denen durch eine strafgerichtliche Verurteilung in Form des Schuldspruchs von Strafe abgesehen werden kann.

Verkennt der Täter aus grobem Unverstand, dass der durch ihn unternommene Versuch untauglich ist, die strafrechtlich relevante Handlung zu vollenden, kann das Gericht von Strafe absehen oder die Strafe nach § 49 Abs. 2 StGB mildern. Die Möglichkeit, von Strafe abzusehen, nennt der Gesetzgeber an erster Stelle im Wortlaut des § 23 Abs. 3 StGB und soll auch als mildeste in Frage kommende Rechtsfolge noch vor der Möglichkeit einer Strafmilderung geprüft werden, also den Regelfall bilden.[251] Zugleich wird damit aber auch klargestellt, dass der untaugliche Versuch im Sinne des § 23 Abs. 3 StGB jedenfalls strafbares, das heißt tatbestandsmäßiges, rechtswidriges und schuldhaftes Unrecht ist, das es gilt, im Rahmen des Schuldspruchs auch als solches zu bezeichnen. Im Unterschied dazu ist der nach einhelliger Auffassung als straflos geltende untaugliche Versuch zu sehen,

249 *Meyer-Goßner*, § 153b, Rn. 1.
250 *Horstkotte*, JZ 1970, 12 (128).
251 BT-Dr V/4095, S. 12; *Jescheck/Weigend*, Lehrbuch des Strafrechts AT, S. 536.

der nicht einem groben Unverstand des Handelnden, sondern dessen gänzlich irrealer Vorstellungswelt entspringt.[252] § 23 Abs. 3 StGB untergräbt die Möglichkeit zu differenzieren, indem die Regelung den Weg zu § 153b StPO öffnet und es damit dem Gericht möglich ist, mit Zustimmung der Staatsanwaltschaft sowie des Angeschuldigten das Verfahren einzustellen oder der Staatsanwaltschaft gar die Befugnis eingeräumt wird, von der Klageerhebung abzusehen.

---

252 Sch/Sch-*Eser*, § 23, Rn. 13; *Tröndle/Fischer*, § 23, Rn. 7; *Köhler*, Strafrecht AT, S. 463; *Jescheck/Weigend*, Lehrbuch des Strafrechts AT, S. 532.

TEIL 3
Die Funktionen des Schuldspruchs

Die vorangegangenen Ausführungen zu den Erscheinungsformen des Schuldspruchs und dort insbesondere im Zusammenhang mit der Technik der Verurteilung[253] haben die Struktur des Schuldspruchs und dessen Position innerhalb des verurteilenden Richterspruchs nachgezeichnet.[254] Im Mittelpunkt stand dabei die formale Bedeutung des Schuldspruchs. Die gefundenen Ergebnisse bilden nun den Anknüpfungspunkt für die weitergehende Untersuchung des funktionalen Gehalts des Schuldspruchs. Dessen Form und Funktion bedingen sich gegenseitig und lassen sich unabhängig davon, worauf der Schwerpunkt der Betrachtung gelegt wird, nicht strikt trennen. Dennoch bieten beide Aspekte inhaltliche Differenzen, die auch als solche entsprechend in der Gliederung berücksichtigt werden.

Kapitel 1 Die Feststellungsfunktion – Der Schuldspruch als Abschluss des Verfahrens

I. Das Ende der Unschuldsvermutung

Kommt das Gericht nach Durchführung des Strafverfahrens zu dem Schluss, der Angeklagte sei eines bestimmten Deliktes schuldig zu sprechen, so wird diese Entscheidung den Anwesenden im Gerichtssaal bei der Urteilsverkündung mündlich bekannt gegeben und sodann schriftlich im Urteil niedergelegt. Neben dem Strafurteil dokumentiert auch ein etwaiger Eintrag der Verurteilung in das Bundeszentralregister die Feststellung des Schuldspruchs.[255] In der der

253 1. Teil, 1. Kapitel.
254 Näheres zur Form bereits oben 1. Teil, 1. Kapitel.
255 LR-*Gollwitzer*, § 260, Rn. 30.

Urteilsformel zugrunde liegenden Form wird der Schuldspruch dort aufgeführt.[256]

Mit dem Schuldausspruch stellt das Gericht konkludent das Vorliegen einer volldeliktischen Handlung fest. Es wurde bereits gleich zu Beginn der Untersuchung darauf hingewiesen[257], dass der Formulierung *„[...] ist schuldig"* ein in der Literatur als „prozessual" bezeichneter Schuldbegriff zugrunde liegt.[258] Die Feststellung der prozessualen Schuld muss unabhängig von der in einem materiellen Sinne verstandenen Schuld gedacht werden, die im Verbrechensaufbau die Prüfung der subjektiven Zurechnung umfasst.[259] Diese Unterscheidung spiegelt sich im Schuldspruch wider; wird doch der Angeklagte dort implizit wegen einer schuldhaft begangenen Unrechtstat schuldig gesprochen. Schuld im prozessualen Sinn geht über den Bedeutungsgehalt des materiellen Schuldbegriffs hinaus und schließt diesen gleichwohl mit ein.

Mit der Feststellung der Schuld kommt der Schuldspruch den Anforderungen des Schuldgrundsatzes nach.[260] Die Strafbegründungsschuld im Blick, verbietet das aus dem Rechtsstaatsprinzip in Verbindung mit Art. 2 Abs. 1 GG und Art. 1 Abs. 1 GG abgeleitete Schuldprinzip[261] die Verhängung von Sanktionen ohne gerichtlichen Schuldnachweis. Keine Strafe ohne Schuld[262] bedeutet vor dem Hintergrund der Unterscheidung zwischen materieller und prozessualer Schuld zweierlei. Zum einen keine Strafbarkeit ohne materielle Schuld, zum anderen aber auch keine – verfassungsgemäß zustande gekommene –[263] Strafe ohne Schuldspruch.

Die gerichtliche Feststellung, der Angeklagte habe sich eines bestimmten Deliktes schuldig gemacht, zeigt auf, dass es dem Gericht gelang, den Nachweis zu führen, dass der Angeklagte die bezeichnete

---

256 Vgl. § 5 Abs. 1 Nr. 6 BZRG.

257 Vgl. 1. Teil, 1. Kapitel, I.

258 Knapp zur Differenz *Achenbach*, Grundlagen, S. 1; *Naucke*, Strafrecht, S. 235 f.

259 *Naucke*, Strafrecht, S. 235 f.

260 *Frister*, Schuldprinzip, S. 89: *„[...] Unschuldsvermutung als verfahrensmäßige Sicherung des Schuldprinzips [...]"*.

261 Etwa BGHSt 2, 194 (200); BVerfGE 9, 167 (169); 23, 127 (132); 45, 187 (259 f.), 50, 125 (133); 86, 288 (313); 95, 96 (140).

262 *Appel*, Verfassung und Strafe, S. 110; LR-*Gollwitzer*, § 260, Rn. 16.

263 Auf diese Präzisierung wird im Folgenden noch genauer einzugehen sein, vgl. unten 3. Teil, 3. Kapitel, II., 3.

Tat begangen hat.[264] So ist der Schuldspruch Ausdruck dafür, dass die Wahrheitsfindung im Wege eines justizförmig gestalteten Verfahrens gelungen ist.[265] Vorausgesetzt, die Verurteilung erlangt Rechtskraftwirkung, beendet der Schuldspruch das Strafverfahren.[266] Die bis dahin geltende prozessuale Kehrseite[267] des Schuldgrundsatzes, die Unschuldsvermutung[268] ist widerlegt. Erfolgt kein Schuldspruch, gilt die Unschuldsvermutung fort.[269]

Als eine besondere Ausprägung des Rechtsstaatsprinzips wird dem in Art. 6 Abs. 2 EMRK normierten Grundsatz der Unschuldsvermutung Verfassungsrang eingeräumt.[270] Nach Auffassung des *Bundesverfassungsgerichts* verbietet die Unschuldsvermutung *„zum einen, im konkreten Strafverfahren ohne gesetzlichen, prozessordnungsgemäßen – nicht notwendiger Weise rechtskräftigen – Schuldnachweis Maßnahmen gegen den Beschuldigten zu verhängen, die in ihrer Wirkung einer Strafe gleichkommen und ihn verfahrensbezogen als schuldig zu behandeln; zum anderen verlangt sie den rechtskräftigen Nachweis der Schuld, bevor dem Verurteilten diese im Rechtsverkehr vorgehalten werden darf."*[271] Es genügt nicht die gerichtliche Feststellung der materiellen Schuld, um die Unschuldsvermutung zu widerlegen. Es bedarf dafür vielmehr des Akts des Schuldspruchs. Der Grundsatz *nulla poena sine culpa* erfordert nicht nur das Vorliegen der sogenannten Strafbegründungsschuld sowie der Strafzumessungsschuld, sondern darüber hinaus auch den im Schuldspruch manifestierten Schuldnachweis im prozessualen Sinne.

Dass die Schuldfeststellung ohne Schuldspruch nicht als rechtskräftiger Schuldnachweis gesehen werden kann, spiegelt sich in der

---

264 *Eb. Schmidt* geht weiter und sieht mit Blick auf die materielle Rechtskraft im Schuldspruch einen „Wahrspruch", *ders.*, Lehrkommentar, Teil I, Nr. 272. Ebenso *Arndt*, FG-Schmid, S. 5 (15).

265 *Fezer*, ZStW 106, S. 1 (50).

266 Zur Rechtskraftwirkung des Schuldspruchs unten, 2. Teil, 4. Kapitel, II., 1., b).

267 So bezeichnet *Appel* die Unschuldsvermutung als Kehrseite des Schuldspruchs und an anderer Stelle den Schuldausspruch als primären Bezugspunkt der Unschuldsvermutung, *ders.*, Verfassung und Strafe, S. 500 und 538 f.

268 Etwa BVerfGE 35, 202 (232); BVerfGE NStZ 1988, 21, BGH NStZ 1987, 127; *Meyer-Goßner*, A 4 MRK, Art. 6, Rn. 15.

269 BVerfG, Urteil vom 16. 5. 2002, 1 BvR 2257/01.

270 Etwa BVerfGE 19, 342 (347); 22, 254 (265), 35, 311 (320); 74, 358 (370).

271 BVerfGE 74, 358 (371) unter Bezug auf BVerfGE 19, 342 (347) und 35, 311 (320). In diesem Sinne auch BVerfGE 82, 106 (116 f.).

höchstrichterlichen Rechtsprechung zu Verfahrenseinstellungen nach § 153 StPO[272] und § 153a StPO wider. So anerkennt das *Bundesverfassungsgericht* in ständiger Rechtsprechung, dass die Unschuldsvermutung den Beschuldigten auch vor Nachteilen schütze, die der Schuldspruch oder einer Strafe gleichkomme. Doch schließt der *Senat* die Möglichkeit nicht aus, verfahrensbezogen einen Verdachtsgrad zu beurteilen und in dem das Verfahren einstellende Urteil Festlegungen zur Schuld des Angeklagten zu treffen und diese Schuld auszusprechen, sofern die Einstellung nach „Schuldspruchreife", also nach dem letzten Wort des Angeklagten, erfolgte.[273]

II. Bindungswirkung

Diese Schuldfeststellung mit ihren bereits skizzierten Bestandteilen, wie etwa der rechtlichen Bezeichnung der Tat, ist verbindlich. Allein die Urteilsformel, genauer die rechtliche Bezeichnung der Tat in der Urteilsformel ist die Grundlage für den Eintritt der Rechtskraft.[274] Mit umfasst von den rechtskräftigen Feststellungen werden nach höchstrichterlicher Rechtsprechung auch die das Tatgeschehen im Rahmen der Urteilsgründe näher beschreibenden Feststellungen.[275] Die Schuldfeststellung ist endgültig bindend und inhaltlich

---

272 Dazu BVerfGE 82, 106.

273 BVerfGE 74, 358 (374); BVerfG NJW 1987, 2427 (2428); BVerfG NJW 1990, 2741 (2742); BVerfGE NJW 1992, 2011; BVerfG NStZ-RR 1996, 45. Die Erörterung und Feststellung von Verdachtsgründen, wie sie etwa für die Entscheidung über eine Auslagenerstattung nach § 467 Abs. 4 StPO erforderlich ist, hält das *Bundesverfassungsgericht* auch *vor* Eintritt der Schuldspruchreife für verfassungsgemäß, vgl. BVerfG, Urteil vom 16. 5. 2002, 1 BvR 2257/01. Entsprechend entschied der *Bundesgerichtshof* für § 467 Abs. 3 Nr. 2 StPO; in diesen Fällen kann allein wegen eines Verfahrenshindernisses keine Verurteilung erfolgen, d. h. es wäre beim Hinwegdenken des Verfahrenshindernisses mit Sicherheit zu einer Verurteilung gekommen. Die Beschränkung der Auslagenentscheidung auf den Zeitraum nach Eintritt der Schuldspruchreife schränke den Anwendungsbereich des § 467 Abs. 3 Nr. 2 StPO zu stark ein, vgl. BGH NJW 2000, 1427 mit weiteren Nachweisen. In diesem Fall dem *Bundesgerichtshof* folgend auch BVerfG, Urteil vom 5. 5. 2001, 2 BvR 413/00. Kritisch *Hirsch*, der in der Schuldfeststellung nach § 153a StPO einen Verstoß gegen die Unschuldsvermutung sieht, vgl. *ders.*, ZStW 92, S. 218 (233 f.).

274 Bereits *Binding*, Abhandlungen, S. 308 ff.; *Roxin*, Strafverfahrensrecht, § 47 B. Eingehend unten zur Teilrechtsfähigkeit des Schuldspruchs, unten 3. Teil, 4. Kapitel, II., 1., b).

275 BGHSt 30, 340 (346); BGH, Beschluss vom 16. 5. 2002, 3 StR 124/02.

maßgebend.[276] Der im Schuldspruch genannte Prozessgegenstand hat demnach unter allen rechtlichen Gesichtspunkten eine abschließende Feststellungsfunktion.

Eine Feststellungswirkung in der Form, dass ein umfassender Strafklageverbrauch im Sinne eines absoluten Verfahrenshindernisses eintritt, geht mithin nicht von den Urteilsgründen, jedoch vom Urteilstenor aus. Die Urteilsgründe erwachsen nicht in materielle Rechtskraft.[277] Gleichwohl tritt die materielle Rechtskraft nicht zwingend für den vollständigen Urteilstenor ein. Vielmehr entspricht es der gängigen Praxis, dass der Schuldspruch auch isoliert in horizontale Teilrechtskraft erwachsen kann, sollte der Angeklagte Rechtsmittel allein gegen den Strafausspruch einlegen.[278]

Gleichzeitig entfalten die den Schuldspruch tragenden tatrichterlichen Feststellungen[279] ebenfalls eine bindende Wirkung für das weitere Verfahren.[280] Mit der materiellen Rechtskraft der Urteilsformel tritt ein umfassender Strafklageverbrauch im Sinne eines absoluten Verfahrenshindernisses ein.[281] Über den festgestellten Prozessgegenstand darf im Zusammenhang mit dem Angeklagten nicht noch einmal verhandelt werden (*ne bis in idem*).[282]

III. Legitimation für Strafe

Der Schuldspruch dokumentiert den gelungenen Schuldnachweis. Die Bezeichnung des erfüllten Straftatbestandes bzw. der erfüllten Straftatbestände stellt gleichsam fest, dass die Strafbarkeitsvoraus-

---

276 *Peters*, Strafprozess, § 54 I.

277 *Grünwald*, Teilrechtskraft, S. 123; *Bruns*, FS-Eb. Schmidt, S. 602; *Roxin*, Strafverfahrensrecht, § 50, Rn. 10.

278 So die ständige Rechtsprechung, grundlegend BGHSt 24, 24 f.; 30, 340 (342); BGH StraFO 1998, 163 (164).

279 Dies sind nach BGHSt 30, 340 (342) die Sachverhaltsdarstellungen, *„die das Tatgeschehen im Sinne eines geschichtlichen Vorgangs näher beschreibe"* also etwa *„Umstände schildern, die der Tatausführung das entscheidende Gepräge gegeben haben."* Unter Berufung auf BGHSt 24, 274 f.; 28, 119 (121).

280 BGHSt 10, 71 (73); einschränkend BGHSt 22, 90 (91); 24, 274 (275); 29, 359 (366); 30, 340 (344); BGH, Urteil vom 24.9.1987, 4 StR 413/87; BGH StraFO 1998, 163 f.; BGH StV 1999, 417 (418); BGH, Urteil vom 16.2.2000, 3 StR 24/00; *Bruns*, FS-Eb. Schmidt, S. 602 (608).

281 *Roxin*, Strafverfahrensrecht, § 50, B, I.

282 *Peters*, Strafprozess, § 54 II; *Bruns*, FS-Eb. Schmidt, S. 602 (606).

setzungen vorliegen. Den Täter erwartet die Entscheidung über die gesetzlich vorgesehene Rechtsfolge. Der Schuldspruch als Ausdruck der rechtskräftigen Verurteilung legitimiert mithin die Strafe.[283] Eine dem Beschuldigten vor dem Schuldspruch durch den Staat zugefügte Übelszufügung – in Rechtsprechung und Literatur als *„strafähnlicher Eingriff"*[284] bezeichnet – verstößt gegen den Grundsatz der Unschuldsvermutung.[285] Zudem wäre die Strafverhängung nach bundesverfassungsgerichtlicher Rechtsprechung *„ohne Feststellung der individuellen Vorwerfbarkeit mit dem Rechtsstaatsprinzip unvereinbar."*[286]

Zugleich schließt das erkennende Gericht mit der Verurteilung des Angeklagten die Sachverhaltsermittlung ab und dokumentiert durch den Schuldspruch, dass es die zugrunde liegenden Feststellungen für wahr und die in der Urteilsbegründung darzulegende Rechtsanwendung für zutreffend erachtet.[287]

Kapitel 2 Die Klarstellungsfunktion – Der Schuldspruch als Abbild des begangenen Unrechts

I. Zum Begriff der Klarstellung

Schröder führte im Jahre 1967 im Rahmen zweier Urteilsanmerkungen aus, dass in den Fällen, in denen ein Täter mehrere Straftaten begangen hat, bestimmte Formulierungen im Urteilstenor gewählt werden müssen, um den Umfang des begangenen Unrechts klarstellen zu können. Er prägte damit den Begriff der Klarstellung im Kontext der Konkurrenzen und der Formulierung des Urteilstenors.[288]

---

283 BVerfGE 43, 101 (105); *Appel*, Verfassung und Strafe, S. 499; *Bruns*, Teilrechtskraft, S. 43.

284 BVerfGE 19, 342 (347); 53, 311 (320); *Kühl*. JR 1978, 94 (100); *Frister*, Schuldprinzip, S. 89 ff. mit weiteren Nachweisen.

285 BVerfGE 19, 342 (347); 35, 311 (320).

286 BVerfGE 6, 389 (439); 20, 323 (331); 95, 96 (140).

287 *Herdegen*, FS-Kleinknecht, S. 173 (175).

288 *H. Schröder*, JZ 1967, 368 (369) und *ders.*, JZ 1967, 708 (709). Vormals *Schröder*, NJW 1956, 1737. Bereits dort mit Blick auf die Fassung des Urteiltenors im Falle gleichzeitiger Verwirklichung mehrerer Delikte, genauer bei den erfolgsqualifizierten Delikten. Den Begriff der Klarstellung verwandte *Schröder* dort indes noch nicht, sondern sprach noch von einem *„ausreichenden strafrechtli-*

Gegenstand beider von ihm kommentierten Urteile des *Bundesgerichtshofes* war die Frage nach der Abgrenzung von Gesetzes- und Idealkonkurrenz. In beiden Fällen hatten der *1.* und der *4. Senat* das Konkurrenzverhältnis zwischen einer vollendeten, gefährlichen und einer versuchten, schweren Körperverletzung[289] sowie zwischen einem Tötungsdelikt und einer Körperverletzung[290] zu beurteilen. Dabei legten beide *Senate* ihrer Entscheidung die gleiche Fragestellung zugrunde: Welche Konkurrenzform erfasst den Unwert der Tat vollständig bzw. durch welche Konkurrenzform wird der Unrechtsgehalt im Schuldspruch erschöpfend dargestellt?[291]

Entschied der *Bundesgerichtshof* für das Zusammentreffen des Versuchs und der Vollendung einer gefährlichen oder einer schweren Körperverletzung, dass eine erschöpfende Unrechtsdarstellung nur im Wege der Annahme von Idealkonkurrenz, also Tateinheit, gelänge, beurteilte das Gericht das Verhältnis zwischen dem Körperverletzungs- und dem Tötungsdelikt indes als der Gesetzeskonkurrenz zugehörig. Mit der Annahme von Gesetzeskonkurrenz fällt zugleich die Entscheidung, dass nur das schwerere Delikt, also das Tötungsdelikt, Eingang in die Urteilsformel finden soll. Die gleichwohl begangene Körperverletzung wird im Rahmen der rechtlichen Bezeichnungen innerhalb des Schuldspruchs nicht erwähnt. Vielmehr wird der rechtliche und sittliche Unwert der begangenen Tat nach Ansicht des *Bundesgerichtshofes* bereits durch die allein auf den Tatbestand des Totschlags gestützte Verurteilung vollständig erfasst.[292]

---

chen Ausdruck" bzw. von Tatumständen, die durch die Nennung bestimmter Paragraphen im Tenor, also eine bestimmte Verurteilung, *„hinreichend dargetan"* seien oder von einer ausreichenden Kennzeichnung der Tatumstände. In Bezug auf die im Nebenstrafrecht vorgesehenen Subsidiaritätsklauseln wurde bereits im Jahre 1954 kritisiert, dass im Falle der Gesetzeskonkurrenz die unerwünschte Nebenwirkung bestünde, dass das verdrängte Delikt im Urteilsspruch nicht erscheinen dürfe, vgl. *Hartung*, NJW 1954, 587 f. Die Kritik geht zurück auf ein Urteil des *Hans.OLG Bremen*, in dem festgestellt wurde, dass im Falle von Gesetzeseinheit nur eine Vereinfachung des Schuldspruchs stattfinde. Dieser enthalte unausgesprochen weiterhin die äußerlich verdrängte Straftat, vgl. Hans.OLG Bremen GA 1954, 157. Dazu auch *Dünnebier*, GA 1954, S. 273 (274).

289 BGH JZ 1967, 368 = BGHSt 21, 194 (1. Senat).

290 BGH JZ 1967, 708 = BGHSt 21, 265 (4. Senat).

291 BGH JZ 1967, 368, BGH JZ 1967, 708 (709).

292 BGH JZ 1967, 708 (709).

An die Passage über die Anforderungen an die Urteilsformel anknüpfend, präzisiert *Schröder* die Begründung des *Bundesgerichtshofes* im Rahmen seiner Urteilsanmerkungen. Hinsichtlich der Entscheidung des *1. Senats* stellt er fest, dass grundsätzlich im Falle des Zusammentreffens einer versuchten und einer vollendeten Tat Idealkonkurrenz anzunehmen sei, um im Schuldspruch klarzustellen, dass der Täter nicht nur einen (qualifizierten) Versuch unternommen habe, sondern zugleich einer weiteren Deliktsvollendung schuldig zu sprechen sei. Über die Ausführungen des *Bundesgerichtshofes*, die sich – wie gesehen – auf das Verhältnis zwischen versuchter gefährlicher und vollendeter schweren Körperverletzung bezogen, hinausgehend sei dies gleichermaßen auf das Verhältnis von versuchtem Totschlag und vollendeter Körperverletzung zu übertragen. Nur so könne dem Unrechtsgehalt der Straftat hinreichend Rechnung getragen werden.[293] Entsprechend dieser Einschätzung kritisiert *Schröder* auch die unmittelbar nachfolgende Entscheidung des *4. Senats*. In Anwendung der zuvor formulierten Prinzipien sei die Annahme der Gesetzeskonkurrenz für das Zusammentreffen von einem versuchten Tötungsdelikt und einer vollendeten Körperverletzung nicht überzeugend. Vielmehr erfordere die Aufgabe der Urteilsformel, das begangene Unrecht vollständig zu erfassen, eine Klarstellung im Schuldspruch darüber, dass es im Rahmen der Tatbegehung nicht beim bloßem Versuch der Tötung geblieben ist. Die Tatsache, dass das Opfer verletzt wurde, werde durch die Verurteilung wegen eines versuchten Tötungsdeliktes keinesfalls impliziert, erhöhe jedoch den Unwertgehalt. Sie dürfe mithin bei der Formulierung des Schuldspruchs nicht unberücksichtigt bleiben.[294]

Der Grund dafür, die Anforderungen an die Urteilsformel mit der Frage zu verknüpfen, welche Konkurrenzform einschlägig ist, liegt in der Systematik der Konkurrenzen. Die im materiellen Recht vorgesehenen Konkurrenzformen regeln grundsätzlich den Fall, dass ein Täter mehrfach einen oder verschiedene Straftatbestände durch eine Handlung erfüllt. Dabei geben diese auf formeller Ebene vor, welche Tatbestände im Schuldspruch aufzuführen sind. Auf materieller Ebene bestimmen die Konkurrenzformen darüber hinaus, wie die Strafe in diesen Fällen zu bemessen ist. Abhängig davon, ob die Tatbestände oder

---

293 *H. Schröder*, JZ 1967, 368 (369). Diese Ansicht nahm *Schröder* auch in seine Kommentierung zum Strafgesetzbuch auf, vgl. Sch/Sch-*Schröder*[16], § 212, Rn. 14b.

294 *H. Schröder*, JZ 1967, 709.

der Tatbestand durch eine oder mehrere Handlungen (mehrfach) erfüllt wurde(n), ist zwischen Handlungseinheit bzw. Handlungsmehrheit zu unterscheiden. Daraus ergibt sich, ob Idealkonkurrenz nach § 52 StGB oder Realkonkurrenz gemäß § 53 StGB anzunehmen ist. Tateinheit liegt vor, wenn mehrere erfüllte Straftatbestände – ungleichartige Idealkonkurrenz – oder ein mehrmals erfüllter Straftatbestand – gleichartige Idealkonkurrenz – in einer Handlung zusammen treffen. In diesen Fällen ist gemäß § 52 Abs. 2 StGB auf eine Strafe zu erkennen. Diese wird im Falle der gleichartigen Idealkonkurrenz schlicht dem Strafrahmen des – mehrfach – verwirklichten Tatbestandes entnommen, im Falle der ungleichartigen Idealkonkurrenz erfolgt die Strafzumessung aufgrund des Sanktionsrahmens des Schwersten der erfüllten Delikte. Die Tatbestände, die demzufolge keine eigene Strafe nach sich ziehen, fließen nur insofern in das Strafmaß ein, als dass sie zum einen strafschärfend berücksichtigt werden können[295], zum anderen den Strafrahmen nach unten begrenzen[296].

Zu einer erhöhten Strafzumessung führt hingegen das Prinzip der Gesamtstrafe, das in jenen Fällen angewendet wird, in denen Handlungsmehrheit und damit Realkonkurrenz vorliegt.[297] Dabei führt das erkennende Gericht alle verwirkten Einzelstrafen in der Art zu einer Gesamtstrafe zusammen, dass es die Höchste der Einzelstrafen herausgreift und diese sodann noch einmal erhöht. Dabei trägt das Gericht der mehrfachen Tatbestandserfüllung durch einen Täter Rechnung.[298] Zugleich wird es indes ausgeschlossen, die verwirkten Einzelstrafen zu addieren. Die Summe aller festgesetzten Strafen darf nicht erreicht werden. Die divergierende Behandlung von Idealkonkurrenz und Realkonkurrenz auf der Strafzumessungsebene[299] wird mit dem schwereren Unrechtsgehalt der Handlungsmehrheit begründet.[300]

Unabhängig davon, ob der Täter eine oder mehrere Handlungen vor-

295 Eine Pflicht zur Strafschärfung besteht allerdings nicht, BGH GA 1987, 28 (29).

296 § 52 Abs. 2 S. 2 StGB.

297 § 54 Abs. 1 StGB.

298 Vgl. *Maurach/Gössel/Zipf*, Strafrecht AT 2, S. 469 f.

299 Die Unterscheidung zwischen Einheitsstrafe und Gesamtstrafe steht seit Bestehen der Konkurrenzregelungen in der Kritik, *Geerds*, Lehre von der Konkurrenz, S. 483 ff. Die Einheitsstrafe im Sinne einer Gleichbehandlung von Ideal- und Realkonkurrenz sah der Alternativ-Entwurf StGB-AT[2] in § 64 AE vor.

300 SA BT-Dr V/4094, S. 25; SK[8]-*Samson/H.-L. Günther*, § 52, Rn. 2.

genommen hat, durch die ein Tatbestand mehrfach oder mehrere Tatbestände nebeneinander erfüllt wurden, existiert die gesetzlich nicht geregelte Konstellation, in der die erfüllten Strafgesetze aufgrund ihres Verhältnisses zueinander nicht gemeinsam anwendbar sind. Zu dieser Gruppe gehören jene Fälle, in denen eine oder mehrere Handlungen, die einen gemeinsamen Prozessgegenstand bilden, mehrere Straftatbestände erfüllen und sich eben diese Tatbestände hinsichtlich ihres Unrechtsgehalts überschneiden. Im Wege der gegenseitigen Verdrängung bleibt aus der Reihe der scheinbar nebeneinander verwirklichten Tatbeständen nur das speziellste Delikt bestehen. Diese Praxis veranlasst in diesen Fällen nicht von Gesetzeskonkurrenz, sondern vielmehr von Gesetzeseinheit zu sprechen.[301] Der Streit über die Begriffe soll hier dahin gestellt bleiben, gehen doch alle in diesem Zusammenhang vertretenen Auffassungen davon aus, dass nur ein Delikt in den Schuldspruch aufgenommen wird.[302] Für die Fassung des Urteilstenors bedeutet diese auch als unechte Konkurrenz bezeichnete Konstellation, dass das speziellste, also das verdrängende Delikt Aufnahme in den Schuldspruch findet und auch nur aus diesem Delikt verurteilt wird. Ebenso ist der Strafrahmen in der Regel allein diesem Straftatbestand zu entnehmen. Lediglich für die Fälle, in denen der Strafrahmen des verdrängenden Gesetzes den des zurücktretenden Tatbestandes unterschreitet, wird die Untergrenze des verdrängten Gesetzes der Strafzumessung zugrunde gelegt.[303] Der Unterschied zur Idealkonkurrenz besteht auf der Seite der Rechtsfolgen demnach lediglich darin, dass das primär erfüllte Delikt im Rahmen der Gesetzeseinheit nicht zugleich auch das schwerste sein muss. In der Regel kann aber davon ausgegangen werden, dass eine Übereinstimmung gegeben ist. Somit verlagert sich die Divergenz beider Konkurrenzformen auf die formelle Seite der Urteilsformel, die Fassung des Schuldspruchs.

Liegt Handlungseinheit oder Handlungsmehrheit vor, wurde also ein Straftatbestand mehrmals oder verschiedene Straftatbestände

---

301 Sch/Sch-*Stree*, Vorbem. §§ 52 ff. Rn. 102; *Geerds*, Lehre von der Konkurrenz, S. 169 f.; *Jescheck/Weigend*, Lehrbuch des Strafrechts AT, S. 732.

302 In der Folge werden die Begriffe Gesetzeskonkurrenz und Gesetzeseinheit synonym verwendet.

303 SK^8-*Samson/H.-L. Günther*, Vor § 52, Rn. 104 f.; Sch/Sch-*Stree*, Vorbem. §§ 52 ff. Rn. 141.

durch einen Täter erfüllt, ist Tateinheit oder Tatmehrheit gegeben, die Einheits- oder Gesamtstrafen nach sich ziehen. Für den Anwendungsbereich der Gesetzeseinheit gilt es, den Strafrahmen dem anzuwendenden Gesetz zu entnehmen. Die Differenz zwischen Tateinheit und Gesetzeseinheit ist damit im materiell-rechtlichen Regelungsbereich der Konkurrenzformen gering.

Ob für die formelle Ebene der Konkurrenzen etwas anderes gilt, wird im Folgenden untersucht, weisen die Konkurrenzformen als Bausteine der Urteilsformel doch auch einen Regelungsgehalt auf formaler Ebene auf und wirkt sich das Konkurrenzverhältnis, wie gezeigt, nicht nur auf die Art und Weise der Strafzumessung, sondern auch auf die Formulierung des Schuldspruchs aus.

II. Die Entwicklung der Klarstellungsfunktion in der Rechtsprechung

Den Topos der Klarstellungsfunktion übernahm die Rechtsprechung im Anschluss an die Urteilsanmerkungen von *Schröder* und zog den Begriff heran, um einschlägige Konkurrenzformen zu ermitteln. Im Mittelpunkt der Entscheidungen stand die Intention, Gesetzeskonkurrenz von Idealkonkurrenz abzugrenzen. Die zentrale Frage lautete: Welche Konkurrenzform muss angenommen werden, um das begangene Unrecht im Schuldspruch erschöpfend zu erfassen?

In der jüngsten Rechtsprechung wurden diese Konkurrenzfragen in verschiedenen Sachverhaltskonstellationen diskutiert und in der weitaus überwiegenden Zahl der Fälle zugunsten der Tateinheit entschieden. So hatte sich der *Bundesgerichtshof* etwa bezüglich des Konkurrenzverhältnisses zweier in Handlungseinheit stehender Raubtaten zum Nachteil verschiedener Opfer zu entscheiden.[304] Unter Berufung auf die Klarstellungsfunktion des Schuldspruchs stellte der *Bundesgerichtshof* in diesem Zusammenhang fest, dass im Schuldspruch die unterschiedliche Begehung der beiden Raubtaten zum Ausdruck kommen müsse. Auch für das Zusammentreffen mehrerer Qualifikationstatbestände zum Nachteil nur eines Opfers sei Tateinheit anzunehmen, um auf diese Weise alle erfüllten Qualifi-

304 BGH, Urteil vom 15. 1. 1992 – 3 StR 522/91.

kationstatbestände Schuldspruch auszuweisen.[305] In diesem Sinne erkannte das Gericht auch für das Verhältnis zwischen einer schweren Körperverletzung sowie einer Körperverletzung mit Todesfolge auf Tateinheit.[306]

Das gesteigerte Bemühen um die Klarstellung begangenen Unrechts im Schuldspruch und damit verbunden die Zurückdrängung der Gesetzeseinheit zugunsten der Tateinheit lässt sich indes am deutlichsten an der gewandelten Rechtsprechung zum Verhältnis eines versuchten Totschlagdelikts bzw. eines Raubes mit Todesfolge zu einer vollendeten Körperverletzung aufzeigen.

Den Boden für die Kehrtwende hinsichtlich der Beurteilung eben dieser Konkurrenzfälle bereitete die Grundsatzentscheidung des *Großen Senats* des *Bundesgerichtshofes* aus dem Jahre 1992.[307] Dort legte der *1. Senat* dem *Großen Senat* die Frage zur Entscheidung vor, ob Mord und Raub mit Todesfolge zum Nachteil des gleichen Tatopfers in Tateinheit zueinander stehen könnten.[308] Der *Große Senat* bestätigte die Ansicht des vorlegenden *Senats* und lehnte Gesetzeskonkurrenz ab. Dabei beriefen sich die Richter wiederum auf das bereits im Jahre 1967 formulierte Gebot der erschöpfenden Unrechtserfassung durch die Urteilsformel. Im zu entscheidenden Fall sei diese Anforderung bei Benennung nur eines Tatbestandes im Schuldspruch – den des Mordes nach § 211 StGB – nicht erfüllt. Die dem räuberischen Grunddelikt in § 251 StGB innewohnende, spezifische Gefahr habe sich unmittelbar in der eingetretenen Todesfolge niedergeschlagen. Damit verän-

305 BGH NStZ 1994, 285; BGH, Urteil vom 13. 9. 1977 – 1 StR 424/77.

306 BGHSt 41, 113 (116). In diesem Sinne auch BGH NStZ 2001, 247. Anders hingegen für ein in Handlungseinheit begangenes Tötungsdelikt und einer gefährlichen Körperverletzung. In diesem Fall hielt der *Bundesgerichtshof* eine Klarstellung im Schuldspruch hinsichtlich der Körperverletzung nicht für geboten und nahm Gesetzeskonkurrenz an, BGH NStZ 1998, 621.

307 BGHSt 39, 100. Daneben lassen sich aber auch zahlreiche andere Konstellationen des (Neben)strafrechts aufführen, die ebenfalls im Interesse einer erschöpfenden Unrechtserfassung durch den Schuldspruch auf Tateinheit statt Gesetzeseinheit erkannten, so etwa BGH NStZ 2001, 101, BGH NStZ 2000, 420; BGH, Beschluss vom 13. 2. 2002, 2 StR 523/01.

308 Es handelte sich hierbei um eine Divergenzvorlage. Hatte der *4. Senat* entschieden, Tateinheit sei in der genannten Konstellation nicht möglich (BGHSt 26, 175), wollte der vorlegende *1. Strafsenat* hingegen Tateinheit annehmen. Auf Anfrage des *Großen Senats* gemäß § 132 Abs. 3 GVG hatten auch alle übrigen *Senate* mitgeteilt, dass sie an der entgegenstehenden Rechtsprechung nicht mehr festhalten.

dere sich der Unrechtsgehalt der Tat entscheidend. Nur die Tateinheit ermögliche es, im Schuldspruch klarzustellen, dass der vorsätzlich herbeigeführte Tod eine Folge gerade des Raubes war.[309] Auf dieser formellen Ebene des Schuldspruchs sei es ferner unschädlich, wenn das in der Herbeiführung des Todes liegende Unrecht zweifach berücksichtigt werde. Dies liege vielmehr in der Natur der Tateinheit, die regelmäßig zumindest durch Teilidentität der Ausführungshandlung[310] gekennzeichnet sei. Um die Klarstellung im Schuldspruch zu erreichen, sei diese Praxis notwendig. Auf der Strafzumessungsebene gebiete jedoch das Doppelverwertungsverbot, dem Angeklagten nur einmal anzulasten, dass er den Tod eines Menschen herbeigeführt hat.[311]

Diese Beurteilung gab den Anstoß, auch das Verhältnis zwischen versuchten Tötungsdelikten und vollendeter Körperverletzung neu zu überdenken. Lag diese Konstellation bereits der erwähnten Entscheidung des 4. *Senats* aus dem Jahre 1967[312] zugrunde und wurde dort mit der oben bereits aufgeführten Begründung[313] zugunsten von Gesetzeskonkurrenz entschieden[314], berief sich der 4. *Strafsenat* in einer Entscheidung aus dem Jahr 1995[315] auf die drei Jahre zuvor ergangene Entscheidung[316] und teilte in den Urteilsgründen mit, *„es sei zu erwägen, dem vollen Schuldgehalt der Tat nicht erst bei der Strafzumessung Rechnung zu tragen, sondern ihn durch die Annahme von Idealkonkurrenz zwischen versuchtem Tötungsdelikt und vollendete Körperverletzung bereits im Schuldspruch zum Ausdruck zu bringen."*[317]

Weitere Ausführungen dieses Ansatzes finden sich sodann in der richtungweisenden Entscheidung des 4. *Strafsenats* im Jahre 1998. Darin stellt dieser fest, die bisher vertretene Rechtsansicht, bereits ein versuchtes Tötungsdelikt verdränge ein Körperverletzungsdelikt im Wege der Gesetzeseinheit, werde nunmehr aufgegeben.[318] Dazu führt der

309 BGHSt 39, 100 (109).
310 Grundlegend RGSt 32, 137 (139 f.); BGHSt 43, 317 (319) mit weiteren Nachw.
311 BGHSt 39, 100 (109).
312 BGH JZ 1967, 708.
313 Vgl. oben S. 68 f.
314 So auch noch BGHSt 22, 248 f.
315 BGH, Urteil vom 9. 3. 1995, 4 StR 56/95, abgedruckt BGH MDR 1995, 880.
316 BGHSt 39, 100.
317 BGH MDR 1995, 880.
318 BGHSt 44, 196.

Senat aus, die Fälle, in denen das Tatopfer nicht nur Objekt eines Tötungsversuchs, sondern auch körperlich verletzt werde, unterschieden sich in ihrem Unwertgehalt deutlich von jenen Sachverhalten, in denen das Tötungsdelikt folgenlos bliebe und der Angegriffene keinen körperlichen Schaden zu erleiden hatte. Es gebiete die Klarstellungsfunktion der Idealkonkurrenz, in diesen Fällen die begangene Körperverletzung ebenfalls mit in den Schuldspruch aufzunehmen. Anders werde der Unwert der Tat nicht voll erfasst.[319] Ferner sei es *„auch im Hinblick auf berechtigte Opferbelange und die damit zusammenhängende Genugtuungsfunktion des Schuldspruchs unangemessen, in den Fällen, in denen es beim Versuch der Tötung zu einer vollendeten Körperverletzung gekommen sei, diesen Umstand im Schuldspruch nicht zum Ausdruck zu bringen."* [320]

Einen Verstoß gegen das Doppelverwertungsverbot durch die doppelte Berücksichtigung des Körperverletzungsvorsatzes sieht der *Bundesgerichtshof* dabei nicht. Dieses Verbot beträfe lediglich den Schuldgehalt, der durch den *„doppelten"* Schuldspruch nicht angetastet werde. Klar sei, dass das sich überschneidende Unrecht keinen doppelten Einfluss auf die Strafzumessung habe. Die eingetretene Körperverletzung habe in jedem Fall strafschärfenden Einfluss auf die Strafzumessung – im Falle der Gesetzeskonkurrenz wie der Tateinheit.[321] Diesen Ausführungen schloss sich die nachfolgende höchstrichterliche Rechtsprechung einhellig an.[322]

Die weitere Konstellation, in der die Idealkonkurrenz im Wege der Zurückdrängung der Gesetzeskonkurrenz zu erhöhter Bedeutung verhalf, zeichnete sich durch das Zusammentreffen eines versuchten Raubes mit Todesfolge mit einer vollendeten Körperverletzung mit Todesfolge aus. Das Verhältnis beider Tatbestände lag dem 4. *Senat* in jüngerer Zeit zur Beurteilung vor[323] und wurde entsprechend der vorangegangenen Entwicklung in der Rechtsprechung wiederum zugunsten der Tateinheit entschieden. Auch hier könne die Körperverletzung mit Todesfolge nach Ansicht des *Bundesgerichtshofes* nicht

---

319 BGHSt 44, 196 (199) unter Berufung auf BGHSt 16, 122 (123), der eine Körperverletzung als subsidiär hinter einem Tötungsdelikt zurücktreten lässt.

320 BGHSt 44, 196 (199).

321 BGHSt 44, 196, (201).

322 Vgl. BGH NJW 1999, 72.

323 BGHSt 46, 24.

als subsidiär im Sinne der Gesetzeskonkurrenz angesehen werden. Dagegen spräche wiederum der Gesichtspunkt des Klarstellungsinteresses.[324] Schließlich bedürfe es der Klarstellung im Schuldspruch, dass ein Mensch zu Tode kam. Dies käme durch einen Schuldspruch allein wegen versuchten Raubes mit Todesfolge nicht zum Ausdruck. Einem so lautenden Tenor sei nicht zu entnehmen, ob Grunddelikt oder Erfolgsqualifikation im Versuch stecken blieb bzw. vollendet wurde, also ob eine sogenannte versuchte Erfolgsqualifikation oder ein sogenannter erfolgsqualifizierter Versuch vorliegt. Daher bedürfe es der Klarstellung über den Eintritt der Todesfolge und damit über das Vorliegen eines erfolgsqualifizierten Versuchs durch die tateinheitliche Verurteilung wegen vollendeter Körperverletzung und Raubes mit Todesfolge.[325]

Uneingeschränkte Zustimmung in der Literatur erfuhr die Intention des 4. *Senats*[326], die bestehende *„deutliche Tendenz zur Annahme von Tateinheit"*[327] aus Gründen des Klarstellungsinteresses weiterzuführen.[328] Gleichwohl begegnete der vom 4. *Senat* eingeschlagene Lösungsweg Kritik; so sei es zumindest aus Gründen der Abgrenzung zu einem erfolgsqualifizierten Versuch nicht notwendig, § 227 StGB im Schuldspruch zu erwähnen. Vielmehr könne im Umkehrschluss aus den Ausführungen des *Bundesgerichtshofes*, im Falle der versuchten Erfolgsqualifikation wegen versuchten Raubes in Tateinheit mit einem versuchten Totschlagsdelikt zu verurteilen, bei der Nennung nur des versuchten Raubes mit Todesfolge regelmäßig davon ausgegangen werden, dass das Grunddelikt versucht, aber die schwere Folge eingetreten sei.[329] Eine Entscheidung dieses Streits kann hier dahin stehen, sie führt die Untersuchung der Klarstellungsfunktion des Schuldspruchs nicht weiter.

---

324 BGHSt 46, 24 (28).
325 BGHSt 46, 24 (28 f.).
326 BGHSt 46, 24.
327 BGHSt 46, 24 (28).
328 *Kindhäuser*, NStZ 2001, 32.
329 *Stein*, JR 2001, 72; *Kindhäuser*, NStZ 2001, 32.

III. Klarstellung als originäre Funktion des Schuldspruchs

1. Zur Begründung der Klarstellungsfunktion

Die wiederkehrende Formel in der Rechtsprechung lautet im Kern, die Klarstellungsfunktion der Idealkonkurrenz verlange, das begangene Unrecht im Schuldspruch erschöpfend darzustellen.[330]

Die Gerichte versuchten sich nicht daran, diese Funktionszuschreibung herzuleiten oder zu begründen. Deutlich ist aber, dass die Überzeugung sowohl der Rechtsprechung als auch der Strafrechtswissenschaft, die Konkurrenzform der Tateinheit sei der Klarstellungsfunktion verpflichtet bzw. mit dieser verbunden, einhergeht mit der grundsätzlichen Schwierigkeit, Tateinheit und Gesetzeseinheit voneinander abzugrenzen. So verwiesen die erkennenden Gerichte in einer Vielzahl der einschlägigen Entscheidungen darauf, dass dem Erfordernis der Klarstellung Genüge getan werde müsse. Sie beabsichtigten damit, ein Abgrenzungskriterium für diese beiden Konkurrenzformen zu schaffen.

Sollte die Klarstellungsfunktion tatsächlich als originäre Funktion der Idealkonkurrenz und nicht des Schuldspruchs angesehen werden können, die der dogmatischen Abgrenzung von Konkurrenzformen dient, so muss es möglich sein, diese Funktion auch allein aus der Systematik der Tateinheit zu entwickeln. Der kurze Abriss der Dogmatik der Konkurrenzen im Zusammenhang mit dem Begriff der Klarstellung[331] hat gezeigt, dass die Differenzen zwischen Tat- und Gesetzeseinheit nahezu ausschließlich auf der Ebene des Schuldspruchs und nicht der Strafzumessung liegen.[332] Die Idealkonkurrenz zeichnet sich gegenüber der Gesetzeskonkurrenz durch ein „Mehr" auf der Ebene des Schuldspruchs aus. Ihre Besonderheit liegt darin, in der Urteilsformel alle verwirklichten Tatbestände zu dokumentieren und dennoch auf nur eine Strafe zu erkennen.

Der elementare Unterschied zwischen Tateinheit und Gesetzeseinheit liegt also gerade in der erhöhten Auflösung der Idealkonkurrenz auf

---

330 BGH NJW 1999, 72, BGH NStZ 2001, 247.

331 Vgl. 3. Teil, 2. Kapitel, I.

332 Vgl. LK^{11}-*Rissing-van Saan*, Vor §§ 52 ff., Rn. 70.

der Ebene des Schuldspruchs.[333] Diese erhöhte Auflösung hat ihre Funktion, wie gesehen, nicht einzig in der Bildung einer exakten Grundlage für die Strafzumessung, zeigt das Institut der Gesetzeseinheit doch auf, dass eine strafschärfende und strafrahmenlimitierende Wirkung einzelner verwirklichter Tatbestände nicht darauf angewiesen ist, dass diese im Schuldspruch benannt werden. Der Darstellung aller verwirklichten Tatbestände im Schuldspruch muss noch eine weitere Funktion zukommen, die von jener, eine präzise Grundlage für die Strafzumessung zu bilden, unterschieden werden kann.

Gerade weil der Strafrahmen im Anwendungsbereich der Tateinheit nur einmal dem mehrmals verwirklichten Delikt bzw. einzig dem schwersten von mehreren verwirklichten Straftatbeständen zu entnehmen ist, macht die vollständige Auflistung aller verwirklichten Straftatbestände deutlich, dass zwar nur eine Handlung, aber dennoch mehrfache Tatbestandsverwirklichungen im konkreten Fall vorliegen. Im Unterschied zur Gesetzeseinheit schließen diese Tatbestände einander auch nicht aus.

Die gegenüber der Gesetzeseinheit erhöhte Auflösung auf der Ebene des Schuldspruchs dient dazu klarzustellen, welche Straftatbestände im konkreten Fall erfüllt sind. Diese Funktion kann als sogenannte „Klarstellungsfunktion im engeren Sinn" bezeichnet werden. In diesem Sinne kann gleichsam von der Klarstellungsfunktion als eine Funktion der Idealkonkurrenz gesprochen werden, wie es die angeführten höchstrichterlichen Urteile nahe legen. Damit ist aber noch keine Erkenntnis darüber gewonnen, ob die Klarstellungsfunktion ausschließlich in diesem engeren Sinne Bestand hat und damit tatsächlich eine originäre Funktion der Idealkonkurrenz ist. An dieser Stelle soll der Faden des ersten Teils der vorliegenden Untersuchung wieder aufgenommen und an die gefundenen Ergebnisse erinnert werden.

Dort wurde bereits darauf hingewiesen, dass die Urteilsformel gemäß dem Wortlaut des § 260 Abs. 4 S. 1 StPO die rechtliche Bezeichnung der Tat anführen soll, der der Angeklagte schuldig gesprochen wird. Die rechtliche Bezeichnung im Schuldspruch impliziert das Vorliegen einer tatbestandsmäßigen, rechtswidrigen und schuldhaften Tat. Auch die inhaltlichen Anforderungen an diese Feststellung wurden bereits

333 Sch/Sch-*Stree*, § 52, Rn. 2.

angesprochen. Die inhaltliche Ausgestaltung liegt bis auf die Auflage, die rechtliche Bezeichnung des Deliktes, soweit möglich, dem Gesetzestext zu entnehmen, im richterlichen Ermessen. Gleichwohl muss sich die rechtliche Bezeichnung aber an der Aufgabe der Urteilsformel orientieren.[334] Der *Bundesgerichtshof* bezeichnet es als Aufgabe der Urteilsformel, *„das Unrecht erschöpfend zu erfassen"*[335], also ein Abbild der Tat zu sein[336] und diese in klarer, verständlicher Sprache wiederzugeben.[337] Der Schuldspruch soll so formuliert werden, dass er eine zutreffende Spiegelung der Tat darstellt. In der strafrechtlichen Literatur ist von dem Grundsatz der Einheitlichkeit des Urteilsspruchs und damit der Urteilsformel, abgleitet aus § 260 StPO, die Rede.[338] Die Feststellung, der Angeklagte habe sich etwa des Diebstahls schuldig gemacht, impliziert, dass der Angeklagte objektiv und subjektiv tatbestandsmäßig, rechtswidrig und schuldhaft im Sinne des § 242 StGB gehandelt hat – nicht mehr und nicht weniger.

Damit kann zusammengefasst werden: Aufgabe der Urteilsformel ist sowohl nach höchstrichterlicher Rechtsprechung, als auch nach Ansicht der strafrechtlichen Literatur, das Unrecht erschöpfend darzustellen. Erschöpfend meint exakt: Die um den Teil der Rechtsfolgen gekürzte Urteilsformel – der Schuldspruch – hat das Unrecht exakt zu benennen. Nichts anderes bestimmt die höchstrichterliche Rechtsprechung als Inhalt der Klarstellungsfunktion der Idealkonkurrenz, wenn sie sagt, diese Funktion fordere, das begangene Unrecht im Schuldspruch erschöpfend zu erfassen.

Daraus folgt, dass die Klarstellungsfunktion keine spezielle Funktion der Idealkonkurrenz, sondern vielmehr eine originäre Funktion

---

334 BGH NStZ 1983, 524.
335 Nachweise bereits oben Fn. 30.
336 Vgl. *Maatz*, NStZ 1995, 209 (210).
337 BGH NStZ 1983, 524, BGH NStZ 1996, 610 (611).
338 *Solbach/Kugler*, DRiZ 1971, S. 56.

des Schuldspruchs ist[339], die als „Klarstellungsfunktion im weiteren Sinn" bezeichnet werden kann.

Dies spiegelt sich ebenfalls in der höchstrichterlichen Rechtsprechung wider. Nicht allein im Bereich der Konkurrenzformen hat sich der *Bundesgerichtshof* mit der Klarstellungsfunktion des Schuldspruchs auseinandergesetzt, kommt diesem Zusammenhang auch empirisch die größte Bedeutung zu. Um die hier vertretene Ansicht zu stützen, genügen indes die wenigen anderen Fälle, in denen der *Bundesgerichtshof* explizit auf die Klarstellungsfunktion verweist. Da es dabei stets um die Aufgabe geht, den Tenor entsprechend der ihm zugewiesenen Funktionen zu fassen, also zu entscheiden, welche Informationen unverzichtbar in der Formulierung enthalten sein müssen, gerät die notwendige Klarstellung durch den Schuldspruch etwa dann in den Blick der *Senate*, wenn Tatbestandsbezeichnungen im Schuldspruch und den Gründen divergieren[340] oder Schuldformen nicht ersichtlich sind[341].

Indem die Klarstellungsfunktion als eine generelle Funktion des Schuldspruchs und nicht die einer einzelnen Konkurrenzform, begriffen wird, steht gleichsam fest, dass die Klarstellungsfunktion ihren Anwendungsbereich allein auf formaler Ebene des verurteilenden Urteilstenors und nicht auf der materiell-rechtlichen Ebene der Strafzumessung hat.

2. Auswirkungen auf die Strafrechtsdogmatik

a) Die Klarstellungsfunktion und die Konkurrenzen

Erhöhte Anforderungen an die erschöpfende Erfassung des begangenen Unrechts stellen zweifelsohne die Fälle, in denen der Ange-

---

339 In diesem Sinne wohl auch *Stein*, der die Klarstellungsfunktion als *„generelle Funktion des Urteilstenors"* bezeichnet, *ders.*, JR 2001, 72, Fn. 1 und *Deiters*, Strafzumessung, S. 94. So auch SK[8]-*Samson/H.-L. Günther*, Vor § 52, Rn. 13, die von einer Klarstellungsfunktion des Schuldspruchs sprechen und diese in der Ideal- und Realkonkurrenz als erfüllt ansehen. Ferner werde auch ohne Nennung eines verdrängten Deliktes, das heißt also auch im Falle der Gesetzeskonkurrenz das begangene Unrecht erschöpfend erfasst und werde damit der Klarstellungsfunktion Genüge getan, a. a. O., Rn. 79.

340 BGH NStZ 2001, 83.

341 BGHSt 43, 300 (305 f.). Vgl. ferner BGH StV 1998, 248; BGH NStZ 2000, 30.

klagte mehrere Straftatbestände erfüllt hat. Auch für diese Konstellationen gilt, dass das Klarstellungserfordernis erfüllt werden muss. Dieser Aufgabe dienen die Institute der Ideal-, Real- und Gesetzeskonkurrenz. Sie decken alle Varianten ab, um das begangene Unrecht hinreichend zu erfassen. In diesem Sinne sind alle Konkurrenzformen als Formulierungshilfen für den Schuldspruch zu verstehen[342] und so der Klarstellungsfunktion des Schuldspruchs oder der „Klarstellungsfunktion im weiteren Sinn" verpflichtet.[343]

Die erste auf Konkurrenzebene vorzunehmende Prüfung fragt mithin entgegen anderslautender Auffassungen nicht nach der Methode einer angemessenen Strafzumessung in den Fällen, in denen mehrere Straftaten begangen wurden, sondern zunächst nach der korrekten Formulierung des Schuldspruchs.[344] Wurde entschieden, in welcher Form die erfüllten Tatbestände Aufnahme in den Schuldspruch finden müssen, um das begangene Unrecht erschöpfend zu erfassen, ergibt sich die Methode der Strafmaßbildung im zweiten Schritt automatisch.[345]

Der Verpflichtung zur Klarstellung kommen die Konkurrenzformen, wie bereits dargestellt, auf verschiedene Weise nach. Die Idealkonkurrenz und deren als „Klarstellungsfunktion im engeren Sinne" bezeichnetes Charakteristikum nimmt in diesem Zusammenhang keine Sonderrolle ein. Die Idealkonkurrenz deckt allein die Konstellationen ab, in denen das begangene Unrecht nur erschöpfend dargestellt werden kann, indem alle verwirklichten Straftatbestände mit einem Verbindungswort wie „und" sowie dem Hinweis auf die bestehende Tateinheit auch im Schuldspruch genannt werden müssen.[346]

Entsprechendes gilt auch für die Annahme von Gesetzeskonkurrenz.

---

342 Die weitere materielle Funktion der Konkurrenzen, eine Grundlage für die Strafzumessung zu bilden, sei hier dahingestellt.

343 Auf die Differenzen zwischen Ideal- und Realkonkurrenz kommt es in diesem Zusammenhang nicht wesentlich an. Die abweichenden Methoden der Strafbildung spielen für die Formulierung des Schuldspruchs gerade keine Rolle und auch die auf die jeweilige Konkurrenzform hinweisenden Bindungsworte im Schuldspruch vermögen nichts daran zu ändern, dass in beiden Fällen alle verwirklichten Tatbestände auch im Tenor aufgeführt werden.

344 *Satzger*, Anmerkung zu BGHSt 44, 196, JR 1999, 204. Vgl. hierzu *Puppe*, Idealkonkurrenz, S. 356.

345 So *Freund*, Strafrecht AT, § 11, Rn. 17.

346 BGH NStZ 1986, 40.

In diesen Fällen würde eine Dokumentation aller dem Wortlaut nach erfüllten Tatbestände im Schuldspruch den Umfang des begangenen Unrechts übersteigen. Eine doppelte Berücksichtigung bestimmter Tatumstände, die sich in verschiedenen Tatbeständen decken, ist dadurch ausgeschlossen.[347] Eine erschöpfende Darstellung des begangenen Unrechts gelingt in diesen Fällen nur dann, wenn die verdrängten Delikte gerade *keine* Erwähnung im Schuldspruch finden.[348] Im Falle der Gesetzeskonkurrenz wird also nicht auf die Klarstellung verzichtet, sondern diese gerade durch den reduzierten Tenor erreicht.

Die Frage, die sich im Zusammenhang mit der Abgrenzung zwischen Tateinheit und Gesetzeseinheit stellt, lautet damit nicht, ob die Klarstellungsfunktion der Tateinheit gebietet, Gesetzeseinheit abzulehnen und alle verwirklichten Tatbestände im Wege der Tateinheit im Schuldspruch aufzuführen. Vielmehr ist zu entscheiden, welche Konkurrenzform den Unrechtsgehalt erschöpfend darzustellen vermag, respektive durch welche Formulierung der Aufgabe des Schuldspruchs, begangenes Unrecht exakt zu kennzeichnen[349] und gegenüber den Adressaten klarzustellen, Genüge getan wird. Für die Fälle der Gesetzeseinheit bedeutet das beispielsweise, dass ihr Anwendungsbereich nur dann eröffnet ist, wenn es zur Klarstellung des begangenen Unrechts nicht bedarf, die nachrangigen Delikte im Tenor zu benennen.[350] So ist auch der *Bundesgerichtshof* zu verstehen, wenn er ausführt, die Klarstellungsfunktion des Schuldspruchs gebiete die Annahme von Tateinheit statt Gesetzeseinheit, wenn andernfalls der Schuldspruch den Unrechtsgehalt einer Handlung nicht erschöpfend zum Ausdruck bringe.[351] Innerhalb der Konkurrenzformen besteht mithin eine graduelle Abstufung hinsichtlich der zu erzielenden

347 Zur Bemakelung des Täters durch eine doppelte Tatbewertung im Schuldspruch, *Vogler*, FS-Bockelmann, S. 715 (722).

348 So *Stein*, JR 2001, 72; SK^{8}-*Samson/H.-L. Günther*, Vor § 52, Rn. 79.

349 In diesem Sinne auch *Freund*, der die möglichst treffende Kennzeichnung des spezifischen Fehlverhaltens und dessen Folgen als Funktion des Schuldspruchs bezeichnet, *ders.*, GA 1999, S. 509 (512).

350 Vgl. *Geppert*, Jura 2000, 655. So konnte auch bereits *Schmitt* verstanden werden, wenn er darauf hinweist, dass Zweck des Schuldspruchs nicht das Aufeinandertürmen zahlreicher Straftatbestände, sondern das Herausstellen des gerade dem abzuurteilenden Sachverhalt entsprechenden Sachverhaltes sei, *ders.*, ZStW 75, S. 43 (52).

351 BGH NJW 1999, 72; BGHSt 44, 196. Ebenso BGHSt 39, 100 (108) unter Berufung auf BGHSt 25, 373; 31, 380.

Klarheit oder der Auflösung innerhalb des Schuldspruchs. Auch die Überlegung, welche Konkurrenzform die passende Strafzumessung ermöglicht, um ein gerechtes Strafmaß zu finden, tritt bei der Abgrenzung der Konkurrenzformen zunehmend in den Hintergrund. Die Tendenz der Rechtsprechung, in erhöhtem Maße Tateinheit statt Gesetzeskonkurrenz anzunehmen, geht einher mit einer Anpassung beider Konkurrenzformen auf der Rechtsfolgenseite.[352]

Unterstützung findet die hier vertretene Auffassung letztlich dennoch in der Rechtsprechung. Gelingt doch auch dort eine konsequente Einordnung der Klarstellungsfunktion allein als eine Funktion der Idealkonkurrenz nicht. Wurde der Topos einer Klarstellungsfunktion der Idealkonkurrenz auch durchgängig in der Rechtsprechung als Begründung herangezogen, wenn es galt, Gesetzeskonkurrenz zugunsten von Tateinheit anzunehmen, verrät die weiterführende Argumentation häufig, dass es um mehr als die hier als Klarstellungsfunktion im engeren Sinn bezeichnete Funktion der Idealkonkurrenz geht. So begründet der *Bundesgerichtshof* die Verdrängung eines gleichzeitig verwirklichten Tatbestandes im Rahmen der Gesetzeseinheit beispielsweise damit, dass mit der Heranziehung nur des einen, primär anzuwendenden Straftatbestandes im Wortlaut des Schuldspruchs das deliktische Geschehen bereits erschöpfend erfasst und abgegolten werden könne.[353] Und auch im umgekehrten Fall zieht die höchstrichterliche Rechtsprechung die Formel der erschöpfenden Unrechtsdarstellung heran, um zu prüfen, ob Gesetzeseinheit anzunehmen ist. Dies erfolgt nicht aus dem Grund, dass nur die Tateinheit als taugliches Instrument angesehen wird, eine vollständige Unrechtsdarstellung vorzunehmen, wohingegen im Falle der Annahme von Gesetzeseinheit auf eine solche komplette Erfassung verzichtet werden müsse. Vielmehr schließt der Anwendungsbereich von Gesetzeseinheit die Fallkonstellationen mit ein, deren Unrechtsgehalt bereits durch die Nennung des verdrängenden Deliktes erfasst werden kann. In diesem Sinne prüft der *Bundesgerichtshof* beispielsweise auch in einer der bereits hervorgehobenen Entscheidungen zur Konkurrenzfrage[354], ob diese vollständige Erfassung gewährleistet

---

352 *Satzger*, JR 1999, 204.

353 BGHSt 25, 373; 31, 380; Sch/Sch-*Stree*, Vorbem. §§ 52 ff., Rn. 102.

354 BGHSt 44, 196 (199 ff.) unter Berufung auf BGHSt 39, 100 (108). In diesem Sinne auch bereits BGHSt 31, 380.

wird, wenn das Zusammentreffen einer versuchten Tötung und einer vollendeten Körperverletzung in Handlungseinheit als Fall der Gesetzeskonkurrenz betrachtet werde. Damit anerkennt die Rechtsprechung die Geltung des Klarstellungserfordernisses auch für die Gesetzeseinheit.[355]

Doch taucht die Forderung einer erschöpfenden Unrechtsdarstellung im Tenor nicht nur im Zusammenhang mit dem Institut der Tateinheit und der Gesetzeseinheit auf. Nach Ansicht des *Bundesgerichtshofes* müsse die Verurteilung grundsätzlich in der Lage sein, den Unwertgehalt der Tat voll zu erfassen.[356] Verurteilung kann in diesem Zusammenhang sowohl die Verurteilung im allgemeinen Sinn, aber auch die Verurteilung zu einer bestimmten Strafe, also die Strafzumessung meinen. Konkreter wird der *Große Senat* in der bereits vorgestellten Entscheidung aus dem Jahre 1992. Dort wird verlangt, dass der Schuldspruch den Unrechtsgehalt der Handlung erschöpfend erfasst.[357]

Zum Abschluss dieser Ausführungen ist festzuhalten, dass der Begriff der Klarstellung vornehmlich im Zusammenhang mit dem Institut der Tateinheit verwendet wird. Das liegt an der Systematik der Tateinheit, deren Aufgabe es gerade ist, alle durch einen Täter im Rahmen einer Handlung begangenen Straftaten im Schuldspruch aufzuführen – sofern sie einen eigenständigen Unrechtsgehalt aufweisen. Gleichwohl dient diese „Klarstellung im engeren Sinne" nicht dazu, die gewünschten Rechtsfolgen ausreichend zu legitimieren, das heißt eine vollständige (Legitimations-)Grundlage für die Strafzumessung bilden zu müssen.

Mit Blick auf die sprachliche Fassung des Schuldspruchs kann gewiss davon gesprochen werden, dass die Idealkonkurrenz über eine erhöhte Auflösung verfügt. Doch wurde gleichzeitig dargelegt, dass Rechtsprechung und Literatur die Klarstellungsfunktion als die Aufgabe definieren, begangenes Unrecht erschöpfend zu erfassen. Dies deckt sich mit den inhaltlichen Anforderungen an die Formulierung des Schuldspruchs, die bereits im ersten Teil der Arbeit vorgestellt wur-

---

355 So auch etwa *Kühl*, Strafrecht AT, § 21, Rn. 62.

356 BGHSt 21, 265 (267).

357 BGHSt 39, 100 (108). Für das Erfordernis der Klarstellung im Urteilstenor, BGH NStZ 1984, 370.

den. Die Klarstellungsfunktion ist mithin eine originäre Funktion des Schuldspruchs. Die Aufgabe der Klarstellung in diesem weiten Sinne verstanden, wird also nicht nur der Idealkonkurrenz zuteil, sondern verpflichtet ebenso die Gesetzeskonkurrenz.

So kann im Ergebnis die Klarstellungsfunktion als originäre Funktion des Schuldspruchs bezeichnet werden, die sich in all seinen Bestandteilen und damit besonders in der gewählten Konkurrenzform niederschlägt.

b) Die Klarstellungsfunktion und der *dolus alternativus*

Die Klarstellungsfunktion als originäre Funktion des Schuldspruchs beeinflusst nicht nur die Wahl der Konkurrenzform. Auch alle übrigen im Tenor anzugebenden Tatumstände müssen der klarstellenden Wirkung des gesamten Schuldspruchs dienen. So ist insbesondere die Angabe der Vorsatzform, insbesondere für die Tatbestände, die sowohl fahrlässig als auch vorsätzlich erfüllt werden können, von besonderer Bedeutung.[358]

Die Diskussion um den *dolus alternativus* kreist nicht um die Konstellationen, in denen nicht abschließend geklärt werden konnte, welche Vorsatzform ein Täter erfüllt hat. Vielmehr werden unter dem Stichpunkt des Alternativvorsatzes zwei andere Fallgruppen diskutiert. Zum einen die Konstellation, in der ein Täter Vorsatz hinsichtlich *einer* bestimmten Handlung gefasst hat, er aber nicht sicher weiß, welche von mehreren möglichen Straftatbeständen er durch die gewollte Handlung erfüllen wird.[359] Zum anderen ist der Fall einschlägig, in dem ein Täter eine strafrechtsrelevante Handlung ausführen will, er aber nicht weiß, an welchem Objekt sie sich realisieren wird.[360] Dabei schließen sich beide in Frage stehende Tatbestände gegenseitig aus.[361] Fraglich ist, wie diese Fallgruppen angemessen im Schuldspruch berücksichtigt werden können.[362] Sah

358 Vgl. hierzu die Ausführungen im 1. Teil, 1. Kapitel der Untersuchung und dort insbesondere der Abschnitt über den Aufbau der Urteilsformel.

359 *Jescheck/Weigend*, Lehrbuch des Strafrechts AT, S. 304 mit weiteren Nachw.

360 *Schmitz*, ZStW 112, S. 301 (302).

361 LK[11]-*Schroeder*, § 16, Rn. 106.

362 Grundlegend zu den denkbaren Konstellationen des dolus alternativus *Joerden*, ZStW 95, S. 565.

sich die höchstrichterliche Rechtsprechung diesen Fällen – zumindest in der zu überblickenden Kasuistik – bisher nicht gegenübergestellt, so besteht in der Strafrechtswissenschaft eine anhaltende Diskussion um die strafrechtliche Behandlung des Alternativvorsatzes im Schuldspruch.[363]

In den Konstellationen, in denen eine vorsätzliche Handlung tatsächlich zu einer Deliktsvollendung geführt hat, sieht die herrschende Meinung eine vollendete Deliktsbegehung als unproblematisch gegeben an. Der zweite, ebenfalls erfüllte Tatbestand wird dann als tateinheitlich verwirklichter Versuch mit in den Schuldspruch aufgenommen, sofern der Versuch im konkreten Fall strafbar und das zweite Delikt nicht subsidiär zu dem vollendeten Delikt ist. Bleibt die Handlung hinsichtlich aller Tatbestände im Versuchsstadium stecken, so wird von zwei tateinheitlich unternommenen Versuchen ausgegangen.[364]

Diese Lösung begegnet jedoch auch scharfer Kritik. Im Blickpunkt steht das begangene Unrecht, wie es sich nach vorgenannter Auffassung im Schuldspruch darstellt. *Schmitz* weist zutreffend darauf hin, dass die tateinheitliche Aufführung beider Delikte im Schuldspruch nicht berücksichtige, dass sich nach der Vorstellung des Täters die von ihm geschaffene Gefahr allenfalls einmal zu Lasten eines Rechtsgutsträgers verwirklichen werde.[365] Gleichzeitig ebne die herrschende Ansicht auf diese Weise den Unterschied zwischen *dolus alternativus* und *dolus cumulativus*, der gerade den doppelten Vorsatz unter Einbeziehung der zweifachen Rechtsgutsverletzung umfasse, ein.[366] Es müsse im Schuldspruch deutlich gemacht werden, dass der mit Alternativvorsatz handelnde Täter gerade nur *einen* tatbestandlichen Erfolg ins Auge gefasst habe.[367] Zustimmung verdient insbesondere die gelieferte Begründung für die Kritik. So verweist *Schmitz* ebenfalls auf § 260 Abs. 4 Satz 1 StPO und damit auf die Aufgabe der Urteilsformel, das begangene Unrecht zu kennzeichnen. Die Urteilsformel müsse demnach mit dem tatsächlich begangenen Unrecht übereinstim-

---

363 Vgl. etwa *Joerden*, ZStW 95, 565.

364 In diesem Sinne *Jescheck/Weigend*, Lehrbuch des Strafrechts AT, S. 304; *Jakobs*, Strafrecht AT, S. 278; *Roxin*, Strafrecht AT 1, § 12, Rn. 85.

365 *Schmitz*, ZStW 112, S. 301 (305).

366 So auch Sch/Sch-*Cramer/Sternberg-Lieben*, § 15, Rn. 91/92.

367 *Schmitz*, ZStW 112, S. 301 (305).

men.[368] Eine solche Übereinstimmung sei aber nicht gegeben, wenn der Tenor aussagt, der Täter habe zwei Rechtsgutsverletzungen gewollt, obwohl dieser nur eine in seinen Vorsatz aufnahm.[369] Eine pauschale Annahme von Tateinheit schließe sich mithin aus. Vielmehr sei die im Versuchsstadium verbliebene Tat als mit dem vollendeten Delikt mit abgegolten oder als mitbestrafte Nachtat zu behandeln.[370] Eine ebenfalls in diesem Zusammenhang vertretene Lösung ist die Bestrafung wegen des schwersten Delikts.[371]

Diese Argumentation unterstützt die vorliegend vertretene Auffassung, dass die erschöpfende Darstellung des begangenen Unrechts bereits eine Aufgabe des Schuldspruchs ist. An dieser Vorgabe haben sich mithin auch die Darstellungen der Fälle des Alternativvorsatzes im Schuldspruch zu messen.

c) Die Klarstellungsfunktion und die Wahlfeststellung

aa) Der Begriff der gleich- und ungleichartigen Wahlfeststellung

Ebenfalls mit Sachverhaltsunklarheiten beschäftigt sich die Figur der Wahlfeststellung, umfasst diese doch die prozessuale Möglichkeit, die Verurteilung im Schuldspruch auf eine alternative Tatsachenfeststellung zu gründen.[372]

Mit Blick auf die Konsequenzen hinsichtlich der Fassung des Schuldspruchs sowie der Strafmaßbildung ist zwischen den Fallgruppen, die zu einer eindeutigen, und denen, die zu einer mehrdeutigen Verurteilung führen, zu unterscheiden. Dabei sieht die eindeutige Verurteilung einen Schuldspruch des Angeklagten wegen *eines* Deliktes (sogenannte gleichartige Wahlfeststellung), die mehrdeutige Verurteilung hingegen einen Schuldspruch des Angeklagten wegen des Deliktes A *oder* B (sogenannte ungleichartige oder echte Wahlfeststellung) vor.

---

368 *Schmitz*, ZStW 112, S. 301 (307).

369 *Schmitz*, ZStW 112, S. 301 (308).

370 Sch/Sch-*Cramer/Sternberg-Lieben*, § 15, Rn. 91/92.

371 *Schneider*, GA 1956, S. 257 (264). Differenzierend zwischen dolus alternativus im engeren und im weiteren Sinne, vgl. *Fischer*, Wille und Wirksamkeit, S. 250 ff.

372 *Jescheck/Weigend*, Lehrbuch des Strafrechts AT, S. 145; Sch/Sch-*Eser*, § 1, Rn. 58; SK^{8}-*Rudolphi*, Anh. zu § 55, Rn. 1.

bb) Voraussetzungen der Wahlfeststellung

Gemeinsame Voraussetzung beider Formen der Wahlfeststellung ist eine bestehende Tatsachenalternativität. Feststeht in diesen Konstellationen, dass der Angeklagte strafrechtsrelevante Handlungen vorgenommen hat.[373] Offen bleibt hingegen trotz Ausschöpfung aller Beweis- und Erkenntnismöglichkeiten[374], welche von mehreren alternativ möglichen Handlungen einen bestimmten Tatbestand erfüllt hat bzw. welcher Tatbestand von zwei möglichen durch eine feststehende Handlung erfüllt wurde.[375] So werden unter den Begriff der gleichartigen Wahlfeststellung die Fälle zusammengefasst, bei denen zwei oder mehrere Handlungen des Angeklagten feststehen, jedoch unklar bleibt, durch welche dieser Handlungen der einzig in Frage kommende Tatbestand erfüllt wurde. Bei der ungleichartigen Wahlfeststellung erfüllen mehrere Handlungen des Angeklagten hingegen verschiedene Tatbestände.[376] Ausgeschlossen sein müssen aber andere als die wahlweise festgestellten Handlungen.[377] Der Angeklagte kann im Urteistenor nicht wegen eines Deliktes schuldig gesprochen werden. Der Schuldspruch spiegelt vielmehr die tatbestandlichen Varianten wider[378] und lautet beispielsweise wie folgt: *„Der Angeklagte wird wegen Diebstahl oder Hehlerei schuldig gesprochen."*[379]

Ungeachtet terminologischer und systematischer Diskussionen im einzelnen ist zusammenzufassen, dass die Gruppe der eindeutigen Verurteilung zuvorderst die Strafvorschriften erfasst, die – sei es auch nur hinsichtlich der konkreten Begehungsweise – in einem Stufenverhältnis[380] stehen, können doch diese unter Heranziehung des *in dubio pro reo*-Satzes zugunsten des milderen Tatbestandes entschie-

373 Sch/Sch-*Eser*, § 1, Rn. 58.

374 *H.-L. Günther*, Verurteilungen, S. 31 ff.

375 BGHSt 12, 386 (388); Sch/Sch-*Eser*, § 1, Rn. 58, 83; SK[8]-*Rudolphi*, Anh. zu § 55, Rn. 9.

376 *Baumann/Weber/Mitsch*, Strafrecht AT, § 10, Rn. 37.

377 *Beulke/Fahl*, Jura 1998, 262 (265).

378 *Roxin*, Strafverfahrensrecht, § 47 B I; a. A. BGHSt 21, 152 (153) mit weiteren Nachweisen.

379 Klassisches Beispiel nach BGHSt 1, 302.

380 So z. B. für Versuch und Vollendung (etwa BGHSt 36, 262 [269]), für Täterschaft und Teilnahme (etwa BGHSt 23, 203, [205 f.]), für Regelbeispiel und Grundtatbestand (BGH NStZ 2000, 473 [474]) und für Vorsatz und Fahrlässigkeit (BGHSt 17, 210, [211 f.]).

den werden.[381] Daneben sind die von der Strafrechtswissenschaft als Post- und Präpendenzentscheidungen[382] bezeichneten Fälle als solche anerkannt, die ebenfalls eine eindeutige Verurteilung nach sich ziehen.[383]

cc) Der mehrdeutige Schuldspruch und seine Kriterien in der Strafrechtsdogmatik

Der im Anwendungsbereich der ungleichartigen Wahlfeststellung wahl- oder mehrdeutig zu fassende Schuldspruch drückt aus, dass es dem Gericht nach Ausschöpfung seiner Beweis- und Erkenntnismöglichkeiten nicht gelungen ist, sicher festzustellen, welchen Straftatbestand von zwei möglichen der Angeklagte durch die zweifellos vorliegende strafrechtsrelevante Handlung erfüllt hat. Hier tritt noch deutlicher zu Tage, was soweit gleichermaßen auch für die gleichartige Wahlfeststellung gilt: Im Bereich der alternativen Tatsachenfeststellungen bewegt sich das Gericht im Spannungsfeld zwischen Rechtssicherheit und Gerechtigkeit.[384] Nach allgemeiner Auffassung kollidiert das Gesetzlichkeitsprinzip mit der Einzelfallgerechtigkeit, die verlange, dass im Falle richterlicher Überzeugung, der Angeklagte habe eine von zwei möglichen Tatbeständen sicher erfüllt, auch eine Verurteilung erfolgen müsse.[385] Für die Fälle der gleichartigen Wahlfeststellung werden die oben skizzierten prozessualen Anwendungsvoraussetzungen als ausreichend betrachtet, um die Fälle der wahldeutigen Verurteilung – hier schließlich nur auf einen einzigen Tatbestand bezogen – oder der eindeutigen Verurteilung auf einer alternativen Tatsachenbasis einzuschränken.[386] Ungleich schwerer wiegt die Konsequenz der „echten" Wahlfeststellung, einen

381 *Tröndle/Fischer*, § 1, Rn. 21; *Baumann/Weber/Mitsch*, Strafrecht AT, § 10, Rn. 4; BGHSt 1, 302 (304); 11, 100 ff.

382 Erstmals wohl *Hruschka*, JZ 1970, 637 ff., 649. Dabei handelt es sich um feststehende Handlungen, deren rechtliche Bewertung von der Bewertung eines zeitlich früher bzw. später eintretenden, nicht feststehenden Ereignisses abhängt, vgl. Sch/Sch-*Eser*, § 1, Rn. 63, 96 ff.

383 Für die Ablehnung einer ungleichartigen Wahlfeststellung bei Postpendenzentscheidungen BGHSt 35, 86 (89); *Hruschka*, NJW 1971, 1392 f.

384 Sch/Sch-*Eser*, § 1, Rn. 65.

385 Etwa SK^8-*Rudolphi*, Anh. zu § 55, Rn. 5.

386 Sch/Sch-*Eser*, § 1, Rn. 104.

im Wortlaut alternativen Schuldspruch zuzulassen. Um den Anwendungsbereich der ungleichartigen Wahlfeststellung möglichst gering zu halten, wurde in Rechtsprechung und Strafrechtswissenschaft ein Katalog von engen Zulässigkeitsvoraussetzungen entwickelt. Im Mittelpunkt steht dabei die durch die Rechtsprechung entwickelte Formel, beide durch den Angeklagten möglicherweise begangenen Straftaten müssten *„rechtsethisch und psychologisch vergleichbar"* sein.[387] Dies setze die annähernd gleiche Schwere der möglichen Schuldvorwürfe[388] voraus und verlange, *„dass die in Betracht kommenden Verhaltensweisen die gleiche sittliche Missbilligung verdienen."*[389]

Kritisch begegneten weite Teile der strafrechtlichen Literatur dieser höchstrichterlichen Forderung nach ethischer Vergleichbarkeit, handele es sich hierbei doch um eine *„inhaltslose Leerformel"* und sei diese sowohl unpraktikabel für die Urteilsfindung[390] als auch unpräzise[391]. Besserung versprach sich ein Teil der Lehre davon, bei der Beurteilung auf die *„Identität des Unrechtskerns"* abzustellen.[392]

dd) Der Einfluss der Funktionen des Schuldspruchs auf das Institut der Wahlfeststellung

Die Fülle der wissenschaftlichen Auseinandersetzung mit tauglichen Zulässigkeitskriterien braucht an dieser Stelle nicht nachgezeichnet zu werden. Interessant für die vorliegende Untersuchung ist, dass alle entwickelten Kriterienkataloge für die Annahme und Eingrenzung der ungleichartigen Wahlfeststellung um die Gleichwertigkeit beider erfüllten Straftatbestände hinsichtlich ihrem Unrechtsgehalt kreisen.[393] Hintergrund der weit verzweigten Diskussion ist stets das

---

387 Für viele BGHSt 1, 327 (328); 9, 390 (394); 21, 152 (153); 25, 182 (183 f.); 30, 77 (78). Im Anschluss Sch/Sch-*Eser*, § 1, Rn. 106.

388 BGHSt 9, 390 (393).

389 BGH NStZ 2000, 473 (474); BGHSt 1, 127 (128); 21, 152 (153 f.); 25, 182 (183 f.); BGH StV 1985, 92 (93) SK^{8}-*Rudolphi*, Anh. zu § 55, Rn. 31 mit weiteren Nachweisen

390 Für viele *H.-L. Günther*, Verurteilungen, S. 116 ff.; *Wolter*, Wahlfeststellung, S. 112 f. Kritisch auch SK^{8}-*Rudolphi*, Anh. zu § 55, Rn. 36 f; *Montenbruck*, GA 1988, S. 532 f.

391 *H.-L. Günther*, Verurteilungen, S. 114 ff.

392 *Jescheck/Weigend*, Lehrbuch des Strafrechts AT, S. 150; mit Einschränkungen *Otto*, FS-Peters, S. 373 (390).

393 So bereits BGHSt 1, 327 (328).

Bemühen um eine Fassung des Schuldspruchs, die den Täter nicht unnötig belastet.[394] Der Ausspruch, der Täter habe sich des Deliktes A *oder* B schuldig gemacht, solle nur zulässig sein, wenn die Nennung zweier Tatbestände keine doppelte Bemakelung des Angeklagten mit sich bringe. Der Unrechtsgehalt beider Taten muss sich mithin decken. Ob dabei auf den Erfolgs- bzw. den Handlungsunwert[395] oder auf das verletzte Rechtsgut[396] abgestellt wird, braucht hier nicht entschieden zu werden. Jedenfalls darf der Angeklagte nach einhelliger Auffassung durch den wahldeutigen Schuldspruch nicht schlechter gestellt sein, als wenn er hinsichtlich des einen, denknotwendig nicht erfüllten, Tatbestandes freigesprochen worden wäre. Oder umgekehrt: Der Angeklagte darf durch die alternative Verurteilung nicht schlechter gestellt werden, als er im Falle einer eindeutigen Verurteilung stünde.

Das Erfordernis einer Gleichwertigkeit der Tatbestandsalternativen erinnert an die bereits im Rahmen der Abgrenzung von Ideal- zur Gesetzeskonkurrenz stets herangezogene Formel der erschöpfenden Unrechtsdarstellung. Dort konnte aufgezeigt werden, dass diese Formel letztlich auf die originäre Funktion des Schuldspruchs zurückgeht, das begangene Unrecht klarzustellen, das heißt erschöpfend zu berücksichtigen.[397] Um diese Formel kreisen auch die im Zusammenhang mit der Zulässigkeit eines mehrdeutigen Schuldspruchs hervorgebrachten Argumente. Wird auch der Begriff der Klarstellung nicht verwendet, steht doch das grundsätzliche Erfordernis der Benennung eines bestimmten Deliktes unter Ausschluss tatbestandlicher Varianten im Mittelpunkt der Diskussion. Erklärt werden kann diese Motivation nicht allein mit dem Verweis auf den *„in dubio pro reo"*-Satz. Zwar gebietet dieser in dem materiell-rechtlich korrespondierenden Prinzip *„nullum crimen sine lege"* eine getrennte Beurteilung beider alternativ vorliegender Delikte und folglich einen Freispruch hinsichtlich beider, jede für sich nicht zu beweisender Varianten, doch kann auf diese Weise nicht das Bedürfnis nach einem Höchstmaß an Bestimmtheit des Schuldspruchs begründet werden.

---

394 In diesem Sinne bereits BGHSt 4, 340 (342); Sch/Sch-*Eser*, § 1, Rn. 105 mit weiteren Nachweisen.

395 Für das Abstellen auf den Handlungsunwert SK[8]-*Rudolphi*, Anh. zu § 55, Rn. 41.

396 So die Lehre von der „Identität des Unrechtskerns", dazu LK[11]-*Tröndle*, § 1, Rn. 105; *Otto*, FS-Peters, S. 373 (390). In diesem Sinne auch *Sax*, JZ 1965, 748.

397 Vgl. 3. Teil, 2. Kapitel, III., 1.

Ganz im Gegenteil verweist eine strikte Orientierung an der Klarstellungsfunktion des Schuldspruchs gerade auf die Notwendigkeit eines wahldeutigen Schuldspruchs. So gebieten die Konstellationen der Tatbestandsalternativität gerade die Offenlegung, dass es dem Gericht nach Ausschöpfung aller zulässigen Erkenntnismöglichkeiten nicht möglich war festzustellen, welcher der beiden in Frage kommenden Tatbestände nun durch die unzweifelhaft begangene Handlung erfüllt wurde. Gerade diese letzte Unsicherheit kann auf diese Weise dargestellt werden. Gleichzeitig wird aber ebenfalls klargestellt, dass das Gericht zu der sicheren Überzeugung gelangte, dass eine der beiden Straftaten durch den Angeklagten begangen wurde. Ob es für diese Feststellungen notwendig ist, beide Tatbestände oder nur einen zu nennen, ist entsprechend der Klarstellungsfunktion des Schuldspruchs danach zu entscheiden, auf welche Weise das Unrecht exakt widergespiegelt wird.[398]

Insofern bestimmt die Klarstellungsfunktion des Schuldspruchs ebenfalls die Diskussion um die Wahlfeststellung.[399] In diesem Sinne ist auch die materiell-rechtliche Voraussetzung der rechtsethischen und psychologischen Vergleichbarkeit zu verstehen. Wie gesehen, soll gewährleistet werden, dass im Falle eines wahldeutigen Schuldspruchs beide Straftaten hinsichtlich der Schwere der ihnen zugrunde liegenden Schuld vergleichbar sind und eine nahezu gleiche Missbilligung verdienen.[400] Auch die Kritiker dieser höchstrichterlichen Formel wollen die Zulässigkeit der mehrdeutigen Verurteilung davon abhängig machen, ob sich die beiden tatbestandlichen Varianten hinsichtlich ihres Unrechtgehaltes nach Art und Umfang wesentlich gleichen.[401] Die Klarstellungsfunktion des Schuldspruchs ermöglicht die Wahlfeststellung für die Fälle, in denen der Unrechtsgehalt nur durch die Darstellung der tatbestandlichen Alternativität exakt dargestellt werden kann. Andererseits hat die Klarstellungsfunktion aber auch eine limitierende Funktion, öffnet sie den mehrdeutigen

---

398 In BGHSt 36, 262 (268) stellt der 4. *Senat* im Rahmen der Zulässigkeitsprüfung eines wahldeutigen Schuldspruchs darauf ab, dass eine solche Verurteilung dem Unrechtgehalt der Tat voll gerecht werden müsse. Grundlegend zu den verschiedenen vertretenen Auffassungen in der wissenschaftlichen Diskussion, vgl. *Fischer*, Wille und Wirksamkeit, S. 11 ff.

399 Vgl. *Waiblinger*, FS-Pfenninger, S. 157 (164 ff.).

400 Vgl. Nachweise oben Fn. 388.

401 Vgl. SK^{8}-*Rudolphi*, Anh. zu § 55, Rn. 42 mit weiteren Nachweisen.

Schuldspruch doch nur dann für Tatbestandsalternativen, wenn der Unrechtsgehalt der strafrechtsrelevanten Handlung auf diese Weise nicht überschritten wird und der Angeklagte nicht Gefahr läuft, übermäßig durch den Schuldspruch bemakelt zu werden.[402] Dem nahestehend verweist *Schmoller* in einer detaillierten Monographie zur Wahlfeststellung[403] auf die *„Identität des Schuldspruchs"*, die es vermag, der Wahlfeststellung Grenzen zu setzen.[404] So müssen die Feststellungen im Schuldspruch eindeutig sein und dürfe es auch nicht zu einer unzulässigen Bemakelung kommen.[405] In diesem Sinne argumentiert auch *Otto*, wenn er im Anschluss an *Peters*[406] ausdrücklich darauf hinweist, die Klarstellungsfunktion des Schuldspruchs umfasse nicht nur die Gewährleistung einer eindeutigen Grundlage für eine hinreichend bestimmte Strafe, sondern die von der Strafe gänzlich unabhängige Aufgabe, bereits den Tatvorwurf an sich eindeutig und in seinem Unrechtsgehalt exakt zu gestalten.[407]

Bewegen sich die verschiedenen Modelle für die Zulässigkeitsvoraussetzungen einer wahldeutigen Verurteilung, also für das „Ob" der Wahlfeststellung, noch im Fadenkreuz des aus dem Grundsatz der Rechtssicherheit abgeleiteten *„in dubio pro reo"*-Satzes und dem Gebot der Einzelfallgerechtigkeit, orientiert sich die Frage nach dem „Wie" der Wahlfeststellung an der (Klarstellungs-) Funktion des Schuldspruchs.[408]

Die skizzierte Diskussion um zentrale Probleme des Instituts der

---

402 Einen direkten Bezug zur Funktion des Urteiltenors stellt auch *Walper*, Jura 1998, 622 (624 f.) her.

403 *Schmoller*, Alternative Tatsachenaufklärung, 1986.

404 *Schmoller*, Alternative Tatsachenaufklärung, S. 66.

405 *Schmoller*, Alternative Tatsachenaufklärung, S. 67 ff., 75 ff.

406 *Otto*, FS-Peters, S. 373 (386 f.) im Anschluss an *Peters*, Strafprozess, S. 250.

407 Die Funktion des Schuldspruchs hat auch *Frister* im Blick, wenn er sich dem Institut der Wahlfeststellung aus straftheoretischer Sicht zuwendet. Nach seiner Auffassung gebiete die wohl herrschende Straftheorie der positiven Generalprävention, dass ein konkreter Straftatbestand der Verurteilung zugrunde liege. Die Benennung eines bestimmten Deliktes ermögliche dem Schuldspruch, seine normstabilisierende Funktion wahrzunehmen. Der Vorwurf des Verstoßes gegen verschiedene Verhaltensnormen sei nicht geeignet, die Normgeltung wiederherzustellen. Folglich sei die Wahlfeststellung nicht im Wege enger Zulässigkeitsvoraussetzungen zu beschränken, sondern in der Form einer ungleichartigen Wahlfeststellung grundsätzlich abzulehnen. NK-*Frister*, nach § 2, Rn. 93 ff.

408 Vgl. *Otto*, JR 1990, 205.

Wahlfeststellung zeigt auf, dass auch an dieser Stelle Wirkung und Funktion des Urteilstenors auf Täter und Allgemeinheit bestimmend sind für verschiedene begriffliche und inhaltliche Modelle. Dabei kann die Frage, wie die Strafe in den Fällen einer echten Wahlfeststellung zu bemessen ist, als weitgehend unumstritten bezeichnet werden. Die einhellige Meinung in Wissenschaft und Rechtsprechung geht davon aus, dass die Strafe dem milderen der beiden alternativ erfüllten Tatbestände zu entnehmen ist.[409] Damit wird wiederum deutlich, dass Bezugspunkt der verschiedenen Herangehensweisen um die Wahlfeststellung keineswegs die gesamte Urteilsformel, sondern einzig Wirkung und Funktion des Schuldspruchs ist. Weiter zeigt sich auch im Rahmen der Diskussion um die Wahlfeststellung, dass die Funktion des Schuldspruchs über die der Schaffung einer Legitimationsgrundlage für die Strafe weit hinausgeht.[410]

Kapitel 3 Die expressive Funktion – Der Schuldspruch als Unwerturteil

I. Zuschreibung von Verantwortung

Der vorangegangene Abschnitt hat gezeigt, dass dem Schuldspruch die Aufgabe zugewiesen wird, das begangene Unrecht klarzustellen. Die dem Gericht auferlegte Verpflichtung, den Schuldspruch innerhalb der Urteilsformel so zu formulieren, dass er ein exaktes Abbild der Tat gibt, wurde nachgezeichnet und hergeleitet, doch blieb dabei nur am Rande erwähnt, welchem Zweck die Klarstellung durch den Schuldspruch dient. Das Ziel der Klarstellung ist kein Selbstzweck. Die Klarstellung erfolgt auch nicht allein im Interesse einer erhöhten Prozesstransparenz, um die rechtliche Nachprüfbarkeit einer Verurteilung zu ermöglichen[411] oder um eine aus sich selbst heraus verständliche Grundlage für die Strafvollstreckung[412] zu bilden.[413]

Unberücksichtigt über seine Form und die damit im Zusammen-

409 Für viele BGHSt 13, 70 (73); 25, 182 (186), Sch/Sch-*Eser*, § 1, Rn. 114; *Otto*, FS-Peters, S. 373 (391); *Jescheck/Weigend*, Lehrbuch des Strafrechts AT, S. 149.
410 *H.-L. Günther*, Verurteilungen, S. 113.
411 Vgl. *Puppe*, Idealkonkurrenz, S. 356.
412 Vgl. § 451 Abs. 1 StPO.
413 So SK-*Schlüchter*, StPO, § 260, Rn. 22.

hang stehenden prozessualen Funktionen hinaus blieb bisher die Außenwirkung des Schuldspruchs, sein expressiver Gehalt. Wer das Wirkungspotential des Schuldspruchs auf mögliche Adressaten übersieht, kann indes dessen Funktionen nicht vollständig erfassen. Die Ausführungen bezüglich der Klarstellungsfunktion des Schuldspruchs haben bereits ergeben, dass dem Schuldspruch die Aufgabe zugewiesen wird, ein exaktes Abbild der begangenen Tat zu zeichnen. Hinzu kommt nun die im ersten Teil der Untersuchung bereits skizzierte Besonderheit des Schuldspruchs, im Gegensatz zur Strafe ein eigenständiger (Sprech)Akt zu sein. Die Verkündung des Schuldspruchs ist eine kommunikative Handlung. Kommunikativ bedeutet, der gerichtliche Schuldspruch drückt sprachlich etwas gegenüber seinen Adressaten aus. Die öffentliche Verurteilung verfügt über einen eigenen Ausdrucksgehalt und eine spezielle Außenwirkung. Die Funktion des Schuldspruchs erschöpft sich nicht allein darin, materielle und prozessuale Schuld festzustellen. Über die Zurechnung des begangenen Unrechts in Folge des gelungenen Schuldnachweises hinaus, demonstriert der Schuldspruch öffentlich, dass dem verurteilten Täter im Rahmen des Schuldspruchs die Verantwortung für seine Tat zugeschrieben wird. Dem liegt die Vorstellung zugrunde, das handelnde Subjekt sei verantwortlich für seine Handlung.[414] Verantwortlichkeit wird hier als prozessuale Schuld verstanden und meint folglich mehr als eine eigene Kategorie der subjektiven Zurechnung.[415] Inhalt und Funktionen dieser im Schuldspruch manifestierten subjektiven Zurechnung werden im Fortgang der Arbeit noch untersucht. An dieser Stelle soll genügen, dass die Verantwortlichkeit des Täters für das begangene Unrecht durch den Schuldspruch nicht als etwas faktisch Gegebenes festgestellt, sondern

---

414 *Hassemer*, Einführung, S. 221.

415 Unter Bezug auf die materielle Schuld schlägt *Roxin* vor, in eine neu zu schaffende Systemkategorie der Verantwortlichkeit ergänzend oder alternativ zur materiellen Schuld das generalpräventive Strafbedürfnis mit einzubeziehen, vgl. dazu *Roxin*, Strafrecht AT 1, § 24, Rn. 102 ff.; *ders.*, FS-Schaffstein, S. 126; *ders.*, FS-Bockelmann, S. 279 (284 f.) (dort wohl Schuld als Bedingung für eine Zurechnung zur strafrechtlichen Verantwortung); *ders.*, FS-Henkel, S. 171 (182); im Anschluss *Schünemann*, Funktion des Schuldprinzips, S. 170. Auf den materiellen Schuldbegriff wird im Folgenden noch einzugehen sein.

durch das erkennende Gericht, das heißt institutionell, zugeschrieben wird.[416]

Die exakte Wiedergabe der begangenen Straftat im Schuldspruch entfaltet gesellschaftliche Funktionen, aber auch Funktionen für Täter und Opfer. Gegenüber dem Täter zeigt der Schuldspruch die Straftat exakt auf und teilt ihm mit, dass er allein für das begangene Unrecht verantwortlich gemacht wird.[417] Ihm wird plastisch vor Augen geführt, welche konkrete Verletzung er dem oftmals durch seine Beteiligung als Neben- oder Privatkläger, bzw. in der Rolle des Zeugen individualisierten Opfer zugefügt hat. Indem der Täter persönlich verantwortlich gemacht wird, tritt das Gericht etwaigen Versuchen entgegen, für das begangene Unrecht andere Faktoren als ursächlich heranzuziehen.[418] Gleichzeitig muss indes gewährleistet sein, dass der durch den Schuldspruch erfolgte Eingriff in die Sozial- und Rechtsstellung des Verurteilten[419] klar bezeichnet und eindeutig eingegrenzt wird.[420] Eine Rehabilitierung durch die Urteilsformel[421] bedarf es insbesondere in den Fällen, in denen die Anklageschrift über die Taten, deren der Angeklagte im Laufe des Strafverfahrens schließlich tatsächlich überführt werden konnte, hinaus ging.[422]

Gegenüber dem Verletzten der Straftat stellt der Schuldspruch unmissverständlich klar, dass die begangene Tat als Unrecht zu qualifizieren ist, für die der ebenfalls individualisierte Täter verantwortlich gemacht wird. Gleichzeitig wird der Verletzte seinerseits symbolisch aus der Verantwortung genommen.[423] Damit setzt der Schuldspruch den Täter ins Unrecht und das Opfer ins Recht. Der für die Dauer des Strafverfahrens noch stellvertretend zwischen Staat und vermuteten Täter ausgetragene Konflikt wird im Moment des Schuldspruchs erstmals an den konkret Verletzten sowie den Täter zurückgegeben. Die

---

416 *K. Günther*, Zuschreibung, S. 319; vgl. *Achenbach*, Individuelle Zurechnung, S. 138.

417 *K. Günther*, Strafrechtliche Verantwortlichkeit, S. 40; *ders.*, FS-Lüderssen, S. 205 (218 f.).

418 *K. Günther*, Strafrechtliche Verantwortlichkeit, S. 40.

419 *K. Günther*, Strafrechtliche Verantwortlichkeit, S. 41.

420 Vgl. *Solbach/ Kugler*, DRiZ 1971, 56.

421 Vgl. *Solbach/ Kugler*, DRiZ 1971, 57.

422 Welche weiteren Konsequenzen die Verkündung des Schuldspruchs für den Täter hat, wird Gegenstand der folgenden Abschnitte sein.

423 *K. Günther*, FS-Lüderssen, S. 205 (218 f.).

vormals als Folge der Konstruktion eines öffentlichen Strafanspruchs strikt in der Strafgesetzgebung neutralisierten und generalisierten Opferinteressen[424] münden im Zeitpunkt des Schuldspruchs also in dessen individuelle Interessen, die insbesondere dahingehen, festzustellen, dass das geschehene Unrecht weder ein Unglücksfall ist noch in den eigenen Verantwortungsbereich des Verletzten fällt.[425] Der 4. *Strafsenat* des *Bundesgerichtshofes* ging in seiner bereits oben in Bezug genommenen Entscheidung aus dem Jahre 1998[426] darüber hinaus und führt die Verpflichtung des Schuldspruchs zur Klarstellung, wie bereits zitiert, auf die *„berechtigten Opferbelange und die damit zusammenhängende Genugtuungsfunktion des Schuldspruchs"*[427] zurück.

Sich an die Allgemeinheit wendend nimmt der Schuldspruch auf der einen Seite die generalpräventive Funktion[428] wahr, den Normbruch exakt zu bezeichnen, um damit sowohl die über die Straftat hinaus fortdauernde Normgeltung sowie die sprichwörtliche Funktionstüchtigkeit der Strafrechtspflege zu symbolisieren als auch zu zeigen, welche Folgen es hat, eine Straftat zu begehen. Auf der anderen Seite entlastet die dem Täter zugeschriebene Verantwortung für das geschehene Unrecht die Gesellschaft von ihrem eigenen „Dafür-Können".[429] Das Bedürfnis der Gesellschaft, aber auch und besonders des Verletzten, festzustellen und auszusprechen, dass der Täter allein für die Begehung einer Straftat verantwortlich ist, verlangt nach einem rechtskräftigen Schuldspruch.[430] Allein das Schuldfeststellungsbedürfnis vermag zu begründen, warum in Fällen, in denen keine Strafe ausgesprochen wird, so insbesondere bei den Regelungen des Absehens von Strafe im Besonderen Teil des Strafgesetzbuches, das Verfahren dennoch nicht eingestellt wird.[431] Zwar sieht

---

424 *Hassemer*, Einführung, S. 68 ff.

425 *K. Günther*, Strafrechtliche Verantwortlichkeit, S. 40; *ders.*, FS-Lüderssen, S. 205 (218 f.); vgl. *Hörnle*, Tatproportionale Strafzumessung, S. 117; *Hefendehl*, JZ 2000, 602.

426 BGHSt 44, 196.

427 BGHSt 44, 196 (199).

428 Auf die generalpräventive Funktion des Schuldspruchs wird im Zusammenhang mit der Erörterung des Schuldspruchs und der Strafe noch näher einzugehen sein, vgl. unten 4. Teil, 1. Kapitel, I, 1., b).

429 *K. Günther*, Strafrechtliche Verantwortlichkeit, S. 40; *ders.*, FS-Lüderssen, S. 205 (219).

430 Vgl. dazu bereits oben 3. Teil, 3. Kapitel, II, 1.

431 Vgl. *Schroeder*, der die Existenzberechtigung des § 16 StGB a. F. neben § 153a

§ 153b StPO vor, dass es möglich ist, das Strafverfahren einzustellen, sofern die Voraussetzungen für ein Absehen von Strafe gleichsam nach § 60 StGB oder den Vorschriften des Besonderen Teils gegeben sind, doch wird die Staatsanwaltschaft im Falle eines bestehenden Schuldfeststellungsbedürfnisses der Allgemeinheit allenthalben von der Einstellung der Strafverfolgungsmaßnahmen (§ 153b Abs. 1 StPO) respektive ihrer entsprechenden Zustimmung (§ 153b Abs. 2 StPO) absehen.

II. Ausspruch eines Vorwurfs

1. Zum vorwerfenden Charakter des Schuldspruchs

Die Palette der dem Schuldspruch in Strafrechtswissenschaft und Rechtsprechung zugeschriebenen Funktionen wird nun um einen weiteren Zusammenhang erweitert: um den des Vorwurfs. Vordringlich mit der Intention, Wirkungen und Gehalt von strafrechtlichen Sanktionen, namentlich der Strafe, zu untersuchen, gerät der Schuldspruch meist gänzlich unbeabsichtigt in den wissenschaftlichen Fokus. Dabei dienen die dort skizzierten Funktionen des Schuldspruchs vordringlich dazu, mittels einer Abgrenzung des Schuldspruchs von der Strafe Erkenntnisse über die Strafe, nicht über den Schuldspruch zu gewinnen.

Einer weitgehenden und differenzierenden Herangehensweise an mögliche Funktionen des Schuldspruchs bedient sich *Freund* in seinen Ausführungen über die Rechtsfolgen im Strafrecht. Von vornherein weist er den Schuldspruch als selbstständiges Institut neben der Strafe dem Katalog der Rechtsfolgen im materiellen Recht zu.[432] Interessant für die vorliegende Untersuchung ist, dass *Freund* den Gehalt des Schuldspruchs darin sieht, dem Täter den Vorwurf eines spezifischen personalen Fehlverhaltens zu machen.[433] Im Rah-

---

StGB a. F. ebenfalls gerade darin sieht, dass es dort eines gerichtlichen Schuldspruches bedürfe, *Schroeder*, FS-Peters, S. 411 (420 f.).

432 *Freund*, GA 1999, S. 509; *ders.*, Strafrecht AT, § 1, Rn. 31.

433 *Freund*, GA 1999, S. 509 (510). Um diesen Vorwurf im Bereich des sachlich Berechtigten zu belassen, müsse das Fehlverhalten nebst Folgen der Tat möglichst treffend gekennzeichnet werden. Auf diese Funktion des Schuldspruchs wird im Folgenden im Zusammenhang mit der Klarstellungsfunktion einzugehen sein (vgl. unten 3. Teil, 2. Kapitel), *ders.*, Strafrecht AT, § 1, Rn. 32.

men einer Untersuchung, welche Wirkungen von einem gerichtlichen Sachurteil ausgehen, stellt auch *Peters* fest, dass der darin enthaltene Schuldspruch einen sozial-ethischen Vorwurf gegenüber dem Täter enthalte.[434] Im Zusammenhang mit der Wiedergutmachung im Strafrecht spricht *Seelmann* davon, dass der öffentliche Tadel durch den Schuldspruch erfolge.[435] Und ebenfalls in diesem Sinne schreibt *Neufelder* dem Schuldspruch zu, einen personalen Unrechtsvorwurf zu erheben und einen sozialen Minderwert auszusprechen.[436]

Weit häufiger als die Benennung des Schuldspruchs als strafrechtlichen Vorwurf erfolgt seine Beschreibung als Missbilligung[437] oder Tadel. Alle drei Begriffe werden in der strafrechtlichen Literatur weitgehend als Synonyme betrachtet[438], so dass die entsprechenden Zuschreibungen hier zusammengefasst werden. Ebenfalls mit Blick auf die Frage, ob dem Schuldspruch eine selbstständige Bedeutung neben der Strafe zukomme und welche Wirkung der Schuldspruch für den Täter entfalte, sieht *Wagner* das Wesen des Schuldspruchs in der Missbilligung des Täterverhaltens durch den Richter. So werde durch den Schuldspruch ein negatives Urteil über die Tat gefällt und der Täter getadelt.[439] In einem vergleichbaren Kontext schreibt auch *Eser* dem Schuldspruch zu, eine sozial-ethische Missbilligung zu enthalten.[440] Unter Verweis auf *Eser* stellt *Frehsee* im Rahmen seiner Auseinandersetzung mit der Austauschbarkeit von Sanktionen fest, das entscheidende Schwergewicht des Missbilligungsaktes bilde nicht die Art der Sanktion, sondern die Tatsache der offiziellen Feststellung des

434 *Peters*, ZStW 68, S. 374 (377); in diesem Sinne auch *Kaiser*, Die Beschwer, S. 117.

435 *Seelmann*, Strafzwecke, S. 52. Auf dessen weiteren Ausführungen wird noch im Fortgang Bezug zu nehmen sein.

436 *Neufelder*, GA 1974, S. 289 (303).

437 Bereits im Zusammenhang mit § 27 JGG sowie den Voraussetzungen für eine wahldeutige Verurteilung wurde bereits Ausführungen des *Bundesgerichtshofes* zitiert, in denen die Senate von einer missbilligenden Wirkung des Schuldspruchs ausgingen, vgl. oben S. 41, 92.

438 Auf die Hintergründe der verschiedenen Begriffsverwendungen und insbesondere auf die Zurückhaltung hinsichtlich der Verwendung des Begriffs des Vorwurfs im Zusammenhang mit dem Schuldspruch, die insbesondere in der Rechtsprechung zu beobachten ist, wird an späterer Stelle zurückzukommen sein.

439 *Wagner*, GA 1972, S. 33 (36).

440 *Eser*, FS-Maurach, S. 257 (268). In diesem Sinne auch *Tiedemann*, Entwicklungstendenzen, S. 16; *Rogall*, Justizmord? Todesstrafe im Strafrecht, S. 45 ff.

Fehlverhaltens an sich. Im Strafurteil komme bereits zum Ausdruck, dass die *„Enttäuschungsverarbeitung zu Lasten des Täters gehe"*.[441]

Maiwald geht noch einen Schritt weiter. Anlässlich seiner Untersuchung des materiell-rechtlichen Instituts des Absehens von Strafe in § 16 StGB a. F. stellt er zunächst fest, dass der alleinige Schuldspruch eine gerichtlich ausgesprochene Missbilligung bedeute[442] und bezeichnet den Schuldspruch vor diesem Hintergrund als *„besonders milde"*[443] bzw. *„vergeistigte Strafe"*.[444] Mit Blick auf die Wirkung des Schuldspruchs in ausgewählten materiell-rechtlichen Instituten anerkennt auch die Kommentarliteratur dessen missbilligende Funktion.[445]

Eng im Zusammenhang oder sich gar überschneidend mit der Zuschreibung einer Vorwurfs-, Missbilligungs- oder Tadelsfunktion steht dasjenige Verständnis, das den Schuldspruch als Unwerturteil betrachtet.[446] Auch ein Unwerturteil impliziert eine Ermahnung und belegt das als strafrechtlich relevant erachtete Verhalten des Täters mit einer Missbilligung. Eine Besonderheit weist der Begriff jedoch gegenüber den zuvor genannten auf. So indiziert die Verwendung des Begriffs des Unwerturteils bereits eine Nähe zur strafrichterlichen Verurteilung. Die Beschreibung als Unwerturteil hebt sich damit von dem durchaus auch alltagssprachlich verwendeten Begriffen Vorwurf und Tadel ab und geht sogar über deren Aussagegehalt hinaus, in-

441 *Frehsee*, Schadenswiedergutmachung, S. 84 unter Verweis auf *Eser*, FS-Maurach, S. 257 (268).

442 *Maiwald*, ZStW 83, S. 663 (669). Eine Entwicklung im materiellen Recht von der Betonung der Strafe als Übel zum Schuldspruch als Missbilligung und eigenständige Repression stellt Tiedemann aus prozessualer Sicht fest, *ders.*, Entwicklungstendenzen, S. 16 f.

443 *Maiwald*, ZStW 83, S. 663 (669).

444 *Maiwald*, ZStW 83, S. 663 (680): *„Denn ein gerichtlicher Ausspruch trifft den Täter auch hier: Er wird schuldig gesprochen. Der Schuldspruch ohne Strafverhängung ist kein strafrechtliches Nichts, sondern der Ausspruch einer öffentlichen Missbilligung für den Angeklagten, dem ein darüber hinausgehendes Übel nicht auferlegt wird. Die Strafe ist hier gewissermaßen 'vergeistigt'"*.

445 Für die Verwarnung mit Strafvorbehalt etwa Sch/Sch-*Stree*, § 59, Rn. 3; für die Aussetzung des Strafausspruchs im Jugendstrafrecht *Ostendorf*, JGG, Grdl. zu §§ 27-30, Rn. 3.

446 Vgl. etwa BVerfGE 96, 245 (249); *Hohenleitner*, FS-Rittler, S. 185; *Dreher*, FS-Maurach, S. 275 (286); *Schöch*, Gutachten C, 59. DJT, C 89; trotz der Annahme einer Untrennbarkeit von Schuldspruch und Strafe schreibt auch *Grünwald* dem Schuldspruch den Charakter eines Unwerturteils zu, *ders.*, Teilrechtskraft, S. 40; *Kaiser*, Die Beschwer, S. 60.

dem es nicht bei dem Akt der Beanstandung bleibt, sondern inzident den Gegenstand des Vorwurfs mit nennt. Den Schuldspruch unter diesen Prämissen betrachtend, weist *Hohenleitner* konkret nach, dass das im Schuldspruch enthaltene Unwerturteil sich sowohl auf das äußere Geschehen der Tat als auch auf das innere Verhalten des Täters beziehe.[447]

Für den weiteren Fortgang der Untersuchung entscheidend sind die Inhalte der dem Schuldspruch zugeschriebenen Funktionen. Unter der hier gewählten Prämisse ist festzuhalten, dass der Akt des „Schuldig-Sprechens" ein moralisches Urteil über Tat und Täter in der Art entfaltet, dass dem Täter vorgehalten wird, ein gesetzestreuer Bürger hätte anders gehandelt und ferner, der Täter selbst hätte anders handeln können.[448] Der Täter wird gerügt, ermahnt, sein Verhalten beanstandet. Die Erweiterung des Vorwurfs zu einem sozial-ethischen Unwerturteil meint diese Wirkungen.

Dieses Verständnis des Schuldspruchs wird gerade auch in Anbetracht seines bereits aufgezeigten Charakteristikums plausibel, ein Akt öffentlicher Zuschreibung zu sein, der sich, der Begriff der Zuschreibung legt es bereits nahe, durch seine kommunikative Vermittlung[449] auszeichnet.[450] So können Ansätze, die den Schuldspruch auf seine Feststellungsfunktion reduzieren und allein als formellen Zwischenschritt begreifen, der gleichsam eine Statistenrolle einnimmt, nicht überzeugen.[451] Die Erklärung des Gerichts, der Angeklagte habe sich der Begehung einer Straftat schuldig gemacht, als öffentlicher Abschluss der bis dahin unter der Prämisse eines Verdachtes durchgeführten Hauptverhandlung, konkretisiert das bereits in den Strafnormen abstrakt getroffene Unwerturteil[452] und eben nicht nur den Unwertgehalt der Tat. Dabei meint Konkretisierung mehr als nur die erfüllten Straftatbestände anhand ihrer rechtlichen Bezeichnung zu benennen und diese dem Täter zuzurechnen. Konkretisierung

447 *Hohenleitner*, FS-Rittler, S. 185 ff.

448 Vgl. *Hohenleitner*, FS-Rittler, S. 185 (188 f.).

449 Vgl. oben 1. Teil, 2. Kapitel zum Schuldspruch als Sprechakt.

450 Vgl. mit Blick auf die Strafe *Ellscheid/Hassemer*, Strafe ohne Vorwurf, S. 271, die jedoch ein dialogisches Verstehen als Voraussetzung eines wirksamen Schuldvorwurfs setzen und gerade dieses Verstehen im Strafverfahren nicht erblicken. Dazu *K. Günther*, Zuschreibung, S. 342.

451 Vgl etwa BVerfG NJW 1998, 2585 (2586 f.).

452 Etwa BVerfGE 96, 245 (249).

meint vielmehr die im Strafgesetzbuch abstrakt formulierte Unrechtsdarstellung verbunden mit einem entsprechenden Strafrahmen nun als begangenen Normverstoß sichtbar zu machen[453] und den Angeklagten als die Person herauszustellen, die gegen diese Norm verstoßen hat. Der Angeklagte wird zum Täter, zum Verurteilten, dessen Verhalten einer öffentlichen Missbilligung unterzogen wird.

Ausgedrückt wird die Missbilligung symbolisch in Form des Schuldspruchs, ausgesprochen durch das erkennende Gericht. Damit ist noch nicht gesagt, wessen Missbilligung der Schuldspruch zum Ausdruck bringt. Selbstredend handelt es sich hierbei nicht um ein persönliches Unwerturteil des Gerichts. Konkretisiert der Schuldspruch das in den Strafnormen bereits abstrakt angelegte Unwerturteil, so muss die Missbilligung bereits dort angelegt sein.

Im Zusammenhang mit den Ausführungen zum Schuldspruch als Sprechakt wurde gezeigt[454], dass mit dem Schuldausspruch nicht nur eine öffentliche und verbindliche Feststellung des erfolgreichen Schuldnachweises verbunden ist, sondern auch gleichzeitig eine Handlung vollzogen wird. Dem Täter wird die Schuld an dem begangenen Unrecht zugeschrieben und dies nicht als Selbstzweck, sondern mit der Intention, dem Täter klarzumachen, dass er die Verantwortung zu tragen hat. Dennoch besagt die Urteilsformel nicht: „Der Angeklagte hat den begangenen Diebstahl zu verantworten." Der missbilligende Gehalt des Ausdrucks „ist schuldig" bedeutet mehr als die Zuschreibung von Verantwortung. Er enthält zum einen die moralische Verurteilung des begangenen Normverstoßes, die bereits im Strafgesetzbuch angelegt ist, und zum anderen die moralische Verurteilung des dem Opfer zugefügten Leids.

2. Schuldspruch und materielle Schuld

Die Beschreibung des Schuldspruchs als Vorwurf legt nahe, einen Zusammenhang mit dem materiellen Schuldbegriff zu vermuten. Dies zunächst, weil eine Verknüpfung zwischen der materiellen Schuldfeststellung und dem „Schuldig-Sprechen" im Urteilstenor bereits auf den ersten Blick nahe liegend erscheint. Bei näherer Betrachtung fällt

453 *Volk*, ZStW 83, S. 405 (430).
454 Vgl. oben 1. Teil, 2. Kapitel.

weiter auf, dass die Diskussion um den materiellen Schuldbegriff seit Jahrzehnten von der herrschenden Meinung zugunsten einer normativen Definition der Schuld als Vorwerfbarkeit entschieden wurde.[455]

Das Verhältnis zwischen materiellem und sogenanntem prozessualen Schuldbegriff, der die Formulierung im Urteilstenor meint „der Angeklagte ist schuldig" wurde bereits im Zusammenhang mit der Feststellungsfunktion des Schuldspruchs angesprochen.[456] Die scheinbar klare Unterscheidung zwischen beiden Schuldbegriffen bildet den Ausgangspunkt für die nachfolgenden Überlegungen. Dass der prozessuale Schuldbegriff für die Diskussion um den materiellen Begriff nicht fruchtbar gemacht werden könne, scheint einhellige Meinung in der Strafrechtswissenschaft zu sein[457]; das umgekehrte Verhältnis wurde hingegen nicht untersucht. Als zu selbstverständlich scheint wohl auch die umgekehrte Geltung angenommen worden zu sein. Ob der Vorwurfscharakter des Schuldspruchs auf den normativen Schuldbegriff zurückgeht oder die Vorwurfsfunktion vielmehr autonom und dann wohl prozessual herzuleiten ist, gilt es im Folgenden zu untersuchen.

a) Schuld als Vorwerfbarkeit – Der normative Schuldbegriff

Hand in Hand mit der Einführung eines dreigliedrigen Deliktaufbaus am Ende des 19. Jahrhunderts[458] ging das Bemühen, den Verbrechensaufbau neben der Tatbestandsmäßigkeit und der Rechtswidrigkeit um eine rein subjektive Stufe zu erweitern. Im Mittelpunkt der Schuldfrage stand die psychische Beziehung des Täters zu der Tat.[459] Eine Antwort darauf sollte allein die Vorsatz- bzw. Fahrlässigkeitsprüfung geben. Weitere Anforderungen wurden an

455 Dazu näher im folgenden Abschnitt.

456 Vgl. oben 3. Teil, 1. Kapitel.

457 Ausdrücklich *Achenbach*, der es als gesicherte Erkenntnis bezeichnete, „dass die 'Schuldfrage' im Sinne des § 263 StPO als ein spezifisch prozessuales Rechtsinstitut nicht zur Bestimmung des materiellrechtlichen Schuldbegriffs herangezogen werden kann." *Ders.*, Grundlagen, S. 1, 103. Anders nur *Frank*, auf den auch *Achenbach* verweist, der den Schuldbegriff des § 262 RStPO (nun § 263 StPO) für die Diskussion um den Aufbau des materiellen Schuldbegriffs nutzbar machen möchte, *Frank*, Aufbau des Schuldbegriffs, S. 525.

458 Dazu *Beling*, Lehre vom Verbrechen (1906).

459 *Beling*, Lehre vom Verbrechen, S. 10 ff.

die schuldhafte Handlung nicht gestellt.[460] Die sich umgehend bildenden Gegenmeinungen stellten ihre normativierenden Ansätze diesem als psychologisch bezeichnetet Schuldbegriff gegenüber und forderten neben Vorsatz bzw. Fahrlässigkeit auch eine Bewertung der Beziehung des Täters zu seiner Tat.[461] In dem Bemühen, alle Bestandteile des materiellen Schuldbegriffs in einem Ausdruck zusammenzufassen, prägte erstmals *Frank* im Jahre 1907 den Begriff der Vorwerfbarkeit[462] und meint damit sowohl, dass der Täter zurechnungsfähig war, als auch, dass er vorsätzlich oder fahrlässig und unter „normalen" Umständen gehandelt hat.[463]

Der normative Schuldbegriff als Ausprägung der strafrechtsdogmatischen Strafbegründungsschuld, also der Deliktskategorie, die sich im Verbrechensaufbau der Unrechtsprüfung anschließt, versteht Schuld als Vorwerfbarkeit. In dieser Definition wird der seinerzeit sich vollziehende Wandel von einem psychologischen zu einem normativen Schuldbegriff greifbar. Ungeachtet aller Weiterentwicklungen des materiellen Gehalts des normativen Schuldbegriffs[464] bleibt dieses Verständnis von Schuld bis heute herrschende Meinung in Strafrechtswissenschaft[465] und Rechtsprechung[466] und ist grob mit einem „Dafür-Können"[467] des Täters zu definieren. Die inhaltliche Ausgestaltung der Vorwerfbarkeit, das heißt die Frage, worauf sich die Vorwerfbarkeit ihrerseits gründet, ist hingegen das Problem des materiellen Schuldbegriffs und wird als solches kontrovers diskutiert.

---

460 *Stratenwerth*, Strafrecht AT 1, § 10, Rn. 2.

461 *Stratenwerth*, Strafrecht AT 1, § 10, Rn. 3. Ausführlich zu dieser Entwicklung *Achenbach*, Grundlagen, S. 50 ff.

462 *Frank*, Aufbau des Schuldbegriffs, S. 529. Im Anschluss grundlegend GrSenBGHSt 2, 200.

463 *Frank*, Aufbau des Schuldbegriffs, S. 530. *Achenbach* weist nach, dass die Elemente des Schuldbegriffs bei *Frank* noch mehrmals geändert wurden, *Achenbach*, Grundlagen, S. 99 f.

464 Hervorstechend die Abkehr von der kausalen zugunsten der finalen Handlungslehre; zur Entwicklung des normativen Schuldbegriffs in der Strafrechtswissenschaft *Achenbach*, Grundlagen, S. 105 ff.

465 Für viele *Arth. Kaufmann*, Schuldprinzip, S. 149; *Stratenwerth*, Stufen des Verbrechensaufbaus, S. 261; *Maurach/Zipf*, Strafrecht AT 1, § 30 Rn. 7 f. Kritisch *Ellscheid/Hassemer*, Strafe ohne Vorwurf, S. 261.

466 Erstmals BGHSt 2, 194 (200).

467 Vgl. *Jakobs*, Strafrecht AT, S. 475.

b) Das Verhältnis zwischen normativem Schuldbegriff und Schuldspruch

Der Täter ist schuldig oder exakter: Der Täter hat tatbestandsmäßig, rechtswidrig und schuldhaft gehandelt. Daraus folgt, dass die Tat ihm vorgeworfen werden kann. Doch worin liegt der strafrechtliche Vorwurf? Es liegt nahe zu vermuten, dass sich der expressive Akt des Schuldspruchs, dem per se die Funktion eines Vorwurfs zuzuschreiben ist, auf die materiell-rechtliche Vorwerfbarkeit gründet. Vermag bereits die normative Schuldfeststellung hingegen selbst einen Vorwurf zu formulieren, der mit der sich aus den materiell-rechtlichen Schuldelementen ergebenden Vorwerfbarkeit korrespondiert, müsste sich die Vorwurfsfunktion des Schuldspruchs unabhängig, das heißt auf anderem Wege als über den materiellen Schuldbegriff, begründen lassen.

Für die letzte These sprechen zunächst die Untersuchungen, die zwischen Vorwerfbarkeit und Vorwurf im Zusammenhang mit der Strafbegründungsschuld nicht unterscheiden. In diesem Sinne bezeichnen etwa *Maurach/Zipf* Schuld als Vorwerfbarkeit und zugleich als Vorwurf.[468] Die Unsicherheit hinsichtlich der Begriffe wird anhand der Ausführungen *Tiemeyers*[469] zum normativen Schuldbegriff deutlich. So führt dieser aus, die normative Schuldfeststellung enthalte ein Schuldurteil, das seinerseits wieder ein Werturteil über die individuelle psychologische Situation des Täters enthalte.[470] Soweit bezieht sich der Verfasser noch deutlich auf den materiellen Gehalt des normativen Schuldbegriffs. Doch nimmt er weiter an, der Vorwurf sei ein wesentlicher Kern des Schuldtatbestandes und stelle ein zusätzliches oder *„qualifiziertes Unwerturteil“* dar, das aufgrund seiner moralischen Färbung bei den üblichen Unwerturteilen nicht anzutreffen sei.[471] Mit Bezug auf die einschlägige Rechtsprechung des *Bundesgerichtshofes* sieht er den Inhalt des qualifizierten Unwerturteils in der Vorhaltung, der Täter hätte anders, respektive besser, handeln können.[472] *Tiemeyer* spaltet demnach die materielle Schuld in zwei Unwerturteile auf:

468 *Maurach/Zipf*, Strafrecht AT 1, § 30, Rn. 7 und 12 ff. In diesem Sinne wohl auch *Roxin*, FS-Henkel, S. 171 (172)
469 *Tiemeyer*, GA 1986, S. 203.
470 *Tiemeyer*, GA 1986, S. 203 (204).
471 *Tiemeyer*, GA 1986, S. 203 (204).
472 *Tiemeyer*, GA 1986, S. 203 (204) unter Bezugnahme auf BGHSt 2, 194 (200).

das über die Pflichtwidrigkeit des Täterverhaltens und das in Form eines moralischen Vorwurfs. Letzteres sei der *„wesentliche Kern des Schuldtatbestandes"*.[473]

Die Verwendung der Begriffe „Schuldvorwurf" und „Schuldurteil" bereits im Zusammenhang mit der materiellen Schuld ist vor dem Hintergrund der Lehre vom normativen Schuldbegriff zu sehen. Es steht zu vermuten, dass diese Bezeichnungen der Schuld keinerlei prozessualen Bezug aufweisen, sondern vielmehr die Besonderheit des wertenden Schuldbegriffs, der gerade von einer schlicht subjektiven Zurechnung abweichen wollte, hervorheben sollten.[474] Die materielle Schuldfeststellung wird dann als Schuldurteil bezeichnet, wenn ihr der normative Schuldbegriff zugrunde gelegt wird. In diesem Fall ist die Schuldfeststellung mehr als die Feststellung subjektiver Zurechenbarkeit, nämlich eben auch eine Bewertung.

Der Grund für die arglos anmutende Verwendung eines prozessualen Begriffs wie dem des Schuldurteils oder einer expressiven Bezeichnung wie dem des Vorwurfs im Zusammenhang mit der materiellen Schuldprüfung liegt wohl schlicht darin, dass der prozessuale Kontext, dem der Begriff des Schuldurteils entnommen ist, vernachlässigt wird. Einzig die Betonung des wertenden Gehalts vor dem Hintergrund der Lehre vom Indeterminismus haben die Verfasser vor Augen, wenn sie bereits die Feststellung, dass alle materiellen Voraussetzungen für ein schuldhaftes Handeln des Täters vorliegen, als Schuldurteil oder als Schuldvorwurf bezeichnen. In diesem Sinne ist auch *Mangakis* zu verstehen, der in seiner Abhandlung über die Strafrechtsschuld die von ihm als herrschend bezeichnete Auffassung, die strafrechtliche Schuld müsse als Vorwurf aufgefasst werden, mit der Lehre des Indeterminismus begründet. Ein Vorwurf sei hingegen ausgeschlossen und ein schlichtes *„sozial-vergleichendes Unwerturteil"* statt seiner anzunehmen, folge man der Lehre des De-

473 *Tiemeyer*, GA 1986, S. 203 (204).

474 In diesem Sinne stellt *Kaufmann* fest, dass Schuld lediglich als das über das Täterverhalten gefällte Schuldurteil aufgefasst werde, *Arth. Kaufmann*, Schuldprinzip, S. 71. Deutlich auch *Roxin*, der die vorzunehmende Bewertung in der materiellen Schuldprüfung nicht nur als eine Frage des „Ob" der Erhebung eines Schuldvorwurfs, sondern auch *selbst* als Urteil darüber sieht, ob der Täter für sein Verhalten verantwortlich zu machen ist, *ders.*, Strafrecht AT 1, § 19, Rn. 15. Vgl. auch *Baumann/Weber/Mitsch*, Strafrecht AT, § 18, Rn. 27.

terminismus.[475] Der klassische Schulenstreit sei hier dahingestellt, für den Fortgang der Arbeit bleibt anzuerkennen, dass es Arbeiten, die den materiellen Schuldbegriff fokussieren, unbenommen sein muss, in ihrem Bezugsrahmen von einem Schuldvorwurf zu sprechen. Damit ist aber etwas anderes gemeint als der Vorwurf in Gestalt des Schuldspruchs. Wird die materielle Schuldprüfung unter Zugrundelegung eines normativen Schuldbegriffs vorgenommen, so gelingt es ihr festzustellen, dass der Angeklagte „etwas für die Tat und ihre Folgen kann".[476] Dieses „Dafür-Können" und die damit verbundene Zurechnung bildet eine Stufe in der Strafbarkeitsprüfung und ist gleichzeitig die Voraussetzung für Missbilligung durch den Schuldspruch. Der Vorwurf im Schuldspruch selbst ist hingegen ein öffentlicher, expressiver Sprechakt. Er transportiert den materiellen Aussagegehalt, das Vorzuwerfende[477]. Die dogmatisch strenge Unterscheidung zwischen materiellem und prozessualem Schuldbegriff kann nicht darüber hinweg täuschen, dass hier Zusammenhänge bestehen. Ohne Schuldspruch ist kein Schuldvorwurf möglich.

Die materielle Schuld im Sinne des Verschuldens des Täters kann und muss Grund[478], Voraussetzung und auch Berechtigung[479] für den Schuldvorwurf sein, das heißt Vorwerfbarkeit statuieren.[480] Sie kann aber nicht der Vorwurf selbst sein, dieser wird erst durch den Schuldspruch als kommunikativer Akt erhoben.[481] Der öffentliche

475 *Mangakis*, ZStW 75, S. 504 ff. mit weiteren Nachweisen.

476 Vgl. *Arth. Kaufmann*, Schuldprinzip, S. 149.

477 *Kaufmann*, Schuldprinzip, S. 179.

478 *Kaufmann*, Schuldprinzip, S. 149; *Ellscheid/Hassemer*, Strafe ohne Vorwurf, S. 270; *Otto*, GA 1981, S. 481 (484 ff.). A. A. *Blei*: *„[...] Schuld als 'Vorwerfbarkeit' bedeutet sachlich dasselbe wie 'Vorwurf' "*, *ders.*, Strafrecht I, S. 173.

479 *Hirsch*, ZStW 106, S. 746 (749).

480 Dazu etwa *Baumann/Weber/Mitsch*, Strafrecht AT, § 18, Rn. 13; *Lampe*, FS-Baumann, S. 21 (26).

481 In diesem Sinne auch *Ellscheid/Hassemer*, die anerkennen, dass der Urteilsspruch einen Vorwurf bzw. einen Tadel gegenüber dem Täter enthalte, *dies.*, Strafe ohne Vorwurf, S. 270, 272, 279. Diese Zuschreibung als Ausgangspunkt nehmend, zeigen die *Verfasser* kritisch auf, welche dogmatischen, ideologischen und systematischen Probleme sich für die Strafe ergeben, wenn man an einem vorwerfenden, tadelnden Strafurteil in Form des Schuldspruchs festhalte. (*„Dabei hat es sich ergeben, dass es gerade der Tadel des Strafurteils gegenüber dem Verurteilten ist, der das Strafrecht in Sackgassen führt [...]"*, S. 272 f.) Statt des Schuldspruchs schlagen die Verfasser in Abkehr von dem geltenden Schuldprinzip vor, die Strafe nicht auf Schuld, sondern auf rational begründbare, verhältnismäßige Haftungsregeln zu gründen. In seinem Lehrbuch spricht *Hasse-*

Schuldausspruch „*schließt einen Schuldvorwurf gegen den Verurteilten in sich ein.*"[482]

In diesem Sinne hat auch *Stratenwerth* darauf hingewiesen, dass sich Schuld nicht aus der Vorwerfbarkeit ergebe, sondern einem Täter nur dann ein Vorwurf gemacht werden könne, wenn und weil er schuldig sei.[483] Die materielle Schuld kann mithin nicht als Vorwerfbarkeit und schon gar nicht als Vorwurf bezeichnet werden.[484] Sie nennt vielmehr die Voraussetzungen für das Vorliegen einer schuldhaften Tat. Ob ein Täter tatsächlich schuldig ist, wird erst durch die gerichtliche Abstimmung über die Schuldfrage nach § 263 StPO entschieden und durch den Schuldspruch nach § 261 Abs. 4 S. 1 StPO verkündet. Mit dem Ausspruch „Der Angeklagte ist schuldig" stellt der Schuldspruch u. a. die schuldhafte Tatbegehung fest und vollzieht diese Zuschreibung gleichzeitig mit dem Vorwurf des „Schuldig-Seins".

Unterstützung findet dieses Verständnis aus prozessrechtlicher Sicht. Gegen den Vorwurf als Feststellung eines materiell-rechtlichen Verschuldens spricht, dass dessen Erhebung vor Schuldspruchreife gegen die Unschuldsvermutung verstößt und folglich unzulässig ist.[485] Sogar die schlichte Schuldfeststellung, die weniger weit geht als ein Schuldvorwurf, ist vor Schuldspruchreife nicht zulässig. Rein prozessual gesehen ist eine Vorwurferhebung damit nur im Rahmen des Schuldspruchs möglich.

3. Die Vorwurfsfunktion des Schuldspruchs und das Missbilligungselement der Strafe – eine Gegenüberstellung

Nicht nur dem Schuldspruch, auch der Strafe wird zugeschrieben, einen Vorwurfscharakter[486] aufzuweisen, das heißt Tadel[487],

---

mer davon, den Schuldvorwurf zu erheben und ihn durch die Rechtskraftwirkung und die Eintragung in das Bundeszentralregister „*zu zementieren*", *ders.*, Einführung, S. 239.

482 *Kaufmann*, Dogmatische und kriminalpolitische Aspekte, S. 69.

483 So *Stratenwerth*, Schuld und Sühne, S. 337 (338).

484 Sch/Sch-*Lenckner*, Vorbem. §§ 13 ff., Rn. 114.

485 BVerfGE 74, 358 (370 f.); 82, 106 (114 ff.).

486 BVerfGE 20, 323 (331); 95, 96 (140).

487 *Freund*, Strafrecht AT, § 1, Rn. 21.

Missbilligung[488] oder ein sozial-ethisches Unwerturteil[489] zu enthalten.[490] Diese normativen Komponenten treten neben jenen Bestandteil, der vielerorts und unbestritten als konstituierend für Strafe anerkannt wird, der Übelszufügung.[491] Damit tritt das Abgrenzungsproblem offen zu Tage: In welchem Verhältnis steht das normative Element des Schuldspruchs zu dem der Strafe?

Um die Vorwurfsfunktion des Schuldspruchs vollständig erarbeiten zu können und damit ein weiteres Indiz für eine selbstständige rechtliche Bedeutung des Schuldspruchs aufzuzeigen, muss geklärt werden, wie die beiden Ansätze einerseits dem Schuldspruch, andererseits der Strafe zuzuschreiben, ein sozial-ethisches Unwerturteil zu enthalten, sich zueinander verhalten. Unproblematisch wäre das Verhältnis, wenn die Zuschreibungen inhaltlich nicht übereinstimmten. In diesem Fall bedürfte es keiner Abgrenzung zum Strafbegriff, da die Vorwurfsfunktion des Schuldspruchs sowie das normative Element der Strafe unabhängig nebeneinander bestehen könnten. Stimmen die dargestellten Ansätze in ihrem Aussagegehalt überein, ist zu untersuchen, ob das vorwerfende Element konstitutiv für den Schuldspruch oder die Strafe ist.

a) Die inhaltliche Ausgestaltung der Zuschreibungen

Die aufgezeigten Übereinstimmungen bei der Darstellung des normativen Gehalts des Schuldspruchs einerseits, der Strafe andererseits las-

---

488 *Lenckner*, Strafe, Schuld und Schuldfähigkeit, S. 3 (23 ff.); *Otto*, Grundkurs, Rn. 8; *Jescheck/Weigend*, Lehrbuch des Strafrechts AT, S. 50; *Jescheck*, ZStW 80, S. 54 (59); *Noll*, Begründung, S. 3 und S. 17 mit weiteren Nachweisen in Fußnote 37.

489 Für viele BVerfGE 82, 106 (119); BGH NStZ 2000, 330 (331). Grundlegend *Arth. Kaufmann*, Schuldprinzip, S. 127 ff., 174 ff., 201 ff.; *Kühl*, Unschuldsvermutung, S. 13 ff.

490 Vgl. *Ellscheid/Hassemer*, Strafe ohne Vorwurf, S. 267. Ausführlich zur Verbindung von Strafe und Tadel *Hörnle/von Hirsch*, GA 1995, S. 265; *Hörnle*, Tatproportionale Strafzumessung, S. 114.

491 BVerfGE 9, 137 (144 f.); 22, 125 (132): *„Jede Kriminalstrafe ist ihrem Wesen nach Vergeltung durch Zufügung des Strafübels"*. *Naucke*, Strafrecht, S. 29. Kritisch *Noll*, der den repressiven Charakter der Strafe bereits allein in deren missbilligenden Wirkung sieht. Strafe müsse nicht notwendig ein Übel sein, jedenfalls sei Strafe jedoch *„ausdrückliche und öffentliche Missbilligung des Rechtsbruchs und des Rechtsbrechers und damit Manifestation des Rechts."*, *ders.*, Begründung, S. 17 ff.

sen auf den ersten Blick den Schluss zu, beide Institute verfügten jeweils selbstständig über einen missbilligenden oder tadelnden Gehalt. Anhaltspunkte für unterschiedliche Aussagegehalte oder andere Differenzierungen im Rahmen der einschlägigen Zuschreibungen sind kaum auszumachen. In ihrem abstrakten Bedeutungsgehalt können die verwendeten Begriffe als identisch betrachtet werden. Und auch im konkreten Sachbezug stimmen sie weitgehend überein. Es scheint Einigkeit darüber zu bestehen, dass der Vorwurf die Auflehnung des Täters gegen die Rechtsordnung[492] zum Gegenstand hat. Welches Institut diese Aufgabe wahrnimmt, bleibt dabei unerwähnt. Für sein Fehlverhalten soll der Täter getadelt werden. Seine Handlungsweise wird öffentlich missbilligt. Mag auch noch zu untersuchen sein, in welchem Verhältnis die gleichlautenden Zuschreibungen zueinander stehen, kann doch davon ausgegangen werden, dass sie sich inhaltlich insoweit decken, dass eine selbstständige Vorwurfsfunktion beider in Rede stehender Institute ausgeschlossen werden kann.

b) Die Vorwurfsfunktion des Schuldspruchs als konstitutives Element der Strafe?

Wie missverständlich und mehrdeutig die Begriffe Vorwurf, Tadel und Missbilligung[493] im Zusammenhang mit Schuldspruch und Strafe verwendet werden, zeigt sich besonders deutlich in der Auseinandersetzung des *Bundesverfassungsgerichts* mit der normativen Komponente der Strafe, die in der Regel als *„sozial-ethisches Unwerturteil"* bezeichnet wird.[494] Die bisher dort ergangenen Ausführungen zu dieser Problemstellung sollen aufgrund ihrer Leitfunktion als Grundlage und Maßstab der Untersuchung dienen.

Insbesondere im Kontext der Frage, wann eine Maßnahme Strafe ist, präzisiert das Gericht die Elemente einer Verurteilung und stellt da-

492 In Anlehnung an BVerfGE 43, 101 (105).

493 Vielfach werden Versäumnisse bezüglich der notwendigen Differenzierung zwischen Schuldspruch und Strafe auch in der Literatur am Merkmal der sozial-ethischen Missbilligung deutlich, vgl. etwa *Schmidhäuser*, FS-Eb. Schmidt, S. 511 (522). Unscharf auch *Noll*, der zunächst feststellt, als Repression sei Strafe ausdrückliche und öffentliche Missbilligung und sodann darauf verweist, die repressive Funktion der Strafe werde durch die im Strafurteil enthaltene Missbilligung erfüllt, *ders.*, Begründung, S. 23.

494 Vgl. Nachweise oben Fn. 489.

bei neben der spezifischen Nachteilszufügung auf die vorangegangene Schuldfeststellung im Rahmen des Schuldspruchs ab.[495] So gehöre es zum Wesen der Kriminalstrafe, dass sie notwendig mit einem Unwerturteil, dem Vorwurf einer Auflehnung gegen die Rechtsordnung[496] und der Feststellung der Berechtigung dieses Vorwurfs verbunden sei.[497]

Es ist die Aufgabe des Schuldspruchs, die Berechtigung eines Vorwurfs festzustellen.[498] Insofern meint die Aussage des *Bundesverfassungsgerichtes*, das Wesen der Strafe sei mit eben dieser Feststellung verbunden, nichts anderes, als dass der Schuldspruch eine verfassungsrechtliche Voraussetzung für Kriminalstrafe ist. Diese Erkenntnis steht hier auch nicht in Frage.[499] Ferner sieht das Gericht innerhalb der zitierten Urteilsbegründungen auch die beiden übrigen Elemente, Unwerturteil und Vorwurf, als mit der Strafe *„verbunden"* an.[500] Diese Formulierung legt einerseits nahe, dass es sich hierbei um originär verschiedene Elemente handelt, die in einem bestimmten Kontext zusammengeführt werden sollen, andererseits erscheint es wenig überzeugend anzunehmen, das Gericht wolle das Wesen der Strafe anhand dreier ihm originär nicht zugehöriger Elemente bestimmen. Der *Senat* trifft damit keine verbindliche Aussage darüber, ob Vorwurf und Unwerturteil durch die Strafe oder durch den Schuldspruch ausgesprochen werden. Die zitierten Urteilsstellen implizieren den Grundsatz, dass Strafe nur dann mit dem Rechtsstaatsprinzip vereinbar ist, wenn ihr ein Schuldspruch vorangegangen ist, und weiter, dass das Unwerturteil als Komponente der Strafe diese gerade von anderen staatlichen Maßnahmen abgrenzbar macht. Nach diesem

495 BVerfGE 74, 358 (375 ff.); 82, 106 (117). Hierzu ebenfalls *Appel*, Verfassung und Strafe, S. 154.

496 Auch als ethischer Schuldvorwurf bezeichnet, vgl. BVerfGE 22, 49 (79); 27, 36 (40); 45, 272 (288).

497 BVerfGE 27, 18 (33); 43, 101 (105).

498 Vgl. dazu oben die Ausführungen zur Feststellungsfunktion des Schuldspruchs, 3. Teil. 1. Kapitel.

499 Vielmehr wurde der Schuldspruch als verfassungsrechtliche Anforderung an die Strafe bereits im Rahmen des Abschnitts über die Feststellungsfunktion erörtert.

500 BVerfGE 22, 49 (80); 27, 18 (33); zur Erzwingungshaft nach § 96 OWiG, die *„nicht mit einem ehrenrührigen, autoritativen Unwerturteil über eine Verhaltensweise des Betroffene, dem Vorwurf einer Auflehnung gegen die Rechtsordnung und der Feststellung der Berechtigung dieses Vorwurfs verbunden, wie es Kennzeichen einer Kriminalstrafe ist."*, vgl. BVerfGE 43, 101 (105).

Verständnis ist der Schuldspruch nicht nur Bedingung für verfassungsgemäße Strafe, sondern darüber hinaus und zugleich bereits konstitutiv für Strafe. Nur so erscheint es nicht widersprüchlich, wenn das *Bundesverfassungsgericht* an einer Stelle bestätigt, dass mit der Strafe dem Täter ein rechtswidriges sozialethisches Fehlverhalten vorgeworfen werde[501] und zugleich andernorts mit gleicher Klarheit entscheidet, dass das Unwerturteil bereits mit dem strafrechtlichen Schuldspruch ergehe.[502] Den Schuldspruch als das der Strafe innewohnende Unwerturteil zu „entlarven", ihn also als konstitutives Element und gleichzeitig als Legitimationsgrundlage zu begreifen, enthält zugleich einen zirkulären Schluss.[503] Der Schuldspruch kann nicht einerseits taugliches Kriterium sein, verfassungswidrig von verfassungsgemäß zustande gekommener Strafe abzugrenzen, und andererseits ein Bestandteil der Strafe sein. Diese Konstruktion, die dem Schuldspruch keine von der Strafe unabhängige, normative Position zuerkennt, sondern ihn dem Strafbegriff subsumiert, soll im Folgenden auf ihre Schlüssigkeit überprüft werden.

Herausgegriffen wird dafür die bereits zitierte Entscheidung des *Bundesverfassungsgerichts* aus dem Jahre 1990, in der mit seltener Ausdrücklichkeit ein der Strafe innewohnendes Unwerturteil attestiert wird.[504] Entgegen der gängigen höchstrichterlichen Praxis, die sich dadurch auszeichnet, dass regelmäßig nur von „Verurteilung" gesprochen wird und damit eine genauere Differenzierung nach Schuldspruch und Strafe vermieden wird[505], schloss der 2. *Senat*

---

501 BVerfG, 2 BvR 2560/95 vom 7.4.1998, Absatz Nr. 42; BVerfGE 95, 96 (140).

502 BVerfG, 1 BvR 256/97 vom 27.4.2000, Absatz 4.

503 Diesen Zirkelschluss wies bereits *Appel* nach, *ders.*, Verfassung und Strafe, S. 224, 499 ff.

504 BVerfGE 82, 106. Die Formulierung, der Strafe wohne ein sozialethisches Unwerturteil inne, findet sich außer in der genannten Entscheidung noch in BVerfG NStZ-RR 1996, 45 f. Dort zitiert der 2. *Senat* jedoch lediglich die genannte Stelle aus dem im Jahre 1990 gefällten Urteil und verweist im übrigen auf die eben dort geführte Argumentation. Auch in der jüngeren Entscheidung war zu klären, ob der Versagung eines Auslagenersatzes Strafcharakter zukomme. Mangels eigener Ausführungen, kann die Untersuchung sich im Folgenden auf das ausführlichere Urteil aus dem Jahre 1990 beziehen. Ferner hält das *Bundesverfassungsgericht* im Jahre 1959 fest, mit der Strafe werde ein Unwerturteil über Tat und Täter ausgesprochen, BVerfGE 9, 137 (145).

505 Die in ständiger Rechtsprechung wiederholte Formel des *Bundesverfassungsgericht* lautet *„Jede strafgerichtliche Verurteilung enthält ein sozial-ethisches Unwerturteil, das den in der Menschenwürde wurzelnden Wert- und Achtungsanspruch des*

in der genannten Entscheidung[506] den Schuldspruch als Träger des Unwerturteils nach dem Wortlaut eindeutig aus.

Das *Bundesverfassungsgericht* hatte dort über die Frage zu befinden, ob es sich bei der Versagung eines staatlichen Auslagenersatzes nach § 467 Abs. 4 StPO im Anschluss an eine Verfahrenseinstellung wegen Geringfügigkeit gemäß § 153 StPO um eine Strafe handelt. Der erkennende 2. *Senat* machte seine Entscheidung davon abhängig, ob der in Rede stehenden Maßnahme, der Versagung des Auslagenersatzes durch die Staatskasse, eine Schuldfeststellung vorausging. Ein förmlicher Schuldspruch erging in diesem Fall denknotwendig nicht, es handelte sich schließlich um eine Einstellung des Verfahrens durch die Staatsanwaltschaft nach § 153 Abs. 2 StPO. Zum Vergleich wurden ferner Fälle herangezogen, in denen einzig mit dem Verweis auf den zuvor ergangenen förmlichen Schuldspruch der Strafcharakter einer gerichtlichen Maßnahme, etwa die Auferlegung von Verfahrenskosten, respektive die Auferlegung der Auslagen des Privatklägers zu Lasten des Verurteilten, angenommen wurde.[507]

Die diesen Maßnahmen zugrunde liegenden Eingriffe sind qualitativ in allen genannten Fällen vergleichbar. Der Ersatz von Auslagen, von Gerichtskosten des Privatklageverfahrens, aber auch von notwendigen Auslagen des Privatklägers, stellen allesamt eine finanzielle Belastung für den Verurteilten dar und müssen aufgrund ihres ähnlichen Eingriffsgehalts in dogmatischer Hinsicht gleich beurteilt wer-

---

Verurteilten berührt" und lässt offen, ob der Begriff der Verurteilung die Strafe mit einschließt, vgl. etwa BVerfGE 96, 245 (249); 101, 275; BVerfGE 22, 49, (79: *„Nur die Kriminalstrafe ist echte Strafe. Nur sie ist mit einem ethischen Schuldvorwurf verbunden.*); ebenso in BVerfGE 45, 272 (288); 95, 96 (140: *„Mit der Strafe wird dem Täter ein rechtswidriges sozialethisches Fehlverhalten vorgeworfen."*); BVerfGE 2 BvR 1533/94 vom 7.12.1999. Vgl. insbesondere BVerfGE 96, 10 (25), dort sah das Gericht *„das sozialethische Unwerturteil durch Androhung, Verhängung und Vollziehung von Strafe" zum Ausdruck kommen.*

506 BVerfGE 82, 106. Gegenteilig BVerfGE 96, 245 (249): *„[...] kommt es deshalb in erster Linie auf das im Schuldspruch konkretisierte sozial-ethische Unwerturteil über Tat und Täter an."*

507 BVerfGE 82, 106 (119) unter Bezugnahme auf BVerfGE 74, 358 (375 f.) und EuGH EuGRZ 1983, 475 ff. (Fall Minelli). In diesem Sinne entschied das *Bundesverfassungsgericht* auch im Falle der Verhängung einer gebührenpflichtigen Verwarnung und stellte folgendes fest *„Die gebührenpflichtige Verwarnung enthält auch keinen Schuldvorwurf. Sie kann deshalb in ihrer Auswirkung auf den Betroffenen jedenfalls nicht als Kriminalstrafe angesehen werden."* Vgl. BVerfGE 22, 125 (132).

den. Ob die konkreten Maßnahmen als Strafen anzuerkennen sind, wurde jedoch nicht am Maßstab ihrer materiellen Wirkung überprüft. Allein vom Vorliegen eines Schuldspruchs machten die Gerichte die Entscheidung abhängig, ob von einem Strafcharakter auszugehen ist.

Wenn der 2. *Senat* nun seine Entscheidungsbegründung aus dem Jahre 1990 damit beschließt festzustellen, dass die Versagung des Auslagenersatzes im Unterschied zu den Maßnahmen in den genannten Vergleichsfällen *keine* Strafe sei, weil das der Strafe innewohnende sozial-ethische Unwerturteil nicht vorliege[508], kann damit vor dem Hintergrund der bisherigen Rechtsprechung entgegen dem Wortlaut nur der fehlende Schuldspruch gemeint sein.[509] Hinsichtlich ihres belastenden Gehalts gleichen sich die dem Angeklagten in den genannten Entscheidungen auferlegten Verpflichtungen in einem Maße, das eine unterschiedliche Beantwortung der Frage, ob diese Verpflichtungen Strafe sind, nicht zu begründen vermag.[510] Die abweichende Beurteilung, die auf das fehlende sozial-ethische Unwerturteil abstellt, kann sich nicht auf den belastenden Gehalt der auferlegten finanziellen Verpflichtungen beziehen. Nicht der Versagung des Auslagenersatzes fehlt der Charakter eines Unwerturteils, der für die Strafe konstitutiv sein soll, sondern das Unwerturteil, ausgesprochen im Schuldspruch, fehlt im Fall der konkreten Verfahrenseinstellungen. So kann die gerichtliche Entscheidung, dass der Angeklagte die Kosten des Verfahrens zu tragen hat, eine Sanktion darstellen, die hinsichtlich des darin enthaltenen Übels für den Betroffenen einer im Rahmen der strafgerichtlichen Verurteilung verhängten Geldstrafe nicht nachsteht. Zugleich kann eine verhängte Geldstrafe, denkt man sich

---

508 BVerfGE 82, 106 (119). Vormals bereits mit gleicher Argumentation für die Verhängung eines Reuegeldes vgl. BVerfGE 9, 137 (145) – auch hier verwies das Gericht auf die Wesensverschiedenheit von Strafe und Reuegeld mit der Begründung, dem Reuegeld fehle das spezifische Unwerturteil. Im Anschluss an de Rechtsprechung des *Bundesverfassungsgerichts* auch BGH NStZ 2000, 330.

509 Ähnlich *Appel,* der dem *Bundesverfassungsgericht* vorhält, Strafwirkung, Schuldzuweisung und das sozial-ethische Unwerturteil der Sache nach in eins zu setzen. Folgerungen für den Schuldspruch zieht der Autor freilich nicht, hat er doch primär die Strafe im Blick, *Appel,* Verfassung und Strafe, S. 156, Fn. 453.

510 Dies gilt ebenfalls für die in BVerfGE 9, 137 in Rede stehende Verhängung eines Reugeldes. Auch dort anerkannte der *Senat* sowohl den Übelscharakter der Maßnahme als auch deren general- und spezialpräventives Potential. (a. a. O., S. 144 f.)

diese unabhängig von dem Schuldspruch, für sich allein kein sozialethisches Unwerturteil formulieren. Jedenfalls keines, das dann nicht auch durch die Auferlegung von Verfahrenskosten ausgedrückt werden könnte.

Aus diesem Grunde überzeugt auch die Entscheidung des *Bundesgerichtshofes* in einer ähnlich gelagerten Fallkonstellation nicht. Der 3. *Senat* entschied, die Versagung eines Auslagenersatzes nach § 467 Abs. 3 Nr. 2 StPO stelle keine Strafe oder strafähnliche Sanktion dar, weil ein sozial-ethisches Unwerturteil mit der Auferlegung der entstandenen Auslagen nicht verbunden sei.[511]

Vor dem Hintergrund der hier als Strafe anerkannten Maßnahmen erscheint es auch nur logisch, wenn der Versagung der Kostenübernahme zu Lasten der Allgemeinheit und zu Ungunsten des Angeklagten nicht grundsätzlich abgesprochen wird, Strafe sein zu können, sondern der Strafcharakter vielmehr von der öffentlichen Schuldfeststellung abhängig gemacht wird. Wäre jener Sachverhalt zur Schuldspruchreife gelangt, hätte der Versagung Strafcharakter gleichsam zuerkannt werden müssen; das entspricht nur der vorangegangenen Rechtsprechung des *Bundesverfassungsgerichts*. Ob eine Maßnahme Strafe ist, hängt also nicht davon ab, ob dieser Maßnahme an sich ein sozial-ehtisches Unwerturteil innewohnt, sondern beurteilt sich vielmehr zunächst nach der Eingriffsintensität zu Lasten des Verurteilten, also der Schwere der Sanktionswirkung. Diese Schwelle muss überschritten werden, bevor von einer Strafe im Sinne einer Übelszufügung gesprochen werden kann.

Ob die Weigerung des Gerichts, entstandene Auslagen eines ehemals Beschuldigten zu erstatten, diese Schwelle überschreitet, muss im Einzelfall geprüft werden, kann aber hier dahingestellt bleiben. Entscheidend ist allein, dass diese Maßnahme auch bei Überschreiten der Schwelle zur Anerkennung als Sanktion oder als Übel nur dann verfassungsgemäße Strafe ist, also ausnahmsweise erlaubte, staatliche Übelszufügung, wenn ihr ein ordnungsgemäßes Verfahren und ein öffentlicher Schuldausspruch vorangegangen ist. Alle Maßnahmen, die ein Gericht vor Verkündung des Schuldspruchs dem Beschuldigten auferlegt, seien es geringe Verfahrenskosten oder hohe Geldauflagen nach § 153a StPO, können aufgrund ihrer Eingriffsin-

511 BGH NStZ 2000, 330 (331) mit kritischer Anmerkung *Hilger*, a. a. O., S. 332.

tensität ein Übel darstellen, also Strafe im allgemeinen Wortsinn zum Nachteil des Beschuldigten sein. Verfassungsgemäße Strafe sind sie nicht, weil ihnen kein Schuldspruch vorausging.[512] Der Schuldgrundsatz stellt in diesem Sinne ein verfassungsrechtliches Korrektiv dar, ist aber für das tatsächliche Vorliegen einer Sanktion oder eines Übels schlechterdings nicht konstitutiv.

Diese Argumentation steht auch nicht im Widerspruch zu der in ständiger Rechtsprechung des *Bundesverfassungsgerichts* verwendeten Formel, die Unschuldsvermutung schütze den Beschuldigten vor Nachteilen, die Schuldspruch oder Strafe gleichkommen, denen aber kein prozessordnungsgemäßes Verfahren zur Schuldfeststellung vorausgegangen ist[513].

Damit bestätigt sich, was unter der Überschrift „Der Schuldspruch und die Rechtsfolgen – Konstellationen im materiellen Recht"[514] bereits dargestellt werden konnte. Schuldspruch und Strafe sind zwei in ihrem materiellen Gehalt selbstständige und voneinander unabhängige Institute. Daran vermag auch die Tatsache nichts zu ändern, dass der Schuldspruch als Legitimation für rechtsstaatliche Strafe dient. Um eine Maßnahme generell als Strafe auszuweisen, bedarf es nicht des Schuldspruchs. Dafür genügt bereits jedwede Übelszufügung. Insofern ist der Schuldspruch auch kein konstitutives Element der Strafe.[515] Vielmehr stehen sich der Schuldspruch als Vorwurf, Ausdruck der Missbilligung oder auch als Unwerturteil und dic Strafe als Übelszufügung originär autonom gegenüber.[516] Der akzessorische

512 So bereits *Appel*, Verfassung und Strafe, S. 499, Fn. 216.

513 Grundlegend BVerfGE 74, 358 (370 f.); BVerfGE 82, 106 (114 ff.).

514 Vgl. oben S. 37 ff.

515 So auch *Appel*, Verfassung und Strafe, S. 499, 538 f.

516 Vgl. Schöch im Zusammenhang mit dem Vorschlag einer Neugestaltung des § 60 StGB: „*[...] Damit wird das sozialethische Unwerturteil des Schuldspruchs verdeutlicht, der nach den strafprozessualen Vorschriften ohnehin im Urteilstenor zum Ausdruck zu bringen ist. [...]", ders.*, Gutachten C, 59. DJT, C 89. Nahestehend wohl auch *Krauß*, der betont, was (von der Schuld als sozialethischer Unwert) in die Strafe eingehe, sei nicht die sittliche Qualität des Vorwurfs, sondern die Schuld als Grundlage und Begründung staatlicher Reaktionen, *ders.*, FS-Schüler-Springorum, S. 459 (469). *Hörnle* vertritt – unter Verweis auf *Joel Feinberg*, The Expressive Function of Punishment, in: ders., Doing and Deserving, Princeton 1970, S. 97 ff. – die Auffassung, *„der Ausdruck von Missbilligung, oder in anderen Worten von Tadel, ist ein wesentliches Element der Kriminalstrafe."* Sie präzisiert im Fortgang, *„Missbilligung ist nicht primär als emotional geprägte Reaktion zu verstehen, sondern als Werturteil 'im Namen des Volkes', ge-*

Verbund, der allerdings, und dies sei noch einmal im Einklang mit der Position des Schuldspruchs im materiellen Recht betont, nur einseitig zwischen rechtsstaatlicher Strafe und Schuldspruch besteht, ist eine verfassungsrechtliche Sicherung[517] , aber nicht konstitutiver Natur.

Im Ansatz richtig, aber den Schuldspruch missachtend, sind die in der Literatur formulierten Auffassungen, nach denen Strafe sich durch das in ihr enthaltene Unwerturteil von anderen *„strafähnlichen Eingriffen"* unterscheide.[518] Ansatzpunkt für diese Überlegungen bildet in der Regel die Frage, ob und, wenn ja, welche zeitlich vor dem Schuldspruch ergriffenen Maßnahmen gegen den Grundsatz der Unschuldsvermutung als prozessuales Pendant zum Schuldprinzip verstoßen.[519] In diesem Kontext stellte etwa *Kühl* fest, die Strafähnlichkeit einer Maßnahme hänge nicht von der Art der Übelzufügung, sondern davon ab, ob sie ein der Strafe gleichartiges Unwerturteil enthalte.[520]

Auch der Darstellung *Appels*, wie das Element der sozial-ethischen Missbilligung im Kontext von Strafe und Schuldfeststellung einzubetten sei, muss entgegengetreten werden. Als *„prozessualen Aspekt"* der Strafe bezeichnet *Appel* unter Bezugnahme auf bundesverfassungsgerichtliche Rechtsprechung die Abhängigkeit des auszusprechenden Unwerturteils von einem besonderen Verfahren, in dessen Rahmen eben jene Missbilligung verbindlich getroffen werde.[521] Im Umgang mit Strafe, Unwerturteil und Schuldspruch verweist *Appel* auf den zirkulären Schluss des *Bundesverfassungsgerichtes*, der Schuldspruch sei sowohl konstitutiver Bestandteil der Strafe als auch Legitimationsgrundlage für diese. *Appel* versucht im Rahmen seiner Untersuchung die Missverständlichkeiten der höchstrichterlichen Rechtsprechung aufzulösen und unterscheidet strikt zwischen dem Schuldspruch als

nauer als Unwerturteil 'im Namen des Volkes'." Mit dem Verweis auf die ureigene Eingangsformel jedes Strafurteils nähert sich *Hörnle* dem Akt der öffentlichen Urteilsverkündung auf Sichtnähe, ohne eben diese als den eigentlichen kommunikativ-expressiven Akt, als das eigentliche Unwerturteil zu identifizieren; *dies.*, Tatproportionale Strafzumessung, S. 114.

517 *Appel*, Verfassung und Strafe, S. 500.

518 *Kühl*, Unschuldvermutung, S. 13 ff.; *Sax*, Grundsätze, S. 971; *Frister*, Schuldprinzip, S. 90 mit weiteren Nachweisen.

519 Dazu bereits oben im Zusammenhang mit der Feststellungsfunktion des Schuldspruchs, vgl. 3. Teil, 1. Kapitel, I.

520 *Kühl*, Unschuldsvermutung, S. 14 f.; dazu auch *Frister*, Schuldprinzip, S. 90.

521 *Appel*, Verfassung und Strafe, S. 234.

verfassungsrechtliche Voraussetzung der rechtsstaatlichen Strafe zum einen und den Bestandteilen für Strafe zum anderen. Dabei unterteilt er das Institut der Strafe in das Element der *„Primärsanktion"*, unter der er die *„Feststellung der defizitären Einstellung zur Norm"* versteht, und dem Element der *„Sekundärsanktion"*, mit der er die Auferlegung eines materiellen Übels meint.[522] Indem *Appel* dieses Institut der *„Primärsanktion"* zwischen Schuldspruch einerseits, und Strafe im Sinne einer reinen Übelszufügung andererseits schiebt, schließt er aus, dass der Schuldspruch Bestandteil der Kriminalstrafe ist. In der Konsequenz kann er folgerichtig schließen, dass der Schuldspruch ausschließlich normative verfassungsrechtliche Voraussetzung für die Verhängung und die Vollstreckung einer Kriminalstrafe ist.[523] Der weiteren Argumentation, *„Primärsanktion"* und Schuldspruch könnten nicht gleichgesetzt werden, weil beide unterschiedlichen Kategorien angehörten[524], kann indes nicht gefolgt werden. Auf diese Weise verkürzt *Appel* das Wesen des Schuldspruchs gewaltsam um dessen materiellen Gehalt. *Appel* betont, dass die *„Primärsanktion"*, also *„die verbindliche Feststellung der defizitären Einstellung zur Norm"*[525] des Aktes der Vorhaltung eben dieser Einstellung bedürfe. Diese Vorhaltung geschehe im Rahmen eines institutionalisierten Strafverfahrens.[526] Schon im Zusammenhang mit dem *„prozessualen Aspekt"* der Strafe verwies *Appel* auf die Bedeutung des Strafverfahrens für die Vermittlung eines Unwerturteils. Dabei übersieht *Appel*, dass eben jene von ihm geforderte, *„mit Anspruch auf Verbindlichkeit auftretende, das persönliche Verhalten des Betroffenen negativ wertende staatliche Entscheidung"*[527] im Schuldspruch seinen formalen Rahmen findet. Ferner anerkennt *Appel* selbst, dass der *„Primärsanktion"* der Schuldspruch vorausgehen müsse, weil erst im Zeitpunkt des Schuldausspruchs die Unschuldsvermutung entkräftet werden könne.[528] Damit ist zugleich entschieden, dass das vorangegangene Strafverfahren nicht das notwendige expressive Mittel sein kann, das es ermöglicht, dem Täter dessen *„defizitäre Einstellung zur Norm"* aktiv vorzuhalten. Eine

522 *Appel*, Verfassung und Strafe, S. 466 ff., 499 ff.
523 *Appel*, Verfassung und Strafe, S. 499.
524 *Appel*, Verfassung und Strafe, S. 499.
525 *Appel*, Verfassung und Strafe, S. 466.
526 *Appel*, Verfassung und Strafe, S. 496 ff., 498.
527 *Appel*, Verfassung und Strafe, S. 496.
528 *Appel*, Verfassung und Strafe, S. 499 f.

Verhängung der *„Primärsanktion"* verstößt vor der Verkündung des Tenors gegen den Grundsatz der Unschuldsvermutung. Im Fortgang weicht *Appel* von dieser Darstellung ab und sieht die Verhängung der *„Primärsanktion"* im Strafausspruch, betont jedoch zugleich, Schuldspruch und Strafausspruch gehörten unterschiedlichen Kategorien an.[529] Diese Einschätzung ist vor dem Hintergrund der zwingenden Verbindung des Schuldspruchs mit der Entscheidung über die Rechtsfolgen im Rahmen des Urteiltenors nicht haltbar. Allein aus dem Interesse den Schuldspruch als rein formale Voraussetzung für die Strafverhängung auszuweisen, um den bundesverfassungsgerichtlich vorgegebenen Strafbegriffen gerecht zu werden, darf nicht verkannt werden, dass eben gerade dem expressiven Akt der Tenorverkündung die Funktion zukommt, der sozial-ethischen Missbilligung der begangenen Normverletzung Ausdruck zu verlangen. Dass *Appels* Lösung nicht überzeugen kann, zeigt sich ebenfalls bei dem Versuch, die Trilogie von Schuldspruch, *„Primärsanktion"* und *„Sekundärsanktion"* auf die Fallgruppen des materiellen Rechts anzuwenden, die dem Schuldspruch eine eigenständige Position einräumen. Um den, dem Schuldspruch hier eindeutig zugewiesenen Sanktionscharakter entgegenzutreten und seine These von einer rein formellen Funktion des Schuldspruchs aufrechterhalten zu können, rechnet er kurzerhand der von ihm konstruierten *„Primärsanktion"* sanktionierende Wirkung zu.[530] Anhaltspunkte, dass im materiellen Recht neben Schuldspruch und Strafe als Übelszufügung noch ein weiteres Institut treten soll, gibt es insbesondere in den Konstellationen, in denen ganz auf Strafe unter Beibehaltung des Schuldspruchs verzichtet wird, nicht.[531] Im übrigen besteht auch keine Notwendigkeit, das Element der sozial-ethischen Missbilligung als Bestandteil der Strafe auszuweisen. Jedenfalls muss anerkannt werden, dass bereits der Schuldspruch eben jener Missbilligung im Rahmen eines öffentlichen Verfahrens Ausdruck zu verleihen. Über die nicht hoch genug einzuschätzende Selbstverständlichkeit, mit der Strafe immer rechtsstaatliche Strafe verbunden mit der öffentlichen Schuldfeststellung bedeutet, darf nicht vergessen werden, dass es sich hierbei um zwei unabhängige Institute handelt. Definitionsvorschläge, die allein in

529 *Appel*, Verfassung und Strafe, S. 499.
530 *Appel*, Verfassung und Strafe, S. 496.
531 *Appel*, Verfassung und Strafe, S. 502.

der Strafe einen Vorwurf, einen Tadel oder auch ein Unwerturteil sehen, verkürzen diesen Umstand.[532]

Auf den materiellen Gehalt des Schuldspruchs stellt auch Walther im Rahmen ihrer Neuordnung des Sanktionensystems ab.[533] So setzt sie den Begriff der Strafe mit „*offentlicher Missbilligung*" gleich und unterteilt diesen in die Komponente der „*Feststellung und Warnung*" sowie der „*Übelzufügung*". Unter „*Feststellung und Warnung*" ordnet *Walther* nun die „*Schuldfeststellung*" und den „*Strafausspruch*", das heißt die Urteilsformel mit ihren beiden Bestandteilen, und nennt diese beiden Elemente zusammen „*Strafe im weiteren Sinne*".[534] So bestätigt sie, dass der Schuldspruch als „*Ermahnung und Verwarnung*" sowie gegebenenfalls der Strafausspruch als „*sprachlich-symbolische Elemente der Verurteilung*"[535] über einen eigenständigen normativen Gehalt verfügen und sieht damit im Schuldspruch eine eigenständige Sanktion. Nur die Bezeichnung als „*Strafe im weiteren Sinn*" führt leicht in die Irre, birgt diese doch wiederum die Gefahr, den Schuldspruch als ein der Strafe untergeordnetes und damit unselbstständiges Element zu sehen.

Weder der Schuldspruch noch die Strafe sind per se konstitutive Elemente des jeweils anderen Instituts. Damit muss die These, der Schuldspruch sei identisch mit dem der Strafe zugeschriebenen sozial-ethischen Unwerturteil, zurückgewiesen werden. Unberührt davon bleiben freilich die Ansätze, die eine von der Vorwurfsfunktion des Schuldspruchs unabhängige Missbilligung eines vorangegangenen Fehlverhaltens im durch die Strafe zugefügten Übel erblicken wollen.[536]

Die auch in der Strafrechtslehre gebräuchliche Definition der Stra-

---

532 Im hier ausgeführten Sinne ist auch *Seelmann* zu verstehen, der im Zusammenhang mit der Wiedergutmachung als neue strafrechtliche Sanktion feststellt: „*Jede Auferlegung einer Geldleistung oder einer anderen Verpflichtung durch ein Gericht ist im Sinne der üblichen Strafdefinition ein Übel, und der öffentliche Tadel erfolgt schon durch den Schuldspruch.*", *ders.*, Strafzwecke, S. 52.

533 *Walther*, Vom Rechtsbruch zum Realkonflikt, 2000.

534 So anschaulich im Schaubild, *Walther*, Vom Rechtsbruch zum Realkonflikt, S. 292. Vgl. ebenfalls *dies.*, ZStW 111, S. 123 (143).

535 *Walther*, ZStW 111, S. 123 (137).

536 Vgl. *Kindhäuser*, GA 1989, S. 493 ff.; *Schmidhäuser*, Vom Sinn der Strafe, S. 36.

fe als sozial-ethisches Unwerturteil plus Übelzufügung[537] bedarf der doppelten Ergänzung. Zunächst muss klargestellt werden, dass damit nur ausschließlich die rechtsstaatliche Strafe gemeint sein kann, und ferner, dass die beiden Elemente nicht das Wesen der Strafe ausmachen. Es ist zu unterscheiden zwischen der Aussage, die Strafe sei ein Übel, und der Feststellung, eine rechtsstaatliche Strafe setze den Schuldspruch zwingend als verbindliches Unwerturteil voraus.[538]

Vor dem Hintergrund der bisherigen Untersuchungsergebnisse wird mithin festgehalten: Eine Strafe ohne Schuldspruch bleibt eine Strafe, wenn auch eine nicht prozessordnungsgemäß zustande gekommene und damit verfassungswidrige Strafe. Sie ist selbstredend ein Übel, kann aber für sich keinen öffentlichen Vorwurf erheben. Hingegen bleibt ein Schuldspruch ohne Strafe ein wirksamer rechtskraftfähiger Schuldspruch einschließlich seines selbstständigen materiellen Gehalts, der sich neben anderen Funktionen in der Vorwurfsfunktion niederschlägt.

Kapitel 4 Die repressive Funktion des Schuldspruchs – Der Schuldspruch als Übel

Im Zusammenhang mit der Vorwurfsfunktion des Schuldspruchs kam die Untersuchung zu dem Schluss, dass das sozial-ethische Unwerturteil aufgrund der Besonderheit des Schuldspruchs, ein Sprechakt zu sein, also ein kommunikatives Element zu enthalten, originär durch den Schuldspruch öffentlich verkündet wird. Der weitverbreiteten Zuschreibung, Strafe weise sich durch das Zusammenspiel von sozial-ethischer Missbilligung und Übelszufügung aus, musste vor diesem Hintergrund entgegengehalten werden, unpräzise zu sein. Zwar besteht ein verfassungsrechtlich zwingend erforderlicher akzessorischer Verbund von Schuldspruch und Strafe, doch erfordern bereits die materiell-rechtlich vorgesehenen Konstellationen in denen allein der Schuldspruch die staatliche Intervention auf

---

537 *Jescheck/Weigend*, Lehrbuch des Strafrechts AT, S. 64; *Maurach/Zipf* definieren die Kriminalstrafe als Ausdruck eines sittlichen Unwerturteils, AT 1, § 1, Rn. 9.

538 Auch *Lagodny* kommt im Rahmen seiner verfassungsrechtlichen Untersuchung zu dem Schluss, dass der staatliche Vorwurf kein Bestandteil der Strafe, sondern vielmehr Grundlage für diese ist, *ders.*, Strafrecht, S. 96.

begangenes Unrecht darstellt, dessen Funktion und Wirkungsweise bestimmen zu können. Der Schuldspruch enthält also das sozialethische Unwerturteil. Ob ferner auch der Freiheits- oder Geldstrafe eine missbilligende Wirkung nachzuweisen ist, bleibt hier dahingestellt. Dieses Untersuchungsergebnis verleitet auf den ersten Blick dazu, das Verhältnis zwischen Schuldspruch und Strafe – neben dem der verfassungsrechtlich verankerten, einseitigen Akzessorietät – dergestalt zu beschreiben, dass gleichsam von einer Art Arbeitsteilung gesprochen werden kann. Der Schuldspruch als Vorwurf, Tadel und Missbilligung, die Strafe allein als Übel – bleibt doch dieses Element übrig, streicht man das Unwerturteil aus den gängigen Strafdefinitionen. Die Ungenauigkeit dieser, etwa von *Wagner*[539] vertretenen Auffassung liegt darin, dem Schuldspruch schlicht den Charakter des herkömmlich als ein Element der Strafe verstandenen sozialethischen Unwerturteils zuzuordnen, den Schuldspruch gleichzeitig als konstitutives Element der Strafe zu begreifen, um auf begrifflicher Ebene die formelle Akzessorietät nachzuvollziehen. Demnach ist Strafe – erstens – nur rechtmäßige Strafe, wenn ihr ein Schuldspruch voranging, und – zweitens – auch nur begrifflich Strafe, wenn ihr ein missbilligendes Element in Gestalt des Schuldspruchs voraus ging. Damit schien die Gleichung aufzugehen, doch musste dieser Auffassung bereits oben der Vorwurf eines argumentativen Zirkelschlusses gemacht werden.[540] Es konnte aufgezeigt werden, dass der Schuldspruch nicht als konstitutives Element der Strafe ausgemacht werden kann. Soweit der Stand der Untersuchung, nachdem die Vorwurfsfunktion des Schuldspruchs bearbeitet wurde.

Im nächsten Schritt stellt sich die Frage, ob auch das zweite der Strafe zugeordnete Element der Übelszufügung dem Schuldspruch nachgewiesen werden kann, dieser also auch eine repressive Funktion erfüllt.

I. Die repressive Wirkung des Schuldspruchs

Den Schuldspruch als repressiven Akt zu begreifen, das heißt als Handlung zwingender und vielleicht sogar unterdrückender Natur, knüpft unmittelbar an die vorangegangenen Ausführungen zur

---

539 *Wagner*, GA 1972, S. 33 (36).
540 Vgl. oben 3. Teil, 3. Kapitel, II., 3, b).

Feststellungs-, Klarstellungs- und Vorwurfsfunktion des Schuldspruchs an und führt deren Ergebnisse zusammen. Bezeichnet die Strafnorm noch allgemein den Unwertgehalt einer Handlung, so konkretisiert der Schuldspruch diesen Unwert.[541] Der Angeklagte wird öffentlich und verbindlich als derjenige bezeichnet, der die Straftat zu verantworten hat.

Den Urteilsspruch schon unabhängig von einer etwaigen Strafverhängung als Übel zu begreifen, mutet seltsam an. Regelmäßig werden repressive Wirkungen doch im Zusammenhang mit der Kriminalstrafe erörtert. Doch verkennt ein stets die Strafe fokussierender Ansatz, dass die öffentlich ausgesprochene und verbindliche Zuschreibung von Unrecht durch den Schuldspruch gleichsam eine nachteilige und repressive Wirkung zu Lasten des Täters nach sich ziehen kann[542] und für diesen eine Belastung darstellt, die sich nur qualitativ von der durch die Strafvollstreckung unterscheidet.

Der Schuldspruch zeichnet ein exaktes Bild der begangenen Straftat und rechnet die Verantwortung für den Normverstoß zugleich dem Täter zu. Diese Zuschreibung symbolisiert die Verurteilung des Täters für seine Tat. Der Normbruch wird öffentlich, das heißt für Täter, Opfer und die Allgemeinheit sichtbar, als Unrecht bezeichnet und durch den Ausspruch, der Angeklagte sei schuldig mit einer negativen Wertung versehen. Die begangene Tat wird missbilligt, ein Tadel ausgesprochen.

Wie bereits im ersten Teil der Untersuchung angesprochen, meint Verurteilen nicht nur Verurteilen *zu* einer Strafe, sondern die Verurteilung des Angeklagten muss gleichsam auch als selbstständige, weil performative Handlung begriffen werden.[543] Aus der Sicht des Angeklagten stellt diese Handlung eine Stigmatisierung[544] dar[545] , die sich in Form

541 Vgl. BVerfGE 96, 245 (249).

542 Vgl. *Bruns*, Teilrechtskraft, S. 44: „Auch der Schuldausspruch ist wesentlicher Bestandteil des Urteils; seine 'Repressivwirkung' – diese ist kennzeichnend für das Strafverfahren – besteht in der Missbilligung durch die Rechtsgemeinschaft einer 'negativen sozialethischen Kennzeichnung des Täters'."

543 *K. Günther*, Strafrechtliche Verantwortlichkeit, S. 40.

544 *Krauß*, FS-Schaffstein, S. 411 (430).

545 *Schild* sieht im Schuldspruch eine Beleidigung des Verurteilten und nimmt Bezug auf ein Urteil des *Bundesverfassungsgerichts* vom 9.7.1997 (BVerfGE 96, 245), auf das bereits im Rahmen der Vorwurfsfunktion des Schuldspruchs eingegangen wurde und das auch hier im Folgenden noch einmal herangezogen

von psychischem Zwang auswirkt[546] und gänzlich unabhängig von einer etwaigen zusätzlichen Strafverhängung eintritt. Das Stigma, der Makel[547], etwa als „Dieb" oder „Totschläger" bezeichnet worden zu sein und bis zum Abschluss der Strafvollstreckung bezeichnet werden zu können, steckt im Schuldspruch, nicht in der Strafe.[548] Bis zum Abschluss der Strafvollstreckung kann dieses Stigma dem Täter vorgehalten werden, bis zur Tilgung der Eintragung der Verurteilung aus dem Bundeszentralregister darf über den Schuldspruch Auskunft erteilt werden.[549] Dieses Stigma wiegt schwer und stellt eine, von der etwaig verhängten Strafe unabhängige, psychische, aber auch soziale Beeinträchtigung für den Täter dar. Es muss als Belastung, als Übel eigener Art[550] anerkannt werden. *Krauß* geht so weit zu sagen, der Schuldspruch selbst, nicht die Strafe bilde den Hauptaspekt der Vergeltung. Die stigmatisierende Wirkung des Schuldspruchs mache es möglich, das Vergeltungsbedürfnis der Gemeinschaft zu befriedigen, die nachfolgende Strafe könne ausschließlich der Erfüllung präventiver Zwecke dienen.[551]

---

wird, vgl. *Schild*, FS-Lenckner, S. 287 (307). Vgl. ebenfalls *Kaufmann*, der darauf hinweist, man könne *„doch in fast jeder Strafgerichtsverhandlung erleben, dass der strafrechtliche Schuldvorwurf den Angeklagte in seiner sittlichen Integrität aufs allerempfindlichste trifft [...]"*, *ders.*, Dogmatische und kriminalpolitische Aspekte, S. 57.

546 Aus strafprozessualer Sicht, die Teilrechtskraftfähigkeit im Blick *Bruns*, Teilrechtskraft, S. 23; *Waiblinger*, FS-Pfenninger, S. 157 (167); *Tiedemann*, Entwicklungstendenzen, S. 16 f; *Peters*, ZStW 80, S. 374 (377); im Anschluss auch *Kaiser*, Die Beschwer, S. 60, 160.

547 Vgl. BVerfGE 8, 197 (207): *„Makel einer strafgerichtlichen Verurteilung"*. So auch *Arndt*, FG-Schmid, S. 19.

548 *Binding*, Abhandlungen, S. 310: *„Es liegt in der Bejahung der Schuldfrage eine große Härte gegen den Angeklagten: denn die Verkündung des Strafurteils kündet ihn urbi et orbi als Verbrecher. Etwas Analoges wie diese den Verurteilten so schwer treffende Feststellung seiner Missetat im Strafurteil ist im Zivilurteil schlechterdings nicht zu finden."*

549 Vgl. 1. Teil, 1. Kapitel. Vgl. *Lagodny*, Strafrecht, S. 123.

550 *Waiblinger* geht dabei so weit zu vermuten, der Schuldspruch werde vom Verurteilten als ein schwereres Übel empfunden als die Strafe, *ders.*, FS-Pfenninger, S. 157 (167). *Dreher* anerkennt, das Unwerturteil in Form des Schuldspruchs stelle eine Belastung dar, von der vereinzelt sogar angenommen werde, sie unterscheide sich hinsichtlich ihrer Schwere im Einzelfall nicht wesentlich von der durch die Strafe eintretenden Belastung, *Dreher*, FS-Maurach, S. 275 (286 f.). Hierzu auch *Fuchs*, Gesetzeskonkurrenz, S. 41 f.

551 *Krauß*, FS-Schaffstein, S. 430. Auf den Zusammenhang des Schuldspruchs mit den Straftheorien wird noch im vierten Teil der Untersuchung einzugehen sein.

Aussagekräftiges Indiz für die Annahme einer repressiven Wirkung des Schuldspruchs sind jene Institute des materiellen Rechts, die dem Schuldspruch, wie im dritten Teil der Untersuchung aufgezeigt, mittels Zurückdrängung der Strafe eine exponierte Position zuweisen. Dort wurde bereits deutlich, dass das Strafgesetzbuch Konstellationen vorsieht, in denen auf Strafe und vereinzelt sogar auf ein entsprechendes Substitut ganz verzichtet wird. Die Tatsache, dass das Strafverfahren in diesen Fällen jedoch keinesfalls immer eingestellt wird und werden darf, zeigt zum einen, dass ein spezielles Schuldfeststellungsbedürfnis besteht[552], und zum anderen, dass in diesen Konstellationen keineswegs auf eine Sanktionierung verzichtet wird, sondern vielmehr der isolierte Schuldspruch als erforderliche und angemessene Sanktion angesehen wird.[553]

II. Die Anerkennung einer repressiven Wirkung des Schuldspruchs im Rahmen der Rechtsbehelfe

1. Die Rechtsmittelinstanz

a) Der Schuldspruch als selbstständige materielle Beschwer

Der Begriff der materiellen Beschwer stammt aus dem Bereich der Rechtsmittel und meint in diesem Zusammenhang regelmäßig, dass jemand durch eine Entscheidung zu seinem Nachteil betroffen, also in seiner Rechts- und Lebensstellung belastet und beeinträchtigt ist.[554] Dabei ist die Beschwer stets Zulässigkeitsvoraussetzung, um Rechtsmittel einzulegen.[555] Es bedarf keiner weiteren Begründung dafür festzustellen, dass ein verurteilter Straftäter durch die staatli-

552 Vgl. *Wagner*, GA 1972, S. 33 (38); vgl. *Maiwald*, ZStW 83, S. 663 (668).

553 Etwa *Eb. Schmidt*, Lehrkommentar, Teil I, Nr. 318; *G. Schmidt*, JZ 1966, 89 (93); *Tiedemann*, Entwicklungstendenzen, S. 16; *Lagodny*, Strafrecht, S. 100; *Jescheck / Weigend*, Lehrbuch des Strafrechts AT, S. 855. Für das Schweizer Recht *Waiblinger*, FS-Pfenninger, S. 157 (167); auch *Kaiser*, Die Beschwer, S. 60 f., 117.

554 BGHSt 7, 153; 16, 374 (376); *Roxin*, Strafverfahrensrecht, § 51 B II, 2; *Peters*, Strafprozess, § 71 II 7; *Ganske*, Begriff des Nachteils, S. 18. Grundlegend und mit weiteren Nachweisen zum Begriff der Beschwer etwa *Kaiser*, Die Beschwer, S. 5 ff.

555 LR^{24}-*Gollwitzer*, § 296, Rn. 12; *Meyer-Goßner*, Vor § 296, Rn. 8; *Roxin*, Strafverfahrensrecht, § 51 B II 2. Vgl. auch *Eb. Schmidt*, Lehrkommentar, Teil II, Vorbem. § 296, Rn. 14.

che Vollstreckung der ihm zugedachten staatlichen Strafe in seinen Grundrechten auf Freiheit, Persönlichkeitsentfaltung und Eigentum beschränkt werden kann und somit einer Beschwer unterliegt. Doch auch der Schuldspruch muss als eigenständige Beschwer angesehen werden[556], auf die Rechtsmittel gestützt werden können.[557] Der gerichtliche Schuldausspruch als sozial-ethisches Unwerturteil, als Vorwurf und Manifestation eines gegen die Rechtsordnung verstoßenden Verhaltens, bedeutet, den durch ihn Betroffenen erheblich und unmittelbar zu beeinträchtigen[558] und in seiner Sozial- und Rechtsstellung zu mindern.[559] Stellt sich diese repressiv wirkende Maßnahme dem Verurteilten als unbegründet dar, so macht es keinen Unterschied, ob sich dem Schuldspruch noch ein Strafausspruch an-

---

556 Die Begründung der Beschwer hat dabei stets auf die Fassung des Tenors, nicht auf die Urteilsgründe abzustellen (Sog. „Grundsatz der Tenorbeschwer"), vgl. dazu BVerfGE 28, 151 (160); BGHSt 7, 153; 13, 75 (77); 16, 374 (373); 27, 290 (293); BGH NJW 1986, 1820; *von Löbbecke*, Begriff und Wesen der Beschwer, S. 22 und 92 ff.; *Roxin*, Strafverfahrensrecht, § 51 B II 2 c; *Peters*, Strafprozess, § 71 II 7; *Meyer-Goßner*, Vor § 296 Rn. 11; *Eb. Schmidt*, Lehrkommentar, Teil II, Vorbem. § 296, Rn. 15; *Kaiser*, Die Beschwer, S. 113 ff. mit weiteren Nachweisen. Ausnahmsweise anerkannte die Rechtsprechung eine Beschwer des Angeklagten durch die Urteilsgründe jedoch in den Fällen, in denen ein Freispruch angefochten wurde und die Urteilsgründe angaben, der Freispruch sei mangels Beweisen (etwa BGHSt 7, 153; 13, 75 [77]; vgl. dazu *Peters*, Strafprozess, § 52 IV 5 und § 71 II 7) oder aufgrund Schuldunfähigkeit (BGHSt 5, 267 [268 f.]) erfolgt, a. A. *Kaiser*, Die Beschwer, S. 52 f. mit weiteren Nachweisen. Ferner wird eine Beschwer anerkannt, wenn die Art der Entscheidungsbegründung Grundrechte verletzt, LR[24]-*Gollwitzer*, § 296, Rn. 20.

557 Die Anerkennung des Schuldspruchs als eigenständige Beschwer entspricht der einhelligen Meinung in Strafrechtswissenschaft und Rechtsprechung, vgl. etwa *Eb. Schmidt*, Lehrkommentar, Teil II, Vorbem. § 296, Rn. 18 mit Bezug auf die Fälle, in denen der Angeklagte für straffrei erklärt wurde bzw. in denen von Strafe abgesehen wurde; *Roxin*, Strafverfahrensrecht, § 51 B II 2; *Fezer*, Strafprozessrecht, 19/18; *Kaiser*, Die Beschwer, S. 158.

558 *Günther* führt den selbstständigen Eingriffscharakter des Schuldspruchs nicht nur auf den Zwang des Angeklagten zurück, die Zuschreibung der Verantwortung für die Unrechtstat erdulden und dauerhaft hinnehmen zu müssen, sondern verweist daneben auf die für den Verurteilten nachteilige Statusveränderung. Der Schuldspruch sei mithin auch ein Statusurteil, indem er den Angeklagten öffentlich die Schuld an der Unrechtstat zuschreibe, *K. Günther*, Strafrechtliche Verantwortlichkeit, S. 41.

559 Vgl. *Peters*, FS-Stock, S. 197 (205); auch *Ganske* anerkennt, dass eine Veränderung im Schuldspruch zuungunsten des Verurteilten auch eine nachteilige Veränderung dessen Lebensstellung mit sich bringe, *ders.*, Begriff des Nachteils, S. 22. *Arndt* sieht den Verurteilten durch den Schuldspruch in seiner Selbstachtung getroffen und als Persönlichkeit in der Achtung der Gesellschaft herabgesetzt, *ders.*, FG-Schmid, S. 5 (19).

schließt oder nicht, der Angeklagte unterliegt jedenfalls bereits durch den zu seinen Lasten ergangenen Schuldspruch einer materiellen Beschwer.[560] Dementsprechend steht einem verurteilten Straftäter auch dann eine Rechtsmittelbefugnis zu, wenn neben dem Schuldspruch gemäß § 60 StGB von Strafe abgesehen wurde.[561]

An dieser Stelle sei an die vorangegangenen Ausführungen im Zusammenhang mit dem Schuldspruch als Akt der Zuschreibung von Verantwortung erinnert. Dort konnte aufgezeigt werden, dass die Fassung des Schuldspruchs sich nicht darauf beschränkt, formale Funktionen zu erfüllen. Die exakte Unrechtsbezeichnung, das heißt die Klarstellung begangenen Unrechts, steht in den Diensten der Interessenwahrnehmung zugunsten des betroffenen Täters, aber auch des durch die Straftat Verletzten und der Allgemeinheit. Als elementare Funktion des Schuldspruchs erwies sich das Bemühen um größtmögliche Klarstellung als bestimmendes Prinzip auch für den Umgang mit den dogmatischen Figuren der Konkurrenzen, der Wahlfeststellung und des *dolus alternativus*. Ob sich die Anerkennung eines Repressivgehalts des Schuldspruchs in der Strafrechtswissenschaft auch in der Dogmatik des Strafprozessrechts widerspiegelt, soll im Folgenden untersucht werden. Anknüpfungspunkt ist dabei die Frage, inwiefern Rechtsmittel und der außerordentliche Rechtsbehelf der Verfassungsbeschwerde zum *Bundesverfassungsgericht* allein auf die Beschwer durch den Schuldspruch gestützt werden können.

b) Die horizontale Teilrechtskraftfähigkeit des Schuldspruchs

Bereits im Abschnitt über die Feststellungsfunktion des Schuldspruchs wurde erklärt, dass dem Schuldspruch sowie den ihm zugrunde liegenden tatsächlichen Feststellungen[562] unabhängig vom

560 Dazu *Satzger*, der in bezug auf die Konkurrenzfrage für den Schuldspruch ausführt, bereits die Tadel- bzw. Abbildfunktion des Schuldspruchs werde durch die Fälle begründet in denen der Schuldspruch eine Beschwer darstelle. Die grundsätzliche Anerkennung einer Beschwer durch die bloße Erweiterung des Schuldspruchs lehnt *Satzger* jedoch ab, *ders.*, JR 1999, 201 (204).

561 Vgl. *Fuchs*, Gesetzeskonkurrenz, S. 43.

562 Erstmals BayObLG DAR 1958, 23; vgl. *Binding*, Abhandlungen, S. 308: „*[...] Darin liegt jedoch eine vollständige Verkennung der Hauptaufgabe des Strafprozesses: das ist die Feststellung der durch den Angeschuldigten begangene Missetat. Sie hat durchaus nicht nur die Bedeutung der Feststellung des Titels für den Strafan-*

Strafausspruch eine materielle Rechtskraftfähigkeit zuerkannt wird. Der Schuldspruch ist also unabänderlich und gilt auch in anderen als dem anhängigen Verfahren.[563] Doch entsprach die damit zwangsläufig einhergehende und gegenwärtig einhellig angenommene Trennbarkeit von Schuld- und Strafausspruch[564] und damit verbunden die Beschränkbarkeit eines Rechtsmittels auf den Strafausspruch bzw. den Schuldspruch[565], sofern sich keine weitere Sanktion daran anschloss, nicht immer der herrschenden Meinung.[566]

So wurde die eigenständige materielle Rechtskraftwirkung des Schuldspruchs und der ihm zugrunde liegenden tatsächlichen Feststellungen vordringlich in den 50er und 60er Jahren des vergangenen Jahrhunderts auf breiter Basis in der Strafrechtswissenschaft diskutiert.[567] An der Frage, ob der Strafausspruch isoliert mit Rechtsmitteln angefochten werden könne, entfachte die Diskussion um die horizontale (Teil)Rechtskraftfähigkeit des Schuldspruchs.[568]

Wenn auf diese Diskussion um die materielle Rechtskraft des Schuld-

---

spruch. Sie will keineswegs nur die Feststellung eines geschichtlichen Faktums mit juristischen Eigentümlichkeiten sein, sondern selbstständig das Rechtsverhältnis feststellen: Der Angeklagte hat seine Pflicht verletzt gegen die Gesamtheit. Zum rechtskräftigen Urteil nimmt diese Feststellung an der Rechtskraft Teil". Dagegen *Bruns*, Teilrechtskraft, S. 172; BGH GA 1959, 305 f.

563 *Peters*, Strafprozess, § 54 I 1.

564 Etwa BGHSt 7, 283; 9, 324 (327); 10, 71; 19, 46 (48); 24, 185 (188); 29, 359 (364); 33, 59.

565 Entscheidend ist hierbei nicht (allein) die formelle Zugehörigkeit der angefochtenen Punkte zum Schuldspruch, sondern vielmehr ob diese die Schuldfrage in ihrem Kern betreffen, vgl. BGHSt 19, 46 (49) unter Verweis auf RGSt 69, 110 (112).

566 Gegen eine isolierte Anfechtung des Schuldspruchs vgl. insbesondere *Grünwald*, Teilrechtskraft, S. 96 mit weiteren Nachweisen, S. 135 ff; *Eb. Schmidt*, Lehrkommentar, Teil II, § 318 Rn. 17 mit dem Argument, die isolierte Nachprüfung der Schuldfrage *„kratze"* am Fundament des Strafausspruchs. Allerdings stellt auch *Eb. Schmidt* eine eigene Repressivwirkung des Schuldspruchs fest und folgert daraus, dass die den Schuldspruch tragenden Tatsachenfeststellungen an der Rechtskraft des Urteils teilnehmen, *ders.*, Lehrkommentar, Teil I, Nr. 318. Auf den Widerspruch zu den anderslautenden Ausführungen *Eb. Schmidts* macht *Bruns* aufmerksam und erklärt dies mit allgemein bestehenden Unsicherheiten im Umgang mit den Begriffen der materiellen sowie formellen Rechtskraft und der innerprozessualen Bindungswirkung, vgl. *Bruns*, Teilrechtskraft, S. 43 f.

567 Für viele *Waiblinger*, FS-Pfenninger, S. 157; *Schmidt*, JZ 1966, 89; *Tiedemann*, Entwicklungstendenzen, 1969; *Bruns*, FS-Eb. Schmidt, S. 602.

568 Grundlegend *Grünwald*, Teilrechtskraft, S. 91 f., 96 ff.

spruchs im Folgenden eingegangen wird, so geschieht das nur, soweit die damals geführte Auseinandersetzung im Zusammenhang mit Ausführungen zu einer repressiven Wirkung des Schuldspruchs stand. Auch dieser Anknüpfungspunkt ist in die Reihe derjenigen einzuordnen, die sich mit der fundamentalen Frage nach dem Ob und Wie eines von der Strafe unabhängigen Schuldspruchs beschäftigen.

Die Repressivwirkung des Schuldspruchs oder zumindest dessen soziales Gewicht[569] hatten vormals insbesondere die Befürworter einer eigenen (Teil)Rechtskraftfähigkeit des Schuldspruchs vor Augen.[570] Wer anerkannte, dass der Schuldspruch neben einer formellen Feststellungsfunktion auch eine materielle Wirkung aufweist, die sich in einer missbilligenden, vorwerfenden, aber auch den Verurteilten sowohl in seiner Rechtsposition, in seiner sozialen Stellung als auch in seiner subjektiven, psychischen Konstitution beeinträchtigenden Funktion niederschlägt, konnte eine Teilrechtskraft des Schuldspruchs nur noch schwerlich verneinen.[571] Diese Verknüpfung der Frage nach der Teilrechtskraftfähigkeit des Schuldspruchs mit dessen repressiver Wirkung sollte indes nicht isoliert betrachtet werden. Vielmehr schlägt sich in dieser Argumentation eine Entwicklung größeren Maßstabs nieder, nämlich jene, materielles und prozessuales Recht verstärkt zu verbinden.[572]

In der Diskussion um die Teilrechtskraftfähigkeit des Schuldspruchs verwies *Waiblinger* auf die von der Strafe unabhängige Repressivwirkung des Schuldspruchs. Dieses Übel, das sogar als schwereres Übel als die Strafe selbst einzuschätzen sei, werde insbesondere dort deutlich, wo das materielle Recht dem Gericht erlaube, auf Strafe zu verzichten.[573] Daraus folge jedenfalls, dass der Schuldspruch Urteilscharakter aufweise und auch ebenso wie die Strafe isoliert angefochten

569 *Bruns*, Teilrechtskraft, S. 44; vgl. *Tiedemann*, Entwicklungstendenzen, S. 5 (16) mit weiteren Nachweisen.

570 Diese Verbindung stellte *Bruns* bereits im Jahre 1961 fest, *ders.*, FS-Eb. Schmidt, S. 602 (608).

571 So *Arndt*, der den Schuldspruch selbst bereits als Bestrafung begreift, *ders.*, FG-Schmid, S. 16 ff. In diesem Sinne auch *Waiblinger*, FS-Pfenninger, S. 157 (167 ff.); *G. Schmidt*, JZ 1966, 89 (92); vgl. *Wagner*, GA 1972, S. 33 (34).

572 *Peters* spricht vom Strafprozessrecht als eine „das materielle Strafrecht gestaltende Kraft" *ders.*, Strafprozess, § 2 VI.

573 *Waiblinger*, FS-Pfenninger, S. 157 (167).

werden könne. Ob daraus auch eine Teilrechtskraft des Schuldspruchs folge, vermochte *Waiblinger* nicht eindeutig zu entscheiden.[574]

Im Jahre 1969 prognostizierte *Tiedemann,* dass sich die Prozesslehre auch dem Bedeutungswandel zugunsten des Schuldspruchs zu stellen habe.[575] In der Konsequenz sei die Beschränkung der Rechtskraft auf den Strafausspruch nicht mehr länger haltbar.[576] In dieser Form angekündigt, bestätigten sich die Prognosen von *Tiedemann.* Die wachsende Anerkennung des materiellen Gehalts des Schuldspruchs führte zu der Erkenntnis, dass bereits der isolierte Schuldspruch Objekt der Anfechtung sein müsse. Dies wurde unterstützt durch die vermehrte Einführung materiell-rechtlicher Institute in das Strafgesetzbuch, die den Schuldspruch als selbstständige Sanktion einsetzten.

c) Der Schuldspruch und das Verschlechterungsverbot

Der Schuldspruch als Nachteil für den Verurteilten wird insbesondere im Zusammenhang mit der auf der Rechtskraftlehre basierenden Frage, ob der Schuldspruch von dem Verbot der *reformatio in peius* umfasst wird, relevant. In Anbetracht der breit geführten wissenschaftlichen Auseinandersetzung mit dem Verschlechterungsverbot[577] wird die entsprechende Erörterung vorliegend auf die Punkte zugespitzt, von denen ein Erkenntnisgewinn hinsichtlich der Repressivfunktion des Schuldspruchs zu erwarten ist. Im Mittelpunkt steht dabei die Frage, ob die gesetzlichen Regelungen, die das Verschlechterungsverbot für die Rechtsmittelinstanzen statuieren, die Abänderung oder Erstfassung eines Schuldspruchs nach vorangegangenem Freispruch mit umfassen.[578]

Die §§ 331 Abs. 1, 358 Abs. 2 S. 1 und 373 Abs. 2 S. 1 StPO legen im Wortlaut übereinstimmend[579] fest, dass ein zu Gunsten des Angeklag-

---

574 *Waiblinger*, FS-Pfenninger, S. 157 (167).

575 *Tiedemann*, Entwicklungstendenzen, S. 5 (16 f., 48).

576 *Tiedemann*, Entwicklungstendenzen, S. 5 (17).

577 Etwa *Kaiser*, Die Beschwer, 1993; *Ganske*, Begriff des Nachteils, 1960; *Wittschier*, StV 1986, 173.

578 Inwiefern eine Schuldspruchberichtigung eine Verletzung des § 265 StPO darstellt, kann hier dahingestellt bleiben.

579 Die Angleichung im Wortlaut erfolgte durch das Gesetz zur Wiederherstel-

ten eingelegtes Rechtsmittel oder die zu seinen Gunsten beantragte Wiederaufnahme des Verfahrens keine Abänderung der ausgesprochenen Rechtsfolge zu seinem Nachteil nach sich ziehen darf.

Der Schuldspruch findet in diesen Regelungen keine Erwähnung. Ob er dennoch dem Begriff der Rechtsfolgen in den §§ 331 Abs. 1, 358 Abs. 2 S. 1 und 373 Abs. 2 S. 1 StPO subsumiert werden kann, gilt es im Folgenden zu untersuchen. Der hier interessierende Zusammenhang zwischen Schuldspruch und Verschlechterungsverbot kreist die zu betrachtenden Konstellationen bereits ein. Entsprechend den Grenzen des Anwendungsbereiches der *reformatio in peius* kann es sich nur um Fälle handeln, in denen das Rechtsmittel zugunsten des Angeklagten eingelegt worden ist. Dieser muss sich also durch einen zu seinen Lasten ergangenen Schuldspruch beschwert fühlen.[580]

Die Einlegung eines Rechtsmittels zugunsten des Angeklagten gegen einen in der Vorinstanz ergangenen Schuldspruch wird in zwei Konstellationen unter dem Gesichtspunkt des Verschlechterungsverbots relevant. Zunächst kann der Verurteilte den Schuldspruch mit dem Ziel der Abänderung anfechten und den gleichzeitig ergangenen Rechtsfolgenausspruch bestehen lassen[581] bzw. einen Schuldspruch anfechten, neben dem keine weitere Sanktion ausgesprochen wurde und der Verurteilte die Aufhebung des Schuldspruchs begehrt.[582] Neben der Schuldspruchberichtigung ist die Konstellation denkbar, in der ein durch das Tatgericht freigesprochener Angeklagter durch die Revisionsinstanz schuldig gesprochen wird.[583]

---

lung der Rechtseinheit auf dem Gebiete der Gerichtsverfassung, der bürgerlichen Rechtspflege, des Strafverfahrens und des Kostenrechts vom 12.9.1950, BGBl. I, S. 455, 515. Vor der Vereinheitlichung sah die RStPO bzw. StPO für die Berufung vor, dass das Verschlechterungsverbot jede Abänderung des Urteils erfasse. Im Falle der Revision bzw. der Wiederaufnahme wurden ausdrücklich nur härtere Strafen von den Verbotsnormen umfasst. Näher *Bruns*, Begriff des Nachteils, S. 22 ff.

580 Dazu näher oben 3. Teil, 4. Kapitel, II., 1., a).

581 Für viele etwa BGHSt 8, 34, 37; BVerfG, Urteil vom 1.3.2000, 2 BvR 2049/99.

582 Vgl. auch *Kaiser*, Die Beschwer, S. 158.

583 In diesem Fall stellt sich bereits die Hürde der erforderlichen Beschwer durch einen Freispruch. Die Anfechtung eines Freispruchs zugunsten des Angeklagten ist wohl nur mit der Begründung eines nicht vollständig entlastenden Urteilstenors bzw. sofern überhaupt für zulässig erachtet, mit dem Vorwurf einer belastenden Urteilsbegründung vorzubringen. Diese Überlegungen sind mithin eher theoretischer Natur. Anders hingegen die Fälle, in denen sich der ehemals Angeklagte nach Einstellung des Verfahrens durch in den Gründen

aa) Die Sachentscheidungskompetenz des Rechtsmittelgerichts

Beide Konstellationen, Schuldspruchberichtigung und Erstfassung eines Schuldspruchs, werfen zunächst auf der Zulässigkeitsebene die Frage auf, ob ein solches Vorgehen überhaupt durch die dem Rechtsmittelgericht eingeräumte Entscheidungskompetenz gedeckt ist. Für die Berufungsinstanz ist diese Frage selbstredend unproblematisch, das Berufungsgericht ist als zweite Tatsacheninstanz grundsätzlich befugt, den Schuldspruch zu ändern oder erstmals zu fassen.[584] Hingegen ist die Sachentscheidungskompetenz des Revisionsgerichts deutlich begrenzt.

Ob eine Schuldspruchänderung oder die erstmalige Verurteilung durch das Revisionsgericht zulässig ist, also von dessen Sachentscheidungskompetenz gedeckt ist, richtet sich nach § 354 Abs. 1 StPO.[585] Erwähnung findet ein solches Vorgehen der Revisionsinstanz dort nicht, jedoch verweisen Rechtsprechung und weite Teile der Literatur auf die Zulässigkeit einer analogen Anwendung des § 354 Abs. 1 StPO.[586] Hauptargument für die entsprechende Anwendung und damit die Erlaubnis, den Schuldspruch der Vorinstanz zu ändern, ist das der Verfahrensökonomie. So sei es unverhältnismäßig aufwendig, für eine Berichtigung des Schuldspruchs die Sache an die Tatsacheninstanz zurückzuweisen, um den Schuldspruch nach den Vorgaben des Revisionsgerichts zu berichtigen.[587]

---

enthaltene Ausführungen zu verbleibenden Verdachtsmomenten oder vermuteter Schuld beschwert fühlt.

584 Innerhalb der Berufungsinstanz wird auf der Grundlage des Eröffnungsbeschlusses über alle Tat- und Rechtsfragen neu entschieden, vgl. etwa RGSt 62, 130 (132); *Meyer-Goßner*, Vor § 312, Rn. 1.

585 Für die Berufungsinstanz ist die grundsätzliche Zulässigkeit einer solchen Sachentscheidung selbstredend vollkommen unproblematisch.

586 Nach Ansicht des *Bundesverfassungsgerichts* ist eine Schuldspruchberichtigung zu Gunsten wie auch zu Ungunsten des Angeklagten durch ein Revisionsgericht entsprechend §§ 349 Abs. 2, 354 Abs. 1 StPO grundsätzlich verfassungsrechtlich nicht zu beanstanden, BVerfG, Beschluss vom 01. März 2000, 2 BvR 2049/99 unter Bezug auf BVerfG, Beschluss vom 15. Februar 1995, 2 BvR 383/94; BVerfG NJW 1996, S. 116; BVerfG, Beschluss vom 28. November 1985, 2 BvR 1395/85; BVerfGE, Beschluss vom 19. März 1985, 2 BvR 274/85; BayObLG, JZ 1961, 506 (507). Hierzu ferner *Sarstedt*, JR 1957, 272; *Kemper*, Horizontale Teilrechtskraft, S. 79 ff.; *Batereau*, Schuldspruchberichtigung, S. 13 ff.; *Fezer*, Strafprozessrecht, 20/50, *Meyer-Goßner*, § 354, Rn. 12.

587 *Fezer*, Strafprozessrecht, 20/50; *Schroeder*, JuS 1982, 491 (494); KMR-*Paulus*,

Im Falle eines erstmaligen Schuldspruchs durch die Revisionsinstanz nach vorangegangenem Freispruch durch das Tatgericht kann die analoge Anwendbarkeit des § 354 Abs. 1 StPO indes nicht so leichtfertig angenommen werden.[588] Dies bereits deshalb nicht, weil die Ersetzung eines Freispruchs durch einen Schuldspruch eine rechtliche Beurteilung des Revisionsgerichts enthält, die über dessen eigentliche Befugnisse hinausgeht.[589] Die Diskussion kreist dabei vordringlich um das Problem, dass das Revisionsgericht hinsichtlich seiner erstmaligen Verurteilung an die tatrichterlichen Sachverhaltsfeststellungen gebunden ist.[590] Daran knüpft sich die Sorge, die tatrichterlichen Feststellungen seien zwar geeignet den Freispruch, aber nicht gleichzeitig auch eine Verurteilung zu tragen.[591] Die Verurteilung muss also auf den Unterbau des zuvor ergangenen Freispruchs gestützt werden können. Im Zusammenhang damit steht das zweite Hauptargument der Kritiker einer solchen Praxis. Das Rechtsmittelrecht des Betroffenen werde in diesen Fällen unerträglich eingeschränkt, da dieser doch mangels vorangegangener Beschwer keine Möglichkeit habe, die den Freispruch tragenden Sachverhaltsfeststellungen des Tatgerichts gerichtlich überprüfen zu lassen, bevor das Revisionsgericht entscheidet.[592]

(1999) § 354, Rn. 11; LR-*Hanack*, § 354, Rn. 15; *Walbaum*, Schuldspruch, S. 27 mit weiteren Nachweisen.

588 Gegen die Zulässigkeit einer solchen Praxis etwa Urteil des KG, 2. StS vom 27.9.1956, JR 1957, 270 (271), bestätigend *Sarstedt*, JR 1957, 272; *Foth*, NStZ 1992, 444; *Geerds*, JZ 1968, 390 (393 ff.); *Fezer*, Strafprozessrecht, 20/50; *Roxin*, Strafverfahrensrecht, § 53 J III. Eine Kategorisierung der richterlichen Argumente für einen erstmaligen Schuldspruch in der Revisionsinstanz bei *Peters*, FS-Stock, S. 197 (199 f.).

589 *Wollweber*, Die innerprozessuale Bindungswirkung, S. 75.

590 Der 2. *Senat* des *Bundesverfassungsgerichts* sah in diesen Fällen einen Verstoß gegen Art. 101 Abs. 1 Satz 2 GG, wenn das *„Revisionsgericht selbst die den Schuldspruch tragenden Feststellungen aufgrund einer eigenen Würdigung des Beweisergebnisses der Vorinstanz betrifft"*; BVerfGE NStZ 1991, 499 mit Anmerkung *Foth*, NStZ 1992, 444 ff. Vgl. zuvor noch unentschieden, ob eine Verletzung vorliegt BVerfGE 3, 255 (256); BVerfGE 3, 359 (364).

591 Grundlegend BayObLG JZ 1961, 506 (507 f.); *Grünwald*, Teilrechtskraft, S. 93 f.; OLG Düsseldorf StV 1985, 361. Dazu näher *Wollweber*, Die innerprozessuale Bindungswirkung, S. 78 ff. mit weiteren Nachweisen; *Roxin*, Strafverfahrensrecht, § 53 J III. Das *Bundesverfassungsgericht* bestätigt die Verfassungsmäßigkeit eines Schuldspruchs nach vorangegangenem Freispruch jedoch, wenn die lückenlosen Feststellungen des Tatgerichts keinen Raum für Ergänzungen lässt, BVerfG NStZ 1991, 499.

592 BayObLG JZ 1961, 506 ff.; *Wollweber*, Die innerprozessuale Bindungswirkung,

Peters setzt hingegen mit seiner Kritik an der gerichtlichen Praxis, eine Verschlechterung vom Frei- zum Schuldspruch auch durch die Revisionsinstanz zu erlauben, nicht allein an den strafprozessualen Schwierigkeiten an. So nimmt er in seiner Argumentation vielmehr Bezug auf die Teleologie des § 354 Abs. 1 StPO und den materiellen Gehalt des Schuldspruchs.[593] Ausgangspunkt seiner Überlegungen ist die Erwägung, dass materielles und formelles Recht eine Einheit bilde.[594] In diesem Sinne sei ein doppelfunktioneller Charakter auch dem § 354 Abs. 1 StPO nachweisbar. Neben dessen verfahrensrechtlichem Wesen müsse auch sein materieller Gehalt berücksichtigt werden. So schütze § 354 Abs. 1 StPO nicht nur die Rechtsstellung des Angeklagten und dessen Anspruch auf Rechtssicherheit, indem die Sachentscheidungskompetenz des Revisionsgerichts beschränkt werde, sondern bewahre diese Norm den Angeklagten bzw. den ehemals Freigesprochenen auch vor einer endgültigen Minderung seiner Sozialstellung durch den erstmaligen Schuldspruch in der Revisionsinstanz.[595]

Der Schutz der Rechtsstellung des Angeklagten zieht zahlreiche verfahrensrechtliche Beschränkungen nach sich, von denen zwei der Wichtigsten, die Gewährleistung eines ausreichenden und vollständigen Rechtsmittelrechts sowie die strikte Trennung zwischen der Tatgerichts- und der Revisionsinstanz, bereits genannt wurden. Der durch die Revisionsinstanz erstmals ergangene Schuldspruch belastet mithin den Betroffenen in dessen Rechtsstellung.[596] Darüber darf indes nicht der Schutz der Sozialstellung in Vergessenheit geraten. Eine teleologische Auslegung des § 354 Abs. 1 StPO zur Klärung dessen Anwendungsbereichs weist ebenfalls auf den materiellen Gehalt des Schuldspruchs. Der erstmalige Schuldspruch durch die Revisionsinstanz nach vorangegangenem tatrichterlichem Schuldspruch verkürzt nicht nur die prozessualen Rechte des Angeklagten, sondern

---

S. 78 f.; *Meyer-Goßner*, § 354, Rn. 23. Für eine generelle Unzulässigkeit eines Schuldspruchs in diesen Fällen aus den dargestellten Gründen *Grünwald*, Teilrechtskraft, S. 94.

593 Die übrigen dezidiert ausgeführten Kritikpunkte betreffen dagegen nicht den Charakter des Schuldspruchs als eigenständige Beschwer, vgl. dazu *Peters*, FS-Stock, S. 197 (206 ff.).

594 *Peters*, FS-Stock, S. 197 (203) unter Verweis auf seine Tübinger Antrittsvorlesung: Die strafrechtsgestaltende Kraft des Strafprozesses, 1963.

595 *Peters*, FS-Stock, S. 197 (204 ff.).

596 *Peters*, FS-Stock, S. 197 (205).

beschwert diesen mit gegenüber einer Schuldspruchberichtigung wesentlich erhöhter Intensität.

Aus diesen Gründen ist eine analoge Anwendung des § 354 Abs. 1 StPO auf die Fälle der Verurteilung eines vom Tatrichter freigesprochenen Angeklagten durch die Revisionsinstanz abzulehnen. Damit steht fest, dass der Schuldspruch eines zuvor freigesprochenen Angeklagten weder im Rahmen eines zu seinen Gunsten noch eines zu seinen Ungunsten eingelegten Rechtsmittels durch das Revisionsgericht zulässig ist.[597] Die Frage, ob ein solches Vorgehen vom Anwendungsbereich des Verschlechterungsverbots umfasst wird, wird sich im Folgenden erst gar nicht mehr stellen.

bb) Die Änderung des Schuldspruchs oder dessen Erstfassung durch das Rechtsmittelgericht als Verstoß gegen das Verschlechterungsverbot

Von der Sachentscheidungskompetenz des Revisionsgericht zu unterscheiden ist die nunmehr relevante Frage, ob eine Änderung oder Erstfassung des Schuldspruchs gegen das in den §§ 331 Abs. 1, 358 Abs. 2, S. 1 und 373 Abs. 2, S. 1 StPO statuierte Verschlechterungsverbot verstößt. In diesem Zusammenhang muss zwischen Berufungs- und Revisionsinstanz nicht mehr unterschieden werden.

(1) Die Schuldspruchänderung

Die Haltung der Rechtsprechung und großer Teile der Strafrechtswissenschaft ist für den Fall einer Schuldspruchänderung eindeutig. Beschränkt der Angeklagte das von ihm eingelegte Rechtsmittel nicht auf den Rechtsfolgenausspruch, so riskiert er eine Erweiterung des Schuldspruchs in der bezeichneten Weise. Ein Verstoß gegen das Verschlechterungsverbot ist hierbei nach einhelliger Auffassung nicht zu erblicken.[598] Anders liegt der Fall jedoch hinsichtlich der Feststellung

---

597 Vgl. *Peters*, FS-Stock, S. 197 (216).

598 BGHSt 14, 5 (7); 21, 256 (260); 29, 63 (66); BGH MDR 1978, 417 (418); BGH StV 1995, 151; BGH StV 1999, 151; BGH, Beschluss vom 26. 6. 2002, 3 StR 176/02. In diesem Sinne auch KK-*Ruß*, § 331, Rn. 2; KK-*Kuckein*, § 358, Rn. 18; KMR-*Paulus*, (1999) § 331, Rn. 3; LR[24]-*Gollwitzer*, § 331, Rn. 7; *Meyer-Goßner*, § 331,

der Schwere der Schuld nach § 57a Abs. 1 S. 1 Nr. 2 StGB. Einer solchen nachträglichen Feststellung im Urteilstenor steht nach Ansicht der Rechtsprechung das Verbot der Schlechterstellung nach § 358 Abs. 2 StPO entgegen.[599]

Das Hauptargument für diese Auffassung liegt auf der Hand. Der Wortlaut der einschlägigen Normen beschränkt den Anwendungsbereich des Verschlechterungsverbots ausdrücklich auf Rechtsfolgen.[600] Ferner wird auf die amtliche Begründung der einschlägigen Vorschriften[601] verwiesen, die ausdrücklich feststellt, *„daß sich das Verbot der Schlechterstellung nur auf Art und Höhe der Strafe, nicht aber auf den Schuldspruch bezieht."*[602] Diese Auffassung sucht *Wittschier* in seiner Untersuchung im Wege einer grammatikalischen sowie historischen Auslegung der in Rede stehenden Normen zu widerlegen.[603] Dem Wortlautargument stimmt *Wittschier* dahingehend zu, dass der Schuldspruch tatsächlich nicht als Rechtsfolge betrachtet werden könne. Ferner weist er darauf hin, dass auch nachdem der Wortlaut der §§ 331 Abs. 1, 358 Abs. 2 S. 1 und 373 Abs. 2 S. 1 StPO angeglichen wurde, § 72 Abs. 2 OWiG nach wie vor Bestand habe und die Rechtslage weiterhin als nicht eindeutig qualifiziere. Schließlich lege § 72 Abs. 2 OWiG fest, dass nach eingelegtem Einspruch gegen einen Bußgeldbescheid das Gericht von der durch die Verwaltungsbehörde getroffenen Entscheidung nicht zum Nachteil des Betroffenen abweichen dürfe. Unter den Begriff der Entscheidung falle unzwei-

---

Rn. 8; *Eb. Schmidt*, Lehrkommentar, Teil II, Erl. 1 zu § 331; *Peters*, FS-Stock, S. 197 (201); *Grünwald*, Teilrechtskraft, S. 200 f.; *Roxin*, Strafverfahrensrecht, § 51 B VI 2; *Fezer*, Strafprozessrecht, 19/44; *Ganske* der zwar die für den Angeklagten nachteilige Veränderung des Schuldspruchs als Minderung seiner sozialen Stellung anerkennt, jedoch keinen Nachteil im Sinne der *reformatio in peius* sieht, *ders.*, Begriff des Nachteils, S. 25 ff. In der Konsequenz wird für auch die Schuldspruchberichtigung durch das Revisionsgericht in analoger Anwendung des § 354 Abs. 1 StPO als zulässig erachtet, vgl. *Roxin*, Strafverfahrensrecht, § 53 J III.

599 BGH StV 1994, 372; BGH NStZ 1993, 449.

600 Dies anerkennt auch *Ganske* und nimmt die Veränderung des Schuldspruch ausdrücklich aus der Nachteilsdefinition heraus, *ders.*, Begriff des Nachteils, S. 25 f., 27.

601 Etwa *Ganske*, Begriff des Nachteils, S. 26 f. unter Verweis auf BT-Dr I/530; S. 50, 51 und 52.

602 Im Anschluss BGHSt 2, 96 (98).

603 *Wittschier*, StV 1986, 173 (175 ff.).

felhaft auch der Schuldspruch.[604] Fehlende Einheitlichkeit in der Rechtsprechung beobachtet *Wittschier* auch noch nachdem im Jahre 1950[605] ein Vereinheitlichungsgesetz in Kraft trat, das die im Strafprozessrecht bestehenden Regelungen des Verschlechterungsverbots im Wortlaut anpasste.[606] Mit dem Nachweis einer mehrdeutigen Gesetzeslage und uneinheitlicher Rechtsprechung ist indes noch nicht die Anwendbarkeit des Verschlechterungsverbots auf den Schuldspruch begründet.[607]

Konsens scheint zwischen Befürwortern und Gegnern der Geltung des Verschlechterungsverbots auch für den Schuldspruch darüber zu bestehen, dass der Schuldspruch jedenfalls nicht dem Begriff der Rechtsfolge aus den §§ 331 Abs. 1, 358 Abs. 2 S. 1 und 373 Abs. 2 S. 1 StPO subsumiert werden könne. Die Begründung stützt sich dabei auf § 263 Abs. 1 StPO, der eindeutig zwischen Schuldspruch und Rechtsfolgenausspruch im Urteil trennt und damit verdeutliche, dass es sich hierbei um zwei verschiedene Institute handelt.[608]

Dieses Argument vermag vor dem Hintergrund der bisher erarbeiteten Funktionen und Wirkungen des Schuldspruchs jedoch nicht zu überzeugen. Die Untersuchung hat gezeigt, dass die Ambivalenz des Schuldspruchs, der als Schnittstelle zwischen prozessualem und materiellem Recht fungiert, das Institut des Schuldspruchs in verschiedenen dogmatischen Zusammenhängen schwer handhabbar macht. Diese Zusammenhänge sind naturgemäß solche, die ihrerseits im Schnittbereich prozessualen und materiellen Rechts angesiedelt sind. Die Beschäftigung mit den dort konkret geführten Diskussionen um Einzelprobleme hat gezeigt, dass ein ums andere Mal versucht wird, die Ambivalenz des Schuldspruchs zugunsten nur einer Funktion aufzulösen. Ein solcher Versuch tut dem Schuldspruch Gewalt an und muss im Ergebnis misslingen. So auch hier: Die Subsumtion des Schuldspruchs dem Begriff der Rechtsfolge etwa in § 358 Abs. 2 S. 1 StPO kann nicht mit dem Verweis auf § 263 Abs. 1 StPO verweigert werden. § 263 Abs. 1 StPO ist eine prozessuale Norm und betrachtet den Schuldspruch aus der Perspektive seiner formellen Funktion als

604 *Wittschier*, StV 1986, 173 (175).
605 BGBl. I, S. 455, 495 ff.
606 *Wittschier*, StV 1986, 173 (176 f.) mit weiteren Nachweisen.
607 Dies gesteht auch *Wittschier* zu, StV 1986, 173 (177).
608 *Wittschier*, StV 1986, 173 (175).

Teil der Urteilsformel und Eingangsvoraussetzung für den Strafausspruch. Vernachlässigt werden darf aber nicht, dass darüber hinaus der Schuldspruch im materiellen Recht als eigenständige, von anderen Rechtsfolgen nahezu vollständig isolierte Sanktion vorgesehen wird. Sprechen die hier in Rede stehenden Regelungen von einer Verschlechterung der Rechtsfolgen, so muss der Schuldspruch jedenfalls in den Fällen, in denen ihm unter Anwendung der entsprechenden materiell-rechtlichen Vorschriften wie etwa § 60 StGB oder § 199 StGB die Funktion einer Rechtsfolge zugewiesen wird, auch als solche behandelt werden.

Die das Verschlechterungsverbot statuierenden Normen nehmen Bezug auf eben diesen materiell-rechtlichen Gehalt. Das Verschlechterungsverbot muss mithin die Institute, die den Schuldspruch unter Verzicht auf jede darüber hinaus gehende Sanktion als eigenständige Rechtsfolge vorsehen, umfassen. Fraglich ist nun, ob für die Fälle, in denen der Schuldspruch mit einem Strafausspruch verknüpft wurde, jedoch nur der Schuldspruch Gegenstand einer Anfechtung ist, etwas anderes gelten muss. Dies ist zu verneinen.[609] Gerade vor dem Hintergrund, dass der Schuldspruch nicht nur Missbilligung, Tadel und Vorwurf ist, sondern auch eine Belastung des durch ihn Betroffenen in dessen Sozial- und Rechtsstellung bedeutet, wurde dem Schuldspruch schließlich im materiellen Recht die Position einer eigenständigen Sanktion zuerkannt. Und genau aus diesem Grund wird er für minderschwere Fälle, in denen die Strafe als eine zu schwere, die Einstellung des Verfahrens hingegen als zu schwache Reaktion eingeschätzt wird, als angemessene Rechtsfolge anerkannt.

Die Belastung des Betroffenen, die darin liegt, unter Aufrechterhaltung des Strafausspruchs etwa statt wegen Diebstahls wegen Raubes verurteilt zu werden, ist in ihrer Intensität gewiss schwächer einzuschätzen als die Erhöhung einer Freiheitsstrafe von einem auf zwei Jahre, qualitativ sind beide als repressive staatliche Reaktionen auf begangenes Unrecht vergleichbar.[610] Die aus dem Rechtsstaatsprinzip abgeleitete und in den §§ 331 Abs. 1, 358 Abs. 2 S. 1 und 373 Abs. 2 S. 1

---

609 So auch *Batereau*, Schuldspruchberichtigung, S. 22.

610 Zweifel an einer Schuldspruchberichtigung äußert auch *Peters* für die Fällen, in denen das Revisionsgericht einen bestehenden Tatbestand durch einen schwereren oder in seinem Wesengehalt verschiedenen Tatbestand ersetzt, Schuldspruch durch das Revisionsgericht, FS-Stock, S. 197 (202).

StPO statuierte Verpflichtung, das Rechtsmittelrecht des Verurteilten frei von der Besorgnis einer Verschlechterung zu halten, muss auch vor der Befürchtung schützen, einem erschwerten Schuldspruch unterworfen zu werden.[611] Unter den Begriff der Rechtsfolge ist mithin auch der Schuldspruch zu fassen.

Ob die Änderung des Schuldspruchs auch zum Nachteil des Angeklagten erfolgte, ist freilich damit noch nicht entschieden. Für die Freiheitsstrafen und Geldstrafen wird vordringlich auf das Strafmaß und das Gefälle zwischen beiden Strafarten abgestellt. In Bezug auf den Schuldspruch ist nach Auffassung der Rechtsprechung eine „völlige Verschiedenheit" des bezeichneten und des begehrten Deliktes erforderlich, um einen unzutreffend formulierten Schuldspruch als geeignet anzusehen, den Angeklagten mit einem Nachteil zu belasten.[612] Das Kriterium der Verschiedenheit wird entsprechend der im Rahmen der Wahlfeststellung entwickelten Grundsätze konkretisiert, indem Tatbestände mit identischem, das heißt rechtsethisch oder täterpsychologisch vergleichbaren Unrechtskern, jedenfalls nicht hinzu zählen.[613]

Völlig zu Recht weist *Kaiser* in diesem Zusammenhang darauf hin, dass dieses Kriterium wenig stichhaltig sei und statt auf den Unrechts- vielmehr auf den jeweiligen Vorwurfsgehalt abgestellt werden müsse.[614] Demnach ist nicht ein generelles Stufenverhältnis der verschiedenen Delikte, abgelesen an den Strafrahmen, entscheidend, sondern deren konkret-individuellen Auswirkungen auf den Täter. Für den Schuldspruch ist das Vorliegen eines Nachteils mithin an dem Maß des im Schuldspruch enthaltenen sozial-ethischen Unwerturteils zu bemessen. Als Richtschnur können freilich die Strafrahmen der betroffenen Tatbestände dienen, sollte eine Freiheitsstrafe ausge-

---

611 In diesem Sinne unter der Überschrift der teleologischen Auslegung auch *Wittschier*, StV 1986, 173 (177).

612 BGHSt 8, 34 (37); dazu *Batereau*, Schuldspruchberichtigung, S. 24. Eine solche „völlige Verschiedenheit" verneinte der *Bundesgerichtshof* für die Umwandlung der Konkurrenzform von Gesetzeskonkurrenz in Tateinheit, die Annahme von Tateinheit beschwere für sich genommen den Angeklagten nicht, BGH NStZ 2000, 262. Etwas anderes gelte grundsätzlich für die Umwandlung der Verurteilung wegen eines Vergehens in die Verurteilung wegen eines Verbrechens, vgl. BGH NStZ 1995, 141.

613 *Kaiser*, Die Beschwer, S. 159.

614 *Kaiser*, Die Beschwer, S. 161.

sprochen worden sein. Entscheidend ist jedoch das sozial-ethische Verständnis der Gesellschaft sowie die Rechts- und Sozialstellung des im Einzelfall Betroffenen. Die §§ 331 Abs. 1, 358 Abs. 2 S. 1 und 373 Abs. 2 S. 1 StPO sind entsprechend auch auf den Fall einer Schuldspruchberichtigung durch das Rechtsmittelgericht anwendbar.

(2) Der erstmalige Schuldspruch

Die Zulässigkeit einer Verurteilung des vormals freigesprochenen Angeklagten durch das Revisionsgericht wurde bereits oben unter 3. Teil, 4. Kapitel, II., 1., c), aa) abgelehnt. Damit erübrigt sich die Diskussion, ob diese Konstellation, wenn auch nicht von deren Wortlaut umfasst, ebenfalls dem Anwendungsbereich der Vorschriften zum Verschlechterungsverbot unterfällt. Nur wer die Sachentscheidungsbefugnis des Revisionsgerichts für diesen Fall annimmt, muss die Frage entscheiden, ob hier das Verschlechterungsverbot greift. Die Zulässigkeit fingiert, muss im Wege eines „Erst-Recht-Schlusses" das gleiche gelten wie im Falle der Schuldspruchänderung. Der erstmalige Schuldspruch stellt eine einschneidende materielle Belastung des durch ihn Betroffenen dar, die über dessen prozessualen Benachteiligung hinaus die Anerkennung als Schlechterstellung zu begründen vermag. Liegen die normierten Anwendungsvoraussetzungen der §§ 331 Abs. 1, 358 Abs. 2 S. 1 und 373 Abs. 2 S. 1 StPO vor, verbietet sich der erstmalige Schuldspruch in der Revisionsinstanz, aber auch in der Berufungsinstanz.[615]

2. Die Verfassungsbeschwerde

a) Die Grundrechtsverletzung durch den Schuldspruch im Sinne von § 90 Abs. 1 BVerfGG

Die Erhebung einer Verfassungsbeschwerde zum *Bundesverfassungsgericht* setzt nach § 90 Abs. 1 BVerfGG voraus, dass der Betroffene be-

615 Anders die höchstrichterliche Rechtsprechung, vgl. etwa BGHSt 36, 277 (282 f.); vgl. ferner *Sarstedt* JR 1957, 272. Dazu *Walbaum*, Schuldspruch, S. 82 f. mit umfangreichen Nachweisen insbesondere aus der Rechtsprechung der Oberlandesgerichte, S. 83 ff.

hauptet, durch die öffentliche Gewalt in einem seiner Grundrechte oder spezieller grundrechtsgleicher Rechte, unter ihnen der Anspruch auf rechtliches Gehör aus Art. 103 Abs. 1 GG, verletzt zu sein.

Es wurde bereits aufgezeigt, dass einfachrechtlich umstritten ist, ob die Revisionsinstanz einen Freispruch in einen Schuldspruch umwandeln darf; diese Frage ist aus verfassungsrechtlicher Sicht unerheblich. Vielmehr hatte das *Bundesverfassungsgericht* in diesen Konstellationen darüber zu befinden, ob in der Abänderung des Freispruchs in einen Schuldspruch eine Grundrechtsverletzung liegt, die eine Aktivlegitimation des Betroffenen nach § 90 Abs. 1 BVerfGG begründet. Wiederholt stellten Beschwerdeführer dabei auf die Verletzung ihres Anspruchs auf rechtliches Gehör nach Art. 103 Abs. 1 GG ab.[616] Damit kehrt ein Argument wieder, das bereits im Streit um den möglichen Verstoß gegen § 354 Abs. 1 StPO in diesen Fällen erwähnt wurde. Wurden die zitierten Verfassungsbeschwerden auch mit der Begründung, die tatrichterlichen Sachverhaltsfeststellungen vermögen den Schuldspruch der Revisionsinstanz in diesen Fällen zu tragen[617], als unbegründet zurückgewiesen, so anerkennt das *Bundesverfassungsgericht* doch in ständiger Rechtsprechung die Beschwer des Betroffenen im Sinne des § 90 Abs. 1 BVerfGG durch den Schuldspruch.[618] Ein Indiz für die Anerkennung des Schuldspruchs als Beschwer kann überdies auch aus der Praxis des *Bundesverfassungsgerichts*, grundsätzlich auch in einem freisprechenden Strafurteil eine Beschwer des Betroffenen, das heißt eine Grundrechtsverletzung, für möglich zu halten, gewonnen werden. In dieser Konstellation kann die Beschwer sich freilich allein aus den Urteilsgründen ergeben.[619] Können in diesem Sinne nicht vollständig widerlegte Verdachtsmomente in den Urteilsgründen, die zwar in Schriftform ergehen, jedoch in der Hauptverhandlung nicht

616 BVerfGE 82, 236; 75, 369.

617 Dass die tatsächlichen Feststellungen des Tatgerichts nicht geändert werden müssen ist Voraussetzung nicht nur der erstmaligen Fassung eines Schuldspruchs, sondern auch der Änderung eines schon bestehenden Schuldspruchs durch die Revisionsinstanz, vgl. BVerfG NJW 1996, 116.

618 BVerfGE 75, 369; 82, 236 (258), BVerfG NJW 1996, 116 (117); BVerfGE, Beschluss vom 03. 10. 2001, 2 BvR 1198/01. Die Möglichkeit einer Grundrechtsverletzung räumt das *Bundesverfassungsgericht* auch für ein freisprechendes Strafurteil ein, vgl. BVerfGE 6, 7.

619 Grundlegend BVerfGE 6, 7 (10), im Anschluss auch BVerfGE 28, 151 (160).

verlesen werden[620], bereits eine Beschwer begründen, muss dies erst recht für den öffentlich verkündeten Schuldspruch gelten.

Der Frage, ob der Schuldspruch einen eigenständigen Grundrechtseingriff darstellt, nähert sich *Lagodny* in seiner umfangreichen Untersuchung zum *„Strafrecht vor den Schranken der Grundrechte"*[621] aus verfassungsrechtlicher Sicht. Übereinstimmend mit der hier vertretenen Auffassung, stellt Lagodny fest, dass dem Schuldspruch neben seiner Funktion als verfassungsrechtliche Anforderung an die Strafe auch eine unabhängige Bedeutung zukomme und verweist an dieser Stelle auf den dem Schuldspruch im materiellen Strafrecht zugeschriebenen selbstständigen Vorwurfscharakter.[622] *Lagodny* kommt zu dem Schluss, neben der Strafe enthalte auch der Schuldspruch in Form der „Vorwurfsfeststellung" einen Grundrechtseingriff, eine darüber hinausgehende Zwangswirkung müsse eine Maßnahme nicht aufweisen, um als Grundrechtseingriff angesehen werden zu können.[623] Im Rahmen der verfassungsrechtlichen Untersuchung wird dort der Nachweis geführt, dass der Schuldspruch einen Eingriff in das allgemeine Persönlichkeitsrecht aus Art. 2 Abs. 1 in Verbindung mit Art. 1 Abs. 1 GG darstellt. Mit der verfassungsrichterlichen Anerkennung der Ehre als einen durch das allgemeine Persönlichkeitsrecht geschützten Wert, stellt selbstverständlich der Schuldspruch als Beeinträchtigung des sozialen Ehr- und Achtungsanspruchs des Beschuldigten einen Eingriff dar.[624] Vor dem Hintergrund der hier bereits erarbeiteten Ergebnisse, wonach der Schuldspruch eine sozial-ethische Verurteilung gänzlich unabhängig von der Strafe symbolisiert und zugleich öffentlich dem Täter die alleinige Verantwortung für das begangene Unrecht zuschreibt, wird festgestellt, dass der Schuldspruch einen grundrechtsrelevanten Eingriff darstellt.[625]

---

620 Der *Bundesgerichtshof* weist ausdrücklich darauf hin, dass die Urteilsformel der entscheidende Teil des Urteils ist, vgl. Nachweise oben Fn. 9.

621 *Lagodny*, Strafrecht vor den Schranken der Grundrechte, 1996.

622 *Lagodny*, Strafrecht, S. 98 f.

623 *Lagodny*, Strafrecht, S. 110.

624 *Lagodny*, Strafrecht, S. 120 ff.

625 Vgl. *K. Günther*, Strafrechtliche Verantwortlichkeit, S. 41, der im Verantwortung zuschreibenden Strafurteil zugleich ein nachteiliges Statusurteil sieht, das einen grundrechtsrelevanten Eingriff bedeutet.

b) Die existentielle Betroffenheit eines Verurteilten durch den Schuldspruch

Die Erhebung einer Verfassungsbeschwerde zum *Bundesverfassungsgericht* nach § 93 Abs. 1 Nr. 4a in Verbindung mit §§ 13 Nr. 8a, 90 BVerfGG setzt voraus, dass der Beschwerdeführer durch einen Akt der öffentlichen Gewalt in seinen Grundrechten verletzt wurde. Daneben bedarf es gesondert der gerichtlichen Annahme der Klage zur Entscheidung. Entstünde dem Beschwerdeführer ein schwerer Nachteil aus der Versagung dieser Annahme, so muss die Verfassungsbeschwerde nach § 93a Abs. 2 b) BVerfGG angenommen werden. Einen solch schweren Nachteil erblickt das *Bundesverfassungsgericht* regelmäßig in den Fällen, in denen ein zu Lasten des Beschwerdeführers ergangener Schuldspruch angegriffen wird. In diesem Rahmen hatte der 2. *Senat*[626] darüber zu entscheiden, ob dem Betroffenen durch die Versagung der Entscheidung ein besonders schwerer Nachteil entstünde und so die Annahme der Verfassungsbeschwerde zur Durchsetzung der in § 90 Abs. 1 BVerfGG genannten Rechte angezeigt sei. Ein solch schwerer Nachteil, den der *Senat* auch als existentielle Betroffenheit definiert, muss sich nach verfassungsgerichtlicher Rechtsprechung aus dem Gegenstand der angegriffenen Entscheidung oder einer aus ihr folgenden Belastung ergeben.[627] Gegenstand der angegriffenen Entscheidung war in diesem Urteil aus dem Jahre 1997 eine strafgerichtliche Verurteilung, und so hatte der *Senat* zu beurteilen, ob hierin eine Beschwer von existentieller Bedeutung zu sehen sei.

Das *Bundesverfassungsgericht* unterschied zunächst deutlich zwischen dem Schuldspruch und dem Rechtsfolgenausspruch. Für die Rechtsfolgen gelte hierbei, dass sie als staatliche Sanktion zwar einen tiefen Eingriff darstellen könnten, ihr konkretes Gewicht für den Betroffe-

---

626 BVerfGE 96, 245 bereits im Leitsatz: „*Bei Verfassungsbeschwerden, die sich gegen eine strafrechtliche Verurteilung richten, liegt ein besonders schwerer Nachteil im Sinne des § 93a Abs. 2 b) BVerfGG regelmäßig vor, wenn der Schuldspruch angegriffen wird.*" So auch BVerfG, Beschluss vom 4. 3. 1998, 2 BvR 98/98. Die Aussage, der Schuldspruch stelle einen Nachteil für den durch ihn Betroffenen dar, trifft das *Bundesverfassungsgericht* auch im Zusammenhang mit dem Schutzbereich der Unschuldsvermutung und führt aus, dieser Grundsatz „*schützt den Beschuldigten vor Nachteilen, die Schuldspruch oder Strafe gleichkommen, denen aber kein rechtsstaatliches prozessordnungsgemäßes Verfahren zur Schuldfeststellung und Strafbemessung vorausgegangen ist.*"; BVerfGE 74, 358 (371); 82, 106 (115).

627 BVerfGE 96, 245 (248) unter Verweis auf BVerfGE 90, 22 (25 f.).

nen jedoch stets im Einzelfall zu prüfen sei. Nicht jede angegriffene Rechtsfolge bringe eine existentielle Betroffenheit mit sich.[628] Etwas anderes gelte hingegen für den Schuldspruch. Im Schuldspruch konkretisiere sich das sozial-ethische Unwerturteil, das originär durch die Strafnorm über die pönalisierte Handlungsweise umschrieben werde. Diese Konkretisierung berühre den in der Menschenwürde wurzelnden Wert- und Achtungsanspruch des Verurteilten (Art. 1 Abs. 1 GG).[629] Aus diesem Grunde sei die Frage nach der existentiellen Betroffenheit des Beschwerdeführers mit Blick auf den Schuldspruch positiv zu entscheiden. Weiter führt der *Senat* aus, diese Bedeutung des Schuldspruchs als nachdrückliche Beschwer des durch den Schuldspruch Betroffenen bestehe nicht nur unabhängig von dem Sanktionscharakter der Strafe, sondern sei regelmäßig allen Schuldsprüchen nachzuweisen.[630]

Für die Untersuchung, ob dem Schuldspruch auch eine repressive Funktion nachgewiesen werden kann, ist also festzuhalten: Das *Bundesverfassungsgericht* anerkennt einen Eingriff des strafgerichtlichen Schuldspruchs in den Schutzbereich der Menschenwürde durch die regelmäßige Minderung des Wert- und Achtungsanspruchs des Verurteilten und fällt damit eine Leitentscheidung für die materielle Bedeutung des Schuldspruchs unabhängig von der Strafe. Die Minderung der Rechts- und Sozialstellung des Betroffenen durch die negative Kennzeichnung als Verurteilter oder Straftäter begründet eine Wirkung des Schuldspruchs, die als repressiv bezeichnet werden kann.

---

628 BVerfGE 96, 245 (249 f.).

629 BVerfGE 96, 245 (249).

630 Der *Senat* räumt jedoch ein, eine Verfassungsbeschwerde, die sich lediglich gegen die Benennung eines tateinheitlich verwirklichten aber untergeordneten Deliktes wende, sei noch nicht zwingend entsprechend der skizzierten Argumentation zur Entscheidung anzunehmen, werde der Betroffene durch die erweiterte Formulierung des Schuldspruchs doch noch nicht denknotwendig auch existentiell betroffen, BVerfGE 96, 245 (249 f.).

TEIL 4
Der Schuldspruch und die Strafe

Hält man sich die Ergebnisse der ersten drei Teile dieser Untersuchung vor Augen, so ergibt sich ein Bild des Schuldspruchs, das weit über das eines verfassungsrechtlich gebotenen formalen Bestandteils der strafgerichtlichen Verurteilung hinaus geht. Ausgehend von einer so verstandenen und gleichwohl in seiner Bedeutung nicht zu vernachlässigenden Position des Schuldspruchs innerhalb der Urteilsformel gelang es, Schritt für Schritt nachzuweisen, dass der Schuldspruch darüber hinaus eine feststellende und klarstellende Funktion hat. In seiner Eigenart, ein symbolisch wirkendes Instrument zu sein, das überdies als kommunikatives Übel repressiv wirkt, stellte sich der Schuldspruch im Laufe der Untersuchung als ein Mittel dar, das zunehmend in die Nähe der Strafe gerückt werden muss.

Insbesondere anlässlich der Erarbeitung der Vorwurfsfunktion des Schuldspruchs stellte sich konkret die Frage, wie Schuldspruch und Strafe sich abseits der verfassungsrechtlich gebotenen formalen Verknüpfung zueinander verhalten. Am Merkmal der sozial-ethischen Missbilligung wurde deutlich, dass dieses stets als konstitutiv für den Strafbegriff verstandene Element gleichwohl dem Schuldspruch zugeschrieben wird. Das eindimensionale Verständnis des Schuldspruchs in seiner rein prozessualen Funktion stieß an seine Grenzen. Ist der Schuldspruch also ein sozial-ethisch missbilligendes, symbolisch-expressiv, aber auch repressiv wirkendes Instrument, gerät die Monopolstellung der Strafe ins Wanken.

Kapitel 1 Der Schuldspruch und die Strafzwecke

Ob die Bandbreite der Wirkungen und Funktionen des Schuldspruchs auch *de lege lata* im materiellen Recht berücksichtigt und so bereits vom Gesetzgeber auf eine Ebene mit der Strafe gestellt wurde, ist im Folgenden zu untersuchen. Bereits im zweiten Teil der Untersuchung konnte unter der Überschrift der Konstellationen im materiellen Recht aufgezeigt werden, dass einzelne Institute im materiellen Recht bestehen, die im Wege einer graduellen oder vollständigen Rücknahme der Strafe dem Schuldspruch eine eigenständige Position zuweisen. Doch ob dem Schuldspruch tatsächlich auch Sanktionscharakter zugeschrieben wird[631], wurde in diesem Zusammenhang noch nicht erörtert. Dabei darf nicht aus dem Auge verloren werden, dass der Blick in die gesetzgeberischen Materialien im zweiten Teil der Arbeit ergeben hat, dass in den vorgestellten materiell-rechtlichen Instituten die Konstruktionen der Position des Schuldspruchs voneinander abweichen und die Betonung des Schuldspruchs regelmäßig nicht im Zentrum des gesetzgeberischen Interesses stand. Gleichwohl wird dem Schuldspruch dort eine eigenständige Funktion oder eigenständige Funktionen zugeschrieben, deren Abgrenzung von den Funktionen der Strafe oder deren natürlichen und staatlichen Substituten in den behandelten Fällen eindeutiger möglich ist.

I. Die Straffunktionen des Schuldspruchs und § 60 StGB

§ 60 StGB ermöglicht dem erkennenden Gericht, von Strafe abzusehen und damit die staatliche Reaktion auf den Schuldausspruch zu reduzieren, sofern die Folgen der Tat, die den Täter getroffen haben, so schwer sind, dass es offensichtlich verfehlt wäre, die Strafe zu verhängen. Nach einhelliger Auffassung in Rechtsprechung und Wissenschaft ist es offensichtlich verfehlt, Strafe zu verhängen, sofern die Strafe im konkreten Fall unter keinem ihrer Leitgesichtspunkte eine sinnvolle Funktion hätte.[632] Oder anders gesagt: Die Strafzwecke müssen bereits ohne Strafverhängung anderweitig erreicht worden

631 So jedenfalls für das Institut des Absehens von Strafe nach § 60 StGB, vgl. *Schöch*, Gutachten C, 59. DJT, C 32; *Jescheck/Weigend*, Lehrbuch des Strafrechts AT, S. 855; *Eser*, FS-Maurach, S. 257 (270); *Waiblinger*, FS-Pfenninger, S. 157 (167).

632 Grundlegend BGHSt 27, 298 (300); vgl. bereits OLG Hamm DAR 1972, 131 (132); OLG Hamm DAR 1973, 247; BGH, Urteil vom 20.3.1973, 1 StR 5/73; OLG Karlsruhe NJW 1974, 1006. In der Literatur für viele *Hassemer*, FS-Sarstedt, S. 65 (67). Nach einhelliger Ansicht fordert das Merkmal „offensichtlich verfehlt" hingegen nicht die nachteilige bzw. ihre Zwecke selbst konterkarierende Wirkung der Strafe, sofern sie verhängt werden würde, vgl.

sein.[633] Ein Strafbedürfnis besteht nicht mehr.[634] Dahinter steht die Überlegung, dass eine Strafe, die ihrer Zwecke beraubt ist, nicht gerechtfertigt sein kann.

Die Strafzwecke müssen kumulativ anderweitig erfüllt werden, das heißt umgekehrt, dass die Nichterfüllung nur eines Strafzwecks, wenn auch noch nicht zwingend die Strafverhängung, so doch zumindest die Straffestsetzung nach sich zieht.[635] Vor diesem Hintergrund macht es Sinn, wenn *Eser* in § 60 StGB einen „Mikrokosmos der Strafzwecke" sieht und damit deutlich macht, dass alle gegenwärtigen Straftheorien berücksichtigt, also abgedeckt werden müssen, um von Strafe absehen zu können.[636] Der Begriff der „Vollzweckerreichung" weist in die gleiche Richtung wie die Definition *Esers* und bestimmt die Auseinandersetzung der wissenschaftlichen Literatur mit der gesetzgeberischen Intention bei der Formulierung des § 60 StGB.[637]

Mit dem Erfordernis der „Vollzweckerreichung" ist noch keine Aussage darüber getroffen, durch welches der in § 60 StGB angesprochenen Elemente die Straffunktionen wahrgenommen werden könnten. In Frage kommen vordringlich die eingetretenen Tatfolgen sowie der von der Strafe entkoppelte Schuldspruch. Denkbare Varianten der Umsetzung sind die vollständige Strafzweckerreichung durch eine der beiden Komponenten oder ein Zusammenwirken beider in Form einer Art Aufgabenteilung. Der Wortlaut des § 60 StGB vermittelt zunächst den Eindruck, dass die eingetretenen Tatfolgen den Täter so schwer getroffen haben müssen, dass dessen Einbußen bereits als natürliche Strafe zu begreifen sind.[638] Sie könnten an die Stelle einer staatlichen Strafverhängung treten und damit auch deren Funktionen

---

LK[11]-*Hirsch*, § 60, Rn. 33. In diesem Sinne aber das LG Frankenthal DAR 1979, 337, das darauf abstellt, die zusätzliche Verhängung einer Strafe würde das Strafverständnis der Angeklagten zerstören.

633 LK[11]-*Hirsch*, § 60, Rn. 34.

634 OLG Karlsruhe JZ 1974, 772; *Jescheck*, Lehrbuch des Strafrechts AT, S. 867; LK[11]-*Hirsch*, § 60, Rn. 34; dazu *Müller-Dietz*, FS-Lange, S. 303 (309).

635 *Bassakou*, Analyse und Reform, S. 73.

636 *Eser*, FS-Maurach, S. 257 (260), noch für den gleichlautenden § 16 StGB a. F. Kriminalpolitische Kritik an diesem Topos, der eine aus der willkürlichen Hierarchie der Strafzwecke folgende Disponibilität des § 60 StGB begründe, *Hassemer*, FS-Sarstedt, S. 65 (74).

637 LK[11]-*Hirsch*, § 60, Rn. 33 f. Zum Erfordernis der Vollzweckerreichung ausführlich *Bassakou*, Analyse und Reform, S. 73 ff.

638 Auf die Einschätzung der schweren Tatfolgen als *poena naturalis* wird im Rah-

vollständig übernehmen. Dass die Tatfolgen aus der Perspektive des geschädigten Täters so schwer sein könnten, dass sie aus dessen Sicht unmittelbare, der staatlichen Strafe nahekommende Wirkung entfalten, ist durchaus anzunehmen. Dabei muss in erster Linie an die Fälle gedacht werden, in denen der Täter in unmittelbarer Folge seiner Tat persönliche Einbußen durch den Verlust oder die Verletzung eines nahestehenden Menschen oder durch schwerwiegende Verletzungen am eigenen Körper zu erleiden hatte.

Sollte es tatsächlich möglich sein, dass die eingetretenen Tatfolgen abschließend auch alle Strafzwecke verwirklichen, stünde fest, dass eben diese Anforderung nicht durch den Schuldspruch erfüllt wird. Sowohl in der Rechtsprechung als auch in der Wissenschaft werden Zweifel an der alleinigen Funktionsfähigkeit der schweren Tatfolgen im Sinne der „Vollzweckerreichung" angemeldet. In der Konsequenz verlagert sich die Blickrichtung und tritt der verbleibende Schuldspruch in den Vordergrund.

Der *1. Senat* des *Bundesgerichtshofes*[639] entschied im Jahre 1973: *„§ 16 StGB ermöglicht es gerade, die spezial- und generalpräventiven Funktionen der strafrechtlichen Reaktion [...] unter gewissen Voraussetzungen als schon und allein durch den Schuldspruch gewahrt anzusehen [...]".*[640] In diesem Sinne urteilt dann auch der *3. Senat* des *Bundesgerichtshofes*: *„§ 60 Satz 1 StGB setzt voraus, dass die Funktion der Strafe allein durch den Schuldspruch erfüllt wird[...]".*[641]

Damit trägt die Rechtsprechung der schlichten Tatsache Rechnung, dass sich im Anwendungsbereich des § 60 StGB die verbleibenden staatlichen Reaktionsmöglichkeiten auf den Schuldspruch reduzieren. Die für die Anwendung des § 60 StGB zentrale Frage „Werden die Strafzwecke im konkreten Fall auch ohne Strafverhängung erreicht?" beantwortet der *Bundesgerichtshof* also eindeutig dahingehend, dass

men der einzelnen Straftheorien im weiteren Fortgang der Untersuchung noch genauer einzugehen sein.

639 BGH, Urteil vom 20.3.1973, 1 StR 5/73.

640 Diese Formel übernahm das *OLG Karlsruhe* wenig später wörtlich in seiner Grundsatzentscheidung zur Interpretation des § 60 StGB, vgl. OLG Karlsruhe NJW 1974, 1006. Ebenso BGH NJW 1996, 3350.

641 BGHSt 27, 298 (300). Auf die Begründung des *Bundesgerichtshofs* wird bezüglich der dort getroffenen Aussagen über die durch Tatfolgen bzw. Schuldspruch erfüllten Strafzwecke in der unten folgenden Untersuchung einzugehen sein.

der Schuldspruch an die Stelle der Strafe tritt und deren Zwecke stellvertretend zu übernehmen vermag.

Für eine stellvertretende Strafzweckerreichung allein durch die schweren Tatfolgen spricht sich hingegen das *Oberlandesgericht Frankfurt* aus, wenn es das Merkmal der „offensichtlich verfehlten" Strafverhängung bejaht, sofern die Folgen der Tat so beschaffen sind, *„dass angesichts ihrer Wirkungen auf den Täter irgendeine Strafe daneben auf ihn selbst keinen Eindruck mehr machen würde, der Vorgang selbst für ihn eine hinreichende Warnung ist und auch vom Standpunkt der Rechtsgemeinschaft her die Verwirklichung eines Schuldvorwurfs nicht mehr sinnvoll erscheint, während eine hinreichende generalpräventive Wirkung schon von den Tatfolgen ausgeht."*[642] Mit diesen Ausführungen trägt das *Oberlandesgericht Frankfurt* der oben genannten Definition der verfehlten Strafe Rechnung und schreibt gleichsam den schweren Tatfolgen die Fähigkeit zu, allen Strafzwecken allein Genüge zu tun.

Der offen zu Tage tretende Dissens in der Frage, ob nun der Schuldspruch allein oder dieser nur im Zusammenwirken mit den eingetretenen Tatfolgen die Strafe zu ersetzen vermag, soll im Folgenden geklärt werden. Dabei wird am Maßstab jeder einzelnen Straftheorie die Leistungsfähigkeit der schweren Tatfolgen und des Schuldspruchs überprüft. Die Hauptpfeiler der gegenwärtig vertretenen Straftheorien werden summarisch dargestellt, um unter Heranziehung ihrer Kernaussagen einen Maßstab zugrunde legen zu können.[643]

---

642 OLG Frankfurt NJW 1971, 767 (768).

643 Die Vereinigungstheorien, die einzelne Gesichtspunkte der relativen sowie der absoluten Theorien mit verschiedenen Gewichtungen zu verbinden sucht, um eine gesteigerte Funktionsfähigkeit zu erreichen, werden im Rahmen der vorliegenden Untersuchung beiseite gelassen. Sie liefern keine neuen Aspekte unter denen die „Vollzweckerreichung" durch Schuldspruch bzw. schwere Tatfolgen beleuchtet werden müsste. Auch eine kritische Auseinandersetzung mit der inhaltlichen sowie der systematischen Konzeption des § 60 StGB kann und will die Arbeit dabei nicht leisten. Einen neuen Entwurf für § 60 StGB legt *Bassakou* unter Berufung auf eine ursprünglich rein spezialpräventive Ausrichtung des Absehens von Strafe im Allgemeinen Teil des Strafgesetzbuches vor, vgl. *dies.*, Analyse und Reform, S. 135 ff.

1. Die relativen Straftheorien

a) Positive und negative Spezialprävention

Zunächst werden die eingetretenen Tatfolgen aus der Sicht der positiven sowie der negativen Spezialprävention beleuchtet.

Die positive Spezialprävention setzt auf die Erziehung des Täters im Sinne einer Resozialisierung oder Wiedereingliederung in die Gesellschaft.[644] Die Tatfolgen, die den Täter getroffen haben, müssen demnach so schwer sein, dass offensichtlich davon ausgegangen werden können muss, dass ihre Wirkung geeignet ist, den Täter künftig zu einem Leben ohne Straftaten zu motivieren. Die Tat an sich bzw. deren den Täter schwer treffenden Folgen müsse für ihn zukünftig Warnung genug sein.[645] Davon ist insbesondere auszugehen, wenn der Täter aufgrund der Folgen körperlich außerstande ist, das Fehlverhalten zu wiederholen[646], oder die von ihm zu tragenden Konsequenzen psychische Auswirkungen hatten, die das Gericht veranlassen anzunehmen, dass eine wiederholte Tatbegehung nahezu ausgeschlossen ist.[647] Konstellationen der ersten Kategorie nahm die Rechtsprechung etwa in den Fällen an, in denen ein Kraftfahrer einen Verkehrsunfall verschuldete, bei dem dessen Ehefrau getötet wurde[648], oder ein Autofahrer sich bei einem selbstverschuldeten Unfall ohne Aussicht auf vollständige Heilung selbst schwer verletzte[649].

Eine besonders nachteilige Individualwirkung liegt nachgerade in der Natur des § 60 StGB, der fast durchgängig bei schweren Verletzungen der körperlichen Integrität und damit verbundenen tiefgehenden psychischen Beeinträchtigungen zum Nachteil des Täters Anwendung findet.[650] Es ist in der Regel davon auszugehen, dass in diesen Fällen der Täter motiviert sein wird, künftig ein Leben ohne Straftaten zu führen. Eine weitergehende Resozialisierung bzw. Wiedereingliederung in das soziale Zusammenleben ist hingegen in diesen Fällen regelmäßig nicht notwendig.

644 *Naucke*, Strafrecht, S. 33 f.
645 SK^7-*Horn*, § 60, Rn. 13.
646 OLG Frankfurt NJW 1971, 767 (768).
647 SK^7-*Horn*, § 60, Rn. 13.
648 OLG Celle NJW 1971, 575.
649 OLG Frankfurt NJW 1971, 767 (768).
650 In diesem Sinne auch *Jescheck/Weigend*, Lehrbuch des Strafrechts AT, S. 863.

Eine anzuerkennende mögliche spezialpräventive Wirkung der Tatfolgen schließt aber nicht aus, dass darüber hinaus auch dem Schuldspruch entsprechende Wirkungen zugeschrieben werden können. Erörterungsbedürftig erscheinen in diesem Zusammenhang die Ausführungen der höchstrichterlichen Rechtsprechung zur Erfüllung spezialpräventiver Zwecke im Rahmen des § 60 StGB.

In seiner ersten Grundsatzentscheidung zum Absehen von Strafe nimmt der *Bundesgerichtshof* an, § 60 StGB setze voraus, *„daß die Funktion der Strafe schon und allein durch den Schuldspruch erfüllt wird, weil der Täter sich selbst so schwer geschädigt hat, daß es einmal einer weitergehenden Einwirkung auf ihn nicht bedarf [...]"*.[651] Daraus geht hervor, dass die Rechtsprechung das Spannungsfeld zwischen den eingetretenen Tatfolgen und der möglichen Strafverhängung, verbunden mit den wahrzunehmenden Strafzwecken um das Element des Schuldspruchs und dessen Wirkungsweise erweitert hat. Unklar bleibt indes, welche Funktionen den einzelnen Komponenten zuzuschreiben sind. Zunächst stellt der *Bundesgerichtshof* fest, *„schon und allein"* der Schuldspruch nehme alle Strafzwecke, somit auch die der positiven Spezialprävention, wahr. Im Widerspruch dazu steht die darauf folgende Begründung, dies sei möglich, weil es einer persönlichen, also spezialpräventiven Einwirkung auf den Täter über die ihn bereits getroffenen Schäden hinaus nicht bedürfe.[652]

Der Schuldspruch kann indes nicht auf der einen Seite *„schon"*, wohl im Sinne von *„bereits"*, alle Straffunktionen erfüllen, während auf der anderen Seite den Tatfolgen die *vollständige* Erfüllung spezialpräventiver Zwecke zugeschrieben wird. Dass dem Schuldspruch in diesem Fall andere Funktionen als die der Strafe zugeordnet werden, ist bereits mit dem eindeutigen Wortlaut der höchstrichterlichen Entscheidung nicht vereinbar. Es bleibt die Möglichkeit, den *Bundesgerichtshof* dahingehend zu verstehen, dass dem Schuldspruch eine Auffangfunktion in der Art zukommt, dass durch ihn jene Straffunktionen er-

651 BGH, Urteil vom 20.3.1973 – 1 StR 5/73, sich anschließend OLG Karlsruhe NJW 1974, 1006, BGHSt 27, 298 (300), OLG Hamm, 3 Ss 614/88; BGH NJW 1996, 3350.

652 Die Begründung wird vom *OLG Karlsruhe* aufgenommen und insofern auf den zur Entscheidung vorliegenden Sachverhalt ergänzt, dass der Eindruck des Unfalls bei der Persönlichkeit des Täters Warnung genug sei, OLG Karlsruhe NJW 1974, 1006 (1007).

füllt werden, die nicht bereits durch die Tatfolgen erfüllt worden sind. Dann wäre allerdings die Formulierung, die Straffunktionen werden *„schon und allein"* durch den Schuldspruch wahrgenommen, irreführend. *„Allein"* würde dann nicht bedeuten, dass alle Strafzwecke vollständig durch den Schuldspruch wahrgenommen werden, sondern wäre lediglich als Betonung des Ausnahmefalles zu verstehen, dass der Schuldspruch isoliert Bestand hat.

Das Dreiecksverhältnis von Schuldspruch, Tatfolgen und eventuell zu verhängender Strafe nimmt der *Bundesgerichtshof* auch in einer jüngeren Entscheidung im Zusammenhang mit spezialpräventiven Zielen auf. Im Rahmen der Frage, ob es notwendig ist, Strafe zu verhängen oder statt dessen nach § 60 StGB von Strafe abgesehen werden könne, prüft das Gericht unter Anführung der soeben zitierten vorangegangenen Rechtsprechung, ob *„neben dem Schuldspruch eine Individualprävention erforderlich und geboten ist oder sonst ein anerkannter Strafzweck erfüllt werden kann"*[653]. Demnach wird eine positiv spezialpräventive (Mit-)Wirkung des Schuldspruchs neben der Strafe ausdrücklich angenommen. Würde eine solche negiert werden, erübrige sich jede Erwähnung des Schuldspruchs in diesem Zusammenhang. Als Maßstab für die Entscheidung, ob der Schuldspruch spezialpräventiven Zwecken hinreichend dient; oder ob doch eine Strafe verhängt werden soll, zieht der *Senat* die konkreten Tatfolgen und die Tatkonstellation heran. Er schreibt, es müsse angesichts der vorliegenden Täter-Opfer-Beziehung erörtert werden, ob eine Strafverhängung erforderlich und geboten sei.[654] Damit und auch mit der vorangegangenen Ausführung, § 60 StGB sei auf Fälle anwendbar, *„bei denen Tat und Schuld durch die Folgen, die den Täter mit seiner Tat getroffen haben, als hinreichend kompensiert erscheinen, so daß das Strafbedürfnis entfällt"*, distanziert sich der *Bundesgerichtshof* im Jahre 1996 davon, den schweren Tatfolgen zuzuschreiben, der Erfüllung der Strafzwecke zu dienen.[655]

Ausführungen der Strafrechtswissenschaft, die sich in erster Linie auf den Charakter des Schuldspruchs beziehen, untermauern die spezialpräventive Wirkung des Schuldspruchs. An dieser Stelle soll noch einmal an die Ausführungen im Zusammenhang mit der Vorwurfs-

653 BGH NJW 1996, 3350 (3351).
654 BGH NJW 1996, 3350 (3351).
655 BGH NJW 1996, 3350 (3351).

funktion erinnert werden. Zwei der bereits dort genannten Stimmen in der Literatur wurden bereits in jenem Zusammenhang zitiert; wurde der straftheoretische Bezug dort noch ausgeblendet, kann dieser nun miteinbezogen werden.

So wurde vorangehend *Wagner* genannt, der darauf verweist, der Schuldspruch stelle eine sozial-ethische Missbilligung dar, die, abgesehen von der Strafe und den schweren Tatfolgen, den Täter selbst tadele und zugleich die Einzeltatschuld feststelle.[656] Daraus folge eine Aufforderung, sich das richterliche Unwerturteil zu eigen zu machen und die begangenen Fehler einzusehen. Mithin diene bereits der Schuldspruch spezialpräventiven Zwecken.[657] In diese Richtung argumentiert ebenfalls *Eser*, wenn er dem Schuldspruch im Falle des Strafverzichts eine wegweisende Funktion in der Form zuschreibt, dass der Schuldspruch dem Täter eine klare Kennzeichnung seines missbilligenswerten Verhaltens gebe. Auch *Eser* sieht in dem Schuldspruch eine sozial-ethische Missbilligung der Tat, die ihn bereits zu einem eigenständigen sanktionierenden Instrument mache.[658] Im Fortgang schreibt er dem Schuldspruchverfahren als solchem bereits eine erzieherische Funktion zu[659], die im Falle einer Verfahrenseinstellung wegfalle.[660]

Die vorangegangenen Beschreibungen des Schuldspruchs als Vorwurf, Missbilligung und Tadel sind unverzichtbar, um § 60 StGB zu verstehen. Sie liefern das Material, die positiv spezialpräventive Leistungsfähigkeit des Schuldspruchs zu erkennen. Auch während des Gesetzgebungsverfahrens zu § 60 StGB wurde die positiv spezialpräventive Wirkung des Schuldspruchs erörtert. So wies Dahs innerhalb der Sitzungen der Großen Strafrechtskommission im Jahre 1954 auf den besonderen sachlichen Unterschied zwischen der Einstellung des Verfahrens ohne Schuldspruch und einem Absehen von der Strafe nach der Schuldfeststellung hin.[661] Die richterliche Schuldfeststellung habe ein ganz anderes Gewicht und stelle *„ein gutes, vielleicht sogar*

656 *Wagner*, GA 1972, 33 (42).
657 *Wagner*, GA 1972, 33 (42 f.).
658 *Eser*, FS-Maurach, S. 257 (258 f.).
659 *Eser*, FS-Maurach, S. 257 (265).
660 *Eser*, FS-Maurach, S. 257 (269).
661 *Dahs*, Niederschriften Band 1, Grundsatzfragen, S. 127, so auch *Baldus*, Niederschriften Band 1, Grundsatzfragen, S. 135.

hervorragendes Erziehungsmittel" dar, auf das man nicht verzichten könne.[662] Hintergrund dieser Beurteilung war die Diskussion, ob es gegenüber erweiterten prozessualen Erledigungsmöglichkeiten vorzuziehen sei, eine allgemeine Regelung des Absehens von Strafe im Allgemeinen Teil des Strafgesetzbuches zu statuieren.

Sofern die Sozialisation des Täters nach der Tatbegehung in Frage steht, das heißt das Bedürfnis nach Wiedereingliederung überhaupt besteht, vermag der Schuldspruch das Ziel der positiven Spezialprävention, den Täter zu einem zukünftigen Legalverhalten anzuleiten, bereits erreichen, so dass eine Strafverhängung aus diesem Grunde nicht mehr erforderlich ist.[663]

Die negative Spezialprävention erfordert, dass die Gesellschaft vor dem als nicht mehr erziehbar eingestuften Täter gesichert werden soll.[664] Eine solche Sicherung kann weder durch die schweren Tatfolgen noch durch den Schuldspruch erfolgen. Ferner ist davon auszugehen, dass die Notwendigkeit der negativen Spezialprävention im Anwendungsbereich des § 60 StGB, wegen dessen Beschränkung auf eine verwirkte Freiheitsstrafe von höchstens einem Jahr, nicht besteht. Schließt § 60 StGB auch keine schweren Straftaten per se aus, erfolgt doch durch dessen Beschränkung in Satz 2 ein Ausschluss jener Fälle, in denen eine Erziehung des Täters als aussichtslos betrachtet wird.

Im Ergebnis ist eine selbstständige positiv spezialpräventive Wirkung des Schuldspruchs unabhängig von einer entsprechenden Wirkung der Tatfolgen anzuerkennen.

---

662 Niederschriften Band 1, Grundsatzfragen, S. 127.

663 A. A. *Krauß*, FS-Schaffstein, S. 411. Das Prinzip der materiellen Wahrheit im Strafprozess im Blick, beleuchtet *Krauß* die Überzeugungskraft der Straftheorien. In bezug auf das Ziel der (Re)Sozialisierung eines Straftäters verweist *Krauß* auf die Vereitelung jeglicher positiv spezialpräventiver Bemühungen durch den Schuldspruch. Der bloße Schuldspruch stelle eine Stigmatisierung dar, die eine Sozialisierung des Täters ausschließe. Erst nach dem Schuldspruch, das heißt im Strafvollzug könnten mithin resozialisierende Ansätze fruchten, *ders.*, a. a. O. , S. 424.

664 *Naucke*, Strafrecht, S. 33.

b) Positive und negative Generalprävention

Ihren historischen Ursprung findet der Strafzweck der Generalprävention in der Theorie des psychologischen Zwangs von *Feuerbach*, die auf der Überlegung basiert, dass die Strafgesetze im Zusammenspiel mit deren Durchsetzung in Form der Strafverhängung einen psychologischen Zwang zum gesetzestreuen Verhalten ausüben.[665] Kerngehalt der negativ-generalpräventiven Theorie ist, alle potentiellen Täter von der Straftatenbegehung abzuschrecken.[666]

Im Regelfall, in dem neben dem Schuldspruch auch eine Strafe verhängt und vollstreckt wird, braucht nicht näher erörtert werden, ob potentielle Täter durch die Normsetzung, die Strafverfolgung, die Strafverhängung oder die Strafvollstreckung abgeschreckt werden. Die staatlichen Reaktionen in Form der Strafverhängung und der Strafvollstreckung fallen im Anwendungsbereich des § 60 StGB jedoch weg. Ihre Funktionen könnten aber einerseits von den eingetretenen schweren Tatfolgen oder andererseits vom Schuldspruch wahrgenommen werden. Eine Abschreckung potentieller Straftäter bzw. eine Stabilisierung der Normgeltung durch den Verzicht auf die Strafverhängung ist wohl nicht denkbar. Beide verbleibenden Elemente – die Folgen der Tat sowie der Schuldspruch – sind zunächst hinsichtlich ihrer Kompatibilität mit der negativ-generalpräventiven Straftheorie zu untersuchen. Im Falle der Übernahme entsprechender Funktionen durch die schweren Tatfolgen ergäbe sich beispielsweise folgender, an den Kreis potentieller Täter gerichteter Aussagegehalt: *„Fahrt nicht unter Alkoholeinfluss zu schnell Auto, es könnte eure Beifahrerin töten!"*

Äußerst kritisch ist der Ansatz zu sehen, den Tatfolgen, die den konkreten Täter selbst schwer treffen, negativ generalpräventiv wirkendes Potential zuzuschreiben. Soll der Schaden des individualisierten Täters als demotivierend auf tatgeneigte, potentielle Täter wirken, bedarf es einer Außenwirkung. Eine solche können die schweren Tatfolgen indes nicht aufweisen, ihnen fehlt ein Übertragungsmoment, das ihre Wahrnehmbarkeit durch die Allgemeinheit ermöglicht.[667] Anders hingegen der förmliche Schuldspruch: Als performative Handlung

---

665 *Feuerbach*, Revision der Grundsätze und Grundbegriffe, 1799 (Neudruck 1969).

666 *Maurach/Zipf*, Strafrecht AT 1, S. 67.

667 Zur Vermittlung des motivierenden Moments der Generalprävention, *Hassemer*, Generalprävention und Strafzumessung, S. 41 ff.

und als institutionalisierter Sprechakt ist der Schuldspruch nicht nur durch den Täter, sondern auch öffentlich wahrnehmbar.

Die Überlegungen im Zusammenhang mit der Zuschreibung von Verantwortung durch den Schuldspruch haben bereits aufgezeigt, dass der Schuldspruch auch eine spezielle Wirkung auf die Allgemeinheit hat. Indem der Angeklagte für schuldig befunden wird, demonstriert das erkennende Gericht, dass der Einzelne für seine Tat verantwortlich gemacht wird. Gleichzeitig kann vom Schuldspruch eine demotivierende Wirkung dergestalt ausgehen, dass ein tatgeneigter, potentieller Täter in Anbetracht der öffentlichen Verurteilung selbst davon absieht, eine Straftat zu begehen.[668]

Damit kann die negativ generalpräventive Wirkung im Anwendungsbereich des § 60 StGB nur in folgender Aussage liegen: *„Wenn jemand unter Alkoholeinfluss zu schnell Auto fährt und seine Beifahrerin dabei ums Leben kommt, erwartet ihn wie im Fall xy eine strafrechtliche Verurteilung in Form des öffentlichen Schuldausspruchs."* Wohlgemerkt, vorliegend steht nicht die gegenüber dem Schuldspruch fraglos erheblich weiterreichende Effizienz der Strafverhängung als Abschreckungsmittel in Rede. Allein die tatsächlich eingetretenen Folgen der Tat und der Schuldspruch sind die Mittel, die im Anwendungsbereich des § 60 StGB zur Verfügung stehen, die entwickelten Strafzwecke zu erfüllen.

Nicht über Furcht, sondern vielmehr über Einsicht versuchen die jüngeren, unter dem Stichpunkt der positiven Generalprävention zusammenzufassenden Theorien Legalverhalten anzumahnen. *Jakobs* führt im Rahmen seines systemtheoretischen Ansatzes aus, die Straftat sei als Widerspruch gegen eine Norm zu sehen und verdeutliche die *„Desavouierung der Norm"* durch den Täter.[669] Um die Normgeltung als Orientierungsmuster für die Gesellschaft zu erhalten, sei in der Folge ein auf Kosten des Täters vollzogener Widerspruch gegen

668 Eine andere Ansicht vertrat jüngst *Jakobs* und stellte fest, der bloße Schuldspruch genüge anders als für positive, nicht für die Erreichung negativer generalpräventiver Zwecke. *Jakobs* unterscheidet im Zusammenhang mit den beiden präventiven Zwecken auch zwei verschiedene Adressatengruppen. Adressaten der Abschreckung seien die *„nicht per se rechtlich gesonnenen"* Individuen, die auch nicht als Personen bezeichnet werden könnten. Um eine abschreckende Wirkung erzielen zu können, müsse der Schuldspruch dauerhaft gemacht, also die Strafe vollstreckt werden, vgl. *Jakobs*, Selbstverständnis, S. 50.

669 *Jakobs*, Strafrecht AT, S. 9.

den Normbruch in Form der Strafe unerlässlich.[670] Das Normvertrauen müsse wiederhergestellt und die Normgeltung trotz der Tat in das öffentliche Bewusstsein gerückt werden.[671]

Im Rahmen seines bereits in Bezug genommenen Aufsatzes über das Selbstverständnis der Strafrechtswissenschaft führte *Jakobs* indessen jüngst aus, der bloße Schuldspruch könne bereits feststellen, dass der Normbestand der Gesellschaft unverändert sei. Der Schuldspruch könne an die Adresse der *„rechtlich gesonnenen Kommunikationsteilnehmer(n)"* vermitteln, dass an die Tat nicht anzuschließen sei.[672]

Die höchstrichterliche Rechtsprechung erklärt die Wiederherstellung des Vertrauens der Allgemeinheit in die *„Bestands- und Durchsetzungskraft der Rechtsordnung"*[673] bzw. die *„Erhaltung der Rechtstreue der Bevölkerung"*[674] zum Ziel der positiven Generalprävention. Unter das Stichwort der Integrationsprävention fasst *Roxin* das Ziel, den durch die Straftat gestörten Rechtsfrieden wieder zu befrieden und das Normvertrauen zu stabilisieren.[675] Adressaten der mit der Strafe verfolgten Zwecke sind in erster Linie die rechtstreuen Gesellschaftsmitglieder.[676]

Allen Ausprägungen der Generalpräventionstheorien gemein ist das Ziel, künftige Straftaten zu vermeiden. Erfolgt dies auch durch die Vorführung strafrechtlicher Konsequenzen an die Adresse potentieller Täter oder im Wege einer abstrakten Normstabilisierung. Die bereits begangene Straftat eines bestimmten Täters ist in diesem Sinne nur noch Anlass, nicht Grund der Strafverfolgung.[677]

---

670 *Jakobs*, Strafrecht AT, S. 9.
671 *Jakobs*, Strafrecht AT, S. 10.
672 *Jakobs*, Selbstverständnis, S. 49 f.
673 BGHSt 24, 46 (66); BGH NStZ 1995, 77; vgl. BVerfGE 45, 187 (253 ff.); *Roxin*, Strafrecht AT 1, § 3, Rn. 26.
674 BGHSt 24, 40 (45).
675 *Roxin*, FS-Bockelmann, S. 279 (305 ff.); hierzu *Hassemer*, Einführung, S. 324 ff.
676 Hierzu *P.-A. Albrecht*, Kriminologie, S. 66 f.
677 *R.-P. Calliess*, NJW 1989, 1338 (1340).

aa) Die positiv generalpräventive Wirkung der schweren Tatfolgen

Sind die schweren Tatfolgen, wie § 60 StGB sie in Bezug nimmt, geeignet, eine positiv generalpräventive Wirkung zu entfalten? Diese Frage scheint das *Oberlandesgericht Frankfurt* positiv zu beantworten und bezeichnete bereits im Jahre 1970[678] die Voraussetzungen für eine verfehlte Strafe und damit für die gerichtliche Möglichkeit, von Strafe abzusehen, wie folgt: Um von Strafe absehen zu können, müssen die konkret eingetretenen Tatfolgen alle Strafzwecke erfüllen.[679] Die Verwirklichung des Schuldvorwurfs in Form der Strafverhängung dürfe auch vom Standpunkt der Rechtsgemeinschaft aus nicht mehr als sinnvoll oder erforderlich erscheinen, während eine hinreichende generalpräventive Wirkung schon allein von den Tatfolgen ausgehe.[680]

Das *Oberlandesgericht Frankfurt* gibt damit für eine etwaige Anwendung des § 60 StGB vor zu prüfen, ob das verletzte Vertrauen der Allgemeinheit in die Stabilität der Normgeltung durch die eingetretenen schweren Folgen der Tat wiederhergestellt werden könnte. Ob die konkreten Schäden tatsächlich geeignet sind, eine hinreichende positiv generalpräventive Funktion zu erfüllen, erscheint schon vor dem Hintergrund der soeben im Zusammenhang mit der negativen Generalprävention erarbeiteten Schwächen zweifelhaft. So könnte gegen diese Möglichkeit bereits die den generalpräventiven Theorien zugrunde liegende *„Idee des Interventionsstaates"*[681] sprechen, nach der eine Wiederherstellung des Vertrauens der Allgemeinheit in die Geltung der Rechtsordnung grundsätzlich nur durch einen öffentlich wahrnehmbaren Akt möglich ist. Eine den Täter selbst schwer treffende Folge der Tat ohne Außenwirkung kann das Vertrauen der Rechtsgemeinschaft in die ungestörte Normgeltung schlechterdings kaum wiederherstellen. Die Tatfolgen müssten entsprechend den vorangegangenen Ausführungen zur negativen Generalprävention wiederum öffentlich wahrnehmbar sein, um Außenwirkung entfalten

678 OLG Frankfurt NJW 1971, 767.

679 OLG Frankfurt NJW 1971, 767 (768).

680 OLG Frankfurt NJW 1971, 767 (768), so auch Sch/Sch-*Stree*, § 60, Rn. 8, der für die Anwendbarkeit des § 60 StGB fordert, dass von den Tatfolgen eine hinreichende generalpräventive Wirkung ausgeht.

681 *R.-P.-Calliess*, NJW 1989, 1338 (1339).

zu können.[682] Dies wird in der wissenschaftlichen Literatur erkannt und dort vereinzelt so versucht zu lösen, dass der Anwendungsbereich des § 60 StGB schlicht auf bestimmte Fallgruppen beschränkt wird. Dabei werden konkrete Sachverhaltskonstellationen im Hinblick auf ihre *„plastische Wahrnehmbarkeit"*[683] ausgewählt, was indes nicht überzeugen kann. Gerade die Fallgruppen, die durch § 60 StGB einer besonderen Regelung unterworfen werden sollten, fallen üblicherweise nicht in die Sparte solcher Taten, deren den Täter selbst schwer treffenden Folgen als öffentlich wahrnehmbar eingeschätzt werden könnten. Wie gesehen[684], zählen vordringlich Delikte gegen Leib und Leben, begangen im sozialen Näheverhältnis, zum Anwendungsbereich des § 60 StGB.

Auch bei *Jakobs* sind Anhaltspunkte dafür zu erkennen, den schweren Tatfolgen positiv generalpräventives Potential zuzuschreiben. Im Zusammenhang mit seinen allgemeinen Ausführungen zur Durchsetzbarkeit generalpräventiver Ziele erkennt er grundsätzlich die Möglichkeit an, dass die durch den Normbruch notwendig gewordene Strafe durch funktionale Äquivalente ersetzt werden könne.[685] Dabei nennt er unter anderem die Möglichkeit einer sogenannten natürlich eingetretenen Strafe, der *poena naturalis*, die ebenfalls über einen Missbilligungseffekt verfüge. Auch ohne staatliche Intervention wiesen diese natürlichen Strafen den angestrebten positiv generalpräventiven Effekt auf.[686]

Die Benennung eines natürlichen Ereignisses, im Rahmen des § 60 StGB also der eingetretenen schweren Tatfolge, als Strafe – sei es auch nur als sogenannte natürliche Strafe – impliziere nach *Jakobs* bereits eine moralische Verurteilung des zugrunde liegenden Schadenereignisses, also der Tat als Straftat und damit als Normbruch.[687] Ohne dass der Staat zusätzlich sanktionierend einschreiten müsse, könne in diesen Fällen manifestiert werden, dass die Rechtsordnung trotz des Normverstoßes eines Einzelnen weiterhin Bestand habe.[688]

---

682 LK[11]-*Hirsch*, § 60, Rn. 36.
683 LK[11]-*Hirsch*, § 60, Rn. 36; SK[8]-*Horn*, § 60, Rn. 12.
684 Vgl. oben 4. Teil, Kapitel 1, I.
685 *Jakobs*, Strafrecht AT, S. 10.
686 *Jakobs*, Strafrecht AT, S. 13.
687 *Jakobs*, Strafrecht AT, S. 13.
688 *Jakobs*, Strafrecht AT, S. 9 f.

Voraussetzung dieser Ansicht ist zunächst, dass die Subsumtion des eingetretenen Schadens unter den Begriff der schweren Tatfolge aus § 60 StGB den Schaden zu einer *poena naturalis* macht, die die staatliche Sanktion zu ersetzen vermag und nicht etwas naturgemäß anderes als eine Strafe darstellt. Ob nun in Kombination mit dem Schuldspruch oder selbständig, die Zwecke der Strafe müssen durch die schweren Tatfolgen erfüllt worden sein, damit von Strafe abgesehen werden kann. Daraus wird deutlich, dass auf die Strafziele auch in diesen Fällen nicht verzichtet wird, sondern sie vielmehr ausnahmsweise durch eine nichtstaatliche Maßnahme erreicht werden könnten.

Von besonderem Interesse für die vorliegende Untersuchung ist die folgende Feststellung *Jakobs*, *„Selbst die poena naturalis [...] hat den Effekt einer Missbilligung. [...] Wer einen Schaden als poena naturalis definiert, missbilligt den Schadensgrund“.*[689] Übertragen auf § 60 StGB könnte dies heißen: Den konkret eingetretenen Schaden dem Tatbestandsmerkmal der schweren Folgen der Tat zu subsumieren bedeute gleichsam, den Schaden zu einer *poena naturalis*, also zu einer besonderen Form der Strafe zu machen. Und weiter, dieser Subsumtionsakt beinhalte zugleich eine Missbilligung, die genüge, dem durch die Tat begangenen Normbruch zu widersprechen und die ungebrochene Normgeltung zu unterstreichen.

Dahinter steht das Bemühen, einer Maßnahme dann den Charakter einer natürlichen Strafe zuzusprechen, wenn sowohl das Element der Übelzufügung – dies zu begründen vermag in den meisten Fällen des § 60 StGB mit Blick auf die schweren Folgen der Tat keine Probleme bereiten – als auch das Element der Missbilligung nachweisbar zu sein scheint.[690] Die Zufügung eines Übels durch die Tatfolgen und die Missbilligung bereits durch die Bezeichnung dieser Folgen als natürliche Strafe sind demnach geeignet, eine positiv generalpräventive Wirkung nach sich zu ziehen.

Um eine positiv generalpräventive Wirkung zu entfalten, bedarf es einer kommunikativen Außenwirkung der in Frage stehenden Maßnahme.[691] *Jakobs* weist darauf hin, die Definition der schweren Folgen

---

689 *Jakobs*, Strafrecht AT, S. 13.

690 Kritisch zur Missbilligung als definitorisches Element der Strafe vgl. oben 3. Teil, 3. Kapitel, II., 2., b).

691 Unter Verwendung des Begriffs des Tadels untersuchten *Hörnle* und *von Hirsch*

als *poena naturalis* missbillige die Tat. Die Betonung muss dabei auf der Subsumtion der schweren Tatfolge dem Begriff der *poena naturalis* liegen. Indem das erkennende Strafgericht einen eingetretenen Schaden als *poena naturalis* definiert, diesen sodann dem Begriff der schweren Tatfolge aus § 60 StGB subsumiert und im Rahmen der Tenorverkündung entsprechend von Strafe absieht, wird die für die Erzielung einer positiv generalpräventiven Wirkung erforderliche Außenwirkung erzielt. Wurde eine tatbestandsmäßige, rechtswidrige, schuldhafte Tat im Tenor festgestellt, der Täter mithin als für den Normbruch verantwortlich erklärt, erfolgt der staatliche Widerspruch gegen das Verhalten und damit den Normbruch. Der Ausspruch, der Angeklagte sei eines bestimmten Deliktes schuldig, beinhaltet in der Feststellung des Deliktes eine staatliche Missbilligung. Es gilt nicht, potentielle Täter auf die konkret eingetretenen Tatfolgen aufmerksam zu machen, um zu demonstrieren, was ihnen im Falle einer Straftatbegehung ebenfalls widerfahren könnte, sondern dem Normbruch im Interesse der Aufrechterhaltung der Normgeltung im allgemeinen Bewusstsein entgegenzutreten.[692] Dafür kann der eingetretene Schaden, wird er auch qua Subsumtionsakt zur natürlichen Strafe bzw. zur schweren Tatfolge im Sinne des § 60 StGB erklärt, nicht das geeignete Mittel sein. Eine verstärkte Geltung grundlegender Rechtsnormen, also eine positiv generalpräventive Wirkung, kann allein durch den Eintritt der schweren Tatfolgen nicht erzielt werden.[693]

---

gemeinsam die Rolle dieses Elementes für die Theorie der positiven Generalprävention und stellten fest: Die positive Generalprävention setze denknotwendig ein Werturteil, nämlich den Tadel voraus. Erst dessen *„kommunikatives Element"* verknüpfe die Strafe mit der Allgemeinheit und ermögliche so überhaupt erst generalpräventive Effekte, die durch neutrale Übelzufügungen nicht erreichbar seien. Und weiter, die Ratio des Tadels sei die Übermittlung einer Botschaft. Vgl. *Hörnle/von Hirsch*, GA 1995, S. 266 f.

692 In diesem Sinne auch *Schöch*, der davor warnt, dass der Verzicht auf den Schuldspruch trotz Vorliegens der schweren Tatfolgen im Sinne des § 60 StGB bei einer Einstellung nach § 153b StPO in der Öffentlichkeit den Eindruck der Sanktionslosigkeit erwecke, *ders.*, Gutachten C, 59. DJT, C 33, 88. Darauf wird unten im Rahmen der generalpräventiven Wirkung des Strafverfahrens noch zurückzukommen sein.

693 *Jescheck/Weigend*, Lehrbuch des Strafrechts AT, S. 863. Überlegungen, die Bestätigung elementarer Rechtsnormen nicht allein der Strafjustiz zu überlassen, stellt *Stratenwerth* an und geht so weit festzustellen, die Theorie der positiven Generalprävention sei nicht zwingend eine Theorie der Strafe, *ders.*, Lehre von den Strafzwecken, S. 13. Anders *Schöch*, der zwar jeder Verdeutlichung eines

Öffentlich wahrnehmbar ist die Definition der eingetretenen Tatfolgen als natürliche Strafe neben dem Tenor auch in der Urteilsbegründung. Diese zeigt auf, mit welcher Argumentation der eingetretene Schaden als Tatfolge im Sinne des § 60 StGB und damit als *poena naturalis* verstanden wird. Damit schließt sich der Kreis zu dem bereits oben angesprochenen Erfordernis der öffentlichen Wahrnehmbarkeit einer jeden Maßnahme, von der eine hinreichende positiv generalpräventive Funktion erfüllt werden soll.

Auch der *Bundesgerichtshof* wendet sich gegen die Ansicht, die schweren Tatfolgen wiesen positiv generalpräventives Potential auf und stellt ihr zwei Lösungen gegenüber, deren Verhältnis zueinander indes nicht hinreichend geklärt wird. Der *Senat* formulierte im Jahre 1973: *„Diese Ausnahmebestimmung (§ 60 StGB, d. Verf.) ermöglicht es, die spezial- und generalpräventiven Funktionen der strafrechtlichen Reaktion als schon und allein durch den Schuldspruch gewahrt anzusehen, wenn und weil der Angeklagte sich selbst so sehr geschädigt hat [...] und der Allgemeinheit das Absehen von Strafe als Ausdruck humaner Strafrechtspflege so verständlich erscheint, daß sie es nicht als Infragestellung notwendigen und sinnvollen Rechtsgüterschutzes empfindet."*[694] Und im Fortgang: *„Allein von den Tatfolgen könne eine generalpräventive Wirkung nicht erwartet werden"*.[695]

Weist der *Bundesgerichtshof* zunächst im ersten Halbsatz des zitierten Abschnitts dem Schuldspruch eine positiv generalpräventive Wirkung zu, stellt er nachfolgend auf die Maßnahme des Absehens von Strafe an sich ab und bringt vor, diese Reaktion dürfe den Eindruck der Aufrechterhaltung der Rechtsordnung nicht in Frage stellen. Wenden wir uns zunächst dem letzten Argument zu. Der *1. Senat* hält es für möglich, von Strafe abzusehen, ohne dass der Eindruck, die Geltung der Rechtsordnung werde aufrechterhalten, durch diese Maßnahme aus Sicht der Allgemeinheit in Frage gestellt werden würde. Unterstützung findet diese Begründung vereinzelt in der Literatur. *Müller-Dietz*[696] diskutiert ebenfalls die generalpräventiven Aspekte im Rahmen des § 60 StGB und zieht einen Vergleich mit ande-

---

Normbruches generalpräventives Potential zuschreibt, dazu jedoch nur strafrechtliche Reaktionen zählt, *ders.*, Gutachten C, 59. DJT, C 39.

694 BGH, Urteil vom 20.3.1973 – 1 StR 5/73.

695 BGH, Urteil vom 20.3.1973 – 1 StR 5/73

696 *Müller-Dietz*, FS-Lange, S. 303.

ren Instituten des Strafgesetzbuches, die eine bestimmte Maßnahme, wie zum Beispiel die Aussetzung der Strafvollstreckung zur Bewährung nach § 56 StGB, von generalpräventiven Erwägungen abhängig macht. Auch dort sei zu berücksichtigen, welche Anforderungen die gebotene Verteidigung der Rechtsordnung an den konkreten Fall stelle. Darin liege eine generalpräventive Erwägung, wie sie entsprechend bei § 60 StGB vorzunehmen sei.[697] Auch den Entschluss, von Strafe abzusehen, macht *Müller-Dietz* davon abhängig, wie ein solches Vorgehen durch die Allgemeinheit beurteilt werden würde, und bezieht sich dabei ebenfalls auf die oben zitierte Formel[698] des *Bundesgerichtshofes*.[699] In diesem Sinne ist wohl auch *Jescheck* zu verstehen, wenn er eine Strafverhängung mit der Begründung als notwendig erachtet, dies verlange die Verteidigung der Rechtsordnung und damit die angestrebte positive Generalprävention.[700]

Diese Ausführungen können nicht überzeugen. Während § 56 StGB dem Tenor nach festlegt, dass eine Strafverhängung nur auf deren Aussetzung reduziert werden kann, *sofern* die Verteidigung der Rechtsordnung *nicht entgegensteht*[701], lautet § 60 StGB anders. Die Strafe muss *angesichts der schweren Folgen* offensichtlich verfehlt sein, das heißt die Strafe hat ihren Sinn verloren, weil dieser bereits vollständig durch die schweren Folgen und/oder den Schuldspruch erfüllt wurde. Allein sofern die generalpräventive Wirkung weder von den Tatfolgen noch vom Schuldspruch in ausreichendem Maße ausgeht, ist die Strafe zu verhängen. Es ist mithin zu fragen, ob es vom Standpunkt der Allgemeinheit verfehlt wäre, die Strafe zu verhängen – weil nicht mehr erforderlich –, nicht aber, ob es aus Sicht der Allgemeinheit verfehlt wäre, von Strafe abzusehen.[702] Ferner fällt auf, dass die skizzierte Argumentation darauf abstellt, welche Außenwirkung es hat, wenn das Gericht von Strafe absieht. Der *Senat* gibt für die Anwendung des § 60 StGB zur Prüfung auf, ob das Normvertrauen der Allgemeinheit durch den Verzicht auf die Strafverhängung beein-

---

697 *Müller-Dietz*, FS-Lange, S. 303 (313).
698 Vgl. BGH, Urteil vom 20.3.1973 – 1 StR 5/73.
699 *Müller-Dietz*, FS-Lange, S. 303 (313).
700 *Jescheck/Weigend*, Lehrbuch des Strafrechts AT, S. 863.
701 § 56 Abs. 3 StGB.
702 LK[11]-*Hirsch*, § 60, Rn. 36 unter Verweis auf OLG Karlsruhe NJW 1974, 1006; OLG Frankfurt NJW 1971, 767 (768).

trächtigt wird.[703] Anknüpfungspunkt für eine Überprüfung generalpräventiver Wirkungen bzw. des Erfordernisses eines Einschreitens im Interesse der Generalprävention ist demnach das Absehen von der Strafe selbst und nicht die Tat. Es scheint nicht die Frage gestellt worden zu sein, ob die durch die Tatbegehung entstandene Einbuße des allgemeinen Vertrauens in die Normgeltung durch die schweren Folgen kompensiert werden könnte, sondern ob das Absehen von Strafe dieses Vertrauen verletzen könnte.[704] Dies mutet auf den ersten Blick wie ein Zirkelschluss an, könnte aber dem Grunde nach mit generalpräventiven Theorien vereinbar sein, die ihrerseits nicht an die Tat, sondern an das Erfordernis einer präventiven Einwirkung mit Blick auf potentielle Täter und damit die Allgemeinheit anknüpfen. Doch ist zu beachten, dass es sich dabei nach allen generalpräventiven Ansätzen bereits um den zweiten Schritt handelt. Im ersten Schritt tritt durch die Tat ein Normbruch und damit eine Verletzung des Normvertauens und des Glaubens der Allgemeinheit an die Rechtssicherheit ein. Dies ist auch und insbesondere im Anwendungsbereich des § 60 StGB der Fall, der sich gerade durch oft erhebliche Integritätsverletzungen auszeichnet. Eine Argumentation, die mit Blick auf die schweren Tatfolgen eine Einbuße der Allgemeinheit in deren Rechtsvertrauen negiert, kann nicht überzeugen. Eine solche Einbuße ist mit der gerichtlich festgestellten Straftat entstanden, es stellt sich nur noch die Frage, ob sie so gering ist, dass sie nicht ausgeglichen werden muss, oder durch welches Mittel sie geheilt werden könnte. Ersteres ist bereits unter Heranziehung des Anwendungsbereiches des § 60 StGB, der gerade auch Verbrechen mit einschließt, bereits abgelehnt worden. Nur in diesem Fall könnte aber die Argumentation des *Bundesgerichtshofes* überzeugen. Denn sicher ist: Die Einbuße in das Normvertrauen entsteht keinesfalls erst durch den staatlichen Strafverzicht, der seinerseits durch die schweren Folgen gerechtfertigt werden soll. Der Normbruch ist bereits entstanden und kann auch nicht unter Verweis auf seine etwaige Bedeutungslosigkeit als nicht heilbedürftig betrachtet werden.

---

703 BGH, Urteil vom 20. 3. 1973 – 1 StR 5/73.

704 In diesem Sinne auch *Maurach/Gössel/Zipf*, Strafrecht Allgemeiner Teil 2, S. 661, die fordern, dass der durch die Tat entstandene Schaden so schwer wiegen muss, *„daß es einer weiteren Reaktion nicht bedarf, um der Allgemeinheit das Absehen von Strafe verständlich zu machen"*.

Im Ergebnis kann der Argumentation des *Bundesgerichtshofes* sowie den dargestellten Literaturansichten nicht gefolgt werden. Eine generalpräventive Wirkung ist nicht negativ über den Strafverzicht zu begründen. Es ist nicht überzeugend, die Ausführungen darauf zu beschränken festzustellen, die Tatsache des Absehens von Strafe weise keine generalpräventiven Zwecken entgegenlaufende Wirkung auf. Dies ist weder mit dem Wortlaut des § 60 StGB noch mit generalpräventiven Theorien zu vereinbaren.

Damit bleibt der erste der beiden oben bereits vorgestellten Argumentationsstränge des *Senats* übrig, nämlich dessen Einleitungssatz, der die generalpräventive Wirkung im Rahmen des § 60 StGB allein dem Schuldspruch zuschreibt. Diese Zuschreibung steht in Einklang mit dem bereits oben gefundenen Ergebnis, aufgrund des Bedürfnisses der öffentlichen Wahrnehmbarkeit sowie der staatlichen Komponente seien die schweren Tatfolgen ungeeignet, wohingegen der Schuldspruch dieses Potential aufzuweisen scheint.

Diese mögliche Wirkung des Schuldspruchs übersehen auch *Hörnle* und *von Hirsch*, wenn sie im weiteren Verlauf ihrer oben bereits zitierten Erörterungen[705] feststellen, § 60 StGB erlaube als Ergebnis einer personalen Kommunikation, bei geringem Unrechts- bzw. Schuldgehalt auf Tadel zu verzichten.[706] Diese Ausführung wird im Zusammenhang mit der Aussage, es bestehe lediglich ein gradueller Unterschied zwischen Tadel im Alltag und Tadel im Strafrecht, vorgenommen. Nicht weiter erklärt wird die Wendung, das Gericht verzichte als Ergebnis einer personalen Kommunikation auf den Tadel und damit die Strafe. Dennoch zeigt das Wiederaufgreifen des *„kommunikativen Elements"*, dass auf dieses und damit auf eine generalpräventive Wirkung auch im Falle des § 60 StGB nicht verzichtet werden soll. Insoweit besteht Übereinstimmung mit der Rechtsprechung des *Bundesgerichtshofes*. Es bleibt mithin nur die Möglichkeit, die notwendige Kommunikation zwischen tadelndem Gericht und getadeltem Täter in einem Substitut für die Missbilligung durch Strafe zu sehen. Doch wird auch hier der bereits bei *Jakobs* aufgezeigte Zirkelschluss augenfällig.

Mangels Verknüpfung mit der Allgemeinheit können mit dem Verweis auf die stattgefundene personale Kommunikation auch nicht die

---

705 Vgl. oben Fn. 490.

706 *Hörnle/von Hirsch*, GA 1995, S. 274.

eingetretenen Tatfolgen gemeint sein. Gerade sie sind als neutrales Übel zu betrachten, das zwar qua Zuschreibung als *poena naturalis* im Sinne des § 60 StGB durch das Gericht zum Tadel erklärt werden kann, das aber mangels Außenwirkung das Rechtsempfinden der Allgemeinheit im Sinne der positiven Generalprävention nicht zu beeinflussen vermag.[707] In dem Moment, in dem der Tadel seiner Außenwirkung beraubt wird, kann er nur noch ein Tadel im alltäglichen Sinne sein, aber kein Tadel mehr, der Strafzwecke wahrnehmen kann. Dem möglichen Gegenargument, der Zuschreibungsakt werde in den Urteilsgründen öffentlich gemacht, ist abermals entgegenzuhalten, dass den Urteilsgründen der Schuldspruch voran geht und schon aus diesem Grunde dessen Missbilligungspotential zu untersuchen ist.

Als Zwischenergebnis kann also festgehalten werden, dass die den Täter schwer treffenden Folgen seiner Tat keineswegs ein geeignetes Element sein können, den positiv generalpräventiven Anforderungen hinreichend nachzukommen.

bb) Die positiv generalpräventive Wirkung des Schuldspruchs

Instruktiv für die Frage, ob der Schuldspruch ein geeignetes Mittel sein kann, eine positiv generalpräventive Aufgabe wahrzunehmen bzw. ob in § 60 StGB eine solche Funktion angelegt ist, sind die dem Schuldspruch bereits vorangehend nachgewiesenen Funktionen. So konnte bereits aufgezeigt werden, dass es in der Natur des Schuldspruchs liegt, ein kommunikativer Sprechakt zu sein, der öffentlich wahrnehmbar ist, folglich über Außenwirkung verfügt. Weiter wurde darauf hingewiesen, dass der Schuldspruch einen sozial-ethischen Vorwurf enthält. Der Angeklagte wird öffentlich zum Straftäter erklärt und damit in seinem Sozial- und Rechtsstatus in einem Maße nachteilig beeinträchtigt, das einen grundrechtsrelevanten Eingriff darstellt.

Wie gesehen, enthält nicht die Strafe, sondern der Schuldspruch ein kommunikatives Element und weist dieser die Fähigkeit auf, einen Vorwurf, eine sozial-ethische Missbilligung zu formulieren

707 So dem Grunde nach auch *Hörnle/von Hirsch*, GA 1995, S. 266.

und kund zu tun. Vermag dies die Strafe nicht zu leisten, so konnte für die schweren Folgen der Tat schlechterdings nichts anderes gelten, einerlei, ob man ihnen nun den Charakter einer *poena naturalis* zuerkennt oder nicht. Die Bemühungen, die schweren Folgen der Tat als natürliche Strafe zu definieren, um sodann vom statuierten Strafcharakter zugleich darauf zu schließen, der eingetretene Schaden erfülle Strafzwecke, übersehen den Schuldspruch. Die umständliche Konstruktion der Tatfolgen als Strafe und damit in der scheinbaren Konsequenz als ein alle Strafzwecke erfüllendes Instrument ist nicht nötig, verbleibt der Schuldspruch doch auch im Anwendungsbereich des § 60 StGB als staatliche Maßnahme.

Doch nicht allein dessen Besonderheit, ein Sprechakt, also ein kommunikatives und auch expressives Mittel zu sein – was gleichsam unverzichtbar für ein generalpräventives Wirken ist –, legt bereits den Schluss nahe, dass der Schuldspruch und nicht die eingetretenen Folgen der Tat das geeignete Instrument ist, den aufgegebenen Strafzweck der positiven Generalprävention zu erfüllen.[708]

Darüber hinaus und vor allem ist der Schuldspruch jedoch ein staatlicher Akt. Im Gegensatz zu den Tatfolgen, gleichgültig, ob diese zur Strafe erklärt werden oder nicht, vermag der Schuldspruch zu demonstrieren, dass der Staat einen Verstoß gegen Strafnormen in einem öffentlichen Verfahren verurteilt und den dafür verantwortlichen Täter als den Schuldigen benennt. Eine Verfestigung des Normbewusstseins der Allgemeinheit[709] bedarf zwingend einer staatlichen Manifestation der Normgeltung. Entfällt die Strafverhängung und die Strafvollstreckung wie im Falle des § 60 StGB, so übernimmt der Schuldspruch als mildeste staatliche Reaktion diese Aufgabe.

In diesem Sinne argumentiert auch *Wagner*, wenn er dem Schuldspruch als richterliches Unwerturteil über die Tat neben einer positiv spezialpräventiven auch eine positiv generalpräventive Wirkung

---

708 In diesem Sinne ist auch *Rogall* zu verstehen, wenn er anmerkt, es könne sogar sein, dass mit dem Schuldspruch oder seinen funktionalen Äquivalenten die Störung des Systems (*in Form der begangenen Straftat – d. Verf.*) ausgeglichen sei, vgl. *Rogall*, Justizmord?, S. 49 ff.; *Frehsee* stellt fest, schon mit dem Strafurteil erfahre die Norm die Bestätigung ihrer Gültigkeit und sei die „Manifestation" des Rechts erfolgt, *ders.*, Schadenswiedergutmachung, S. 84.

709 *Hassemer*, Einführung, S. 282.

zuschreibt.[710] Der alleinige Schuldspruch bekräftige das Rechtsbewusstsein der Bürger und stärke die durch die Straftat geschwächte Rechtsordnung.[711] Auch *Eser* geht über den oben bereits dargelegten[712] Nachweis einer spezialpräventiven Wirkung hinaus. Die Generalprävention erfordere nach seiner Auffassung sowohl eine Strafandrohung als auch *„eine Determinierung der Allgemeinheit zu sozial-richtigem Verhalten"*. Diese Funktion könne durch den Schuldspruch wahrgenommen werden.[713] *Stratenwerth* weist darauf hin, dass dort *„wo die Sanktion, zumindest in Gestalt entsprechender Verurteilung, ausbleibt, [...] die Verhaltensregel ihren normativen Charakter"* verliere. Und weiter: *„Die Normgeltung ist auf den Vollzug von Sanktionen angewiesen. Sanktionen nicht verhängen, heißt die Geltung einer Norm in Frage stellen und endlich aufheben. Essentieller Bestandteil der Sanktion ist aber nicht äußerer Zwang oder gar physische Gewalt, sonder eben: das Unwerturteil über das normwidrige Verhalten."*[714] Das Unwerturteil steckt im Schuldspruch – das konnte bereits im Zusammenhang mit der Vorwurfsfunktion des Schuldspruchs herausgearbeitet werden.

An dieser Stelle ist der Einwand aus dem Weg zu räumen, aus der Begrenzung des Absehens von Strafe in § 60 S. 2 StGB auf Fälle einer verwirkten Freiheitsstrafe nicht über einem Jahr könne geschlossen werden, den an die Stelle der Strafe tretenden Instituten, das heißt den schweren Tatfolgen und dem Schuldspruch, kämen gerade keine generalpräventive Wirkung zu. *Bassakou* verweist ohne nähere Begründung auf eine generalpräventive Funktion des Zeitlimits in § 60 StGB S. 2 StGB und leitet aus dem Verbot der Doppelverwertung generalpräventiver Erwägungen gerade keine generalpräventive Wirkung der Tatfolgen sowie des Schuldspruchs ab.[715] Dieser Schluss ist indes mit der Systematik des § 60 StGB nicht vereinbar und damit nicht haltbar. Zur Begründung sei dessen Konstruktion noch einmal betrachtet.

Der Grundsatz des § 60 StGB lautet: Werden die Strafzwecke bereits anderweitig erfüllt, erfolgt keine Strafverhängung. Eine Ausnahme

710 *Wagner*, GA 1972, S. 33 (41 f.).
711 *Wagner*, GA 1972, S. 33 (43, 46 f.).
712 Vgl. oben S. 162.
713 *Eser*, FS-Maurach, S. 257 (270). Vgl. auch *Hefendehl*, JZ 2000, 603 mit weiteren Nachweisen.
714 *Stratenwerth*, Leitprinzipien, S. 16.
715 *Bassakou*, Analyse und Reform, S. 111 f.

gilt indes, wenn eine Freiheitsstrafe von über einem Jahr verwirkt wurde; in diesen Fällen wird unabhängig von erfüllten Strafzwecken eine Strafe verhängt. Mit welcher Begründung dies geschieht, das heißt welche Straffunktionen von der Strafverhängung erfüllt werden sollen, braucht für den Fortgang der Arbeit nicht entschieden zu werden.[716] Im Anschluss an die Ausführungen von *Müller-Dietz* kann aus der Existenz der Ausnahmeregelung in § 60 S. 2 StGB gefolgert werden, dass Fälle denkbar sind, in denen bei einer verwirkten Freiheitsstrafe von über einem Jahr dennoch eine Strafverhängung offensichtlich verfehlt ist, das heißt alle Strafzwecke und damit auch die positiv generalpräventiven, bereits ohne Strafverhängung erfüllt werden.[717] Ansonsten hätte auf § 60 S. 2 StGB verzichtet werden können.[718] Ließe sich auch die Notwendigkeit, die Strafe zu verhängen, mit dem Argument begründen, dem Zweck der positiven Generalprävention werde sonst nicht Genüge getan, und müsse diese Möglichkeit explizit in § 60 S. 2 StGB betont werden, impliziert dies, dass grundsätzlich die Möglichkeit besteht, eine generalpräventive Wirkung auch auf andere Weise als durch die Strafverhängung zu erzielen. Zudem untermauert die im Sonderausschuss geführte Debatte darüber, § 60 StGB auf verwirkte Freiheitsstrafen von unter einem oder unter zwei Jahren zu begrenzen[719], die Einschätzung, dass es sich hierbei eben nicht um eine empirisch nachvollziehbare und feststehende Grenze handelt, nach deren Überschreitung die spezielle Höhe der verwirkten Freiheitsstrafe mit der Nichterfüllung der Strafzwecke durch andere Institute als die Strafe Hand in Hand geht. Damit wurde wiederum bestätigt, dass den schweren Tatfolgen und/oder dem Schuldspruch spezial- und generalpräventive Wirkungen zugesprochen werden, die nicht dadurch auszuhebeln sind, dass unter Verweis auf die generalpräventive Funktion der Einschrän-

---

716 Für eine Begrenzung des Absehens von Strafe aus generalpräventiven Gründen bereits der Alternativ-Entwurf, der im Falle vorsätzlicher Straftaten gegen das Leben einen Strafverzicht ausschloss, *Baumann* u. a., Alternativ-Entwurf StGB-AT2, S. 115, sich anschließend *Hassemer*, FS-Sarstedt, S. 65 (67 f.); *Jescheck/Weigend*, Lehrbuch des Strafrechts AT, S. 862.

717 In dieser Konstellation wäre zu überlegen, ob, wenn alle Strafzwecke auch ohne Strafverhängung erfüllt werden, für eine dennoch verhängte Strafe nur Vergeltungsgedanken sprechen könnten, die nicht zu der Gruppe der möglichen Strafzwecke zu zählen sind.

718 So *Müller-Dietz*, FS-Lange, S. 303 (316).

719 SA, 131. Sitzung, S. 2709 und 134. Sitzung, S. 2823.

kung in § 60 S. 2 StGB im Umkehrschluss gefolgert wird, in Fällen einer verwirkten Freiheitsstrafe unter einem Jahr sei keine generalpräventive Wirkung nötig. Eine gleichzeitige Strafzweckerfüllung durch die an die Stelle der Strafe tretenden Institute sowie die Strafverhängung ist § 60 StGB nachgerade immanent. Auf dem von *Bassakou* skizzierten Weg kann die generalpräventive Wirkung der Tatfolgen respektive des Schuldspruchs nicht ausgeschlossen werden.[720]

Die öffentliche Wahrnehmbarkeit sowie eine staatliche Intervention gewährleistet hingegen der richterliche Schuldausspruch, der in Form der Verurteilung die Verantwortung für begangenes Unrecht öffentlich dem Täter zuschreibt.[721] § 60 StGB verzichtet auf staatliche Strafe trotz Schuldspruch und verlagert die Vermittlung generalpräventiver Effekte auf den staatlichen, öffentlichen und *„formalisierten Strafschuldspruch"*.[722]

cc) Die positiv generalpräventive Wirkung des Strafverfahrens

Ferner könnte auch der Durchführung des Strafverfahrens, genauer des Ermittlungs- bzw. Hauptverfahrens, eine generalpräventive Wirkung nachzuweisen sein. Vor dem Hintergrund dieser Überlegung ist die Möglichkeit des Gerichts und der Staatsanwaltschaft zu betrachten, nach § 153b StPO von der Klage oder dem Verfahren abzusehen bzw. nach § 153a StPO das Strafverfahren gegen die Verhängung von Auflagen einzustellen.

Das Absehen von der Strafverfolgung nach § 153b StPO kann als prozessuales Gegenstück zu § 60 StGB und den kasuistischen Regelungen des Absehens von Strafe betrachtet werden. Liegen deren Voraussetzungen vor, kann die Staatsanwaltschaft mit Zustimmung

720 *Bassakou*, Analyse und Reform, S. 106 ff.

721 Nicht überzeugen kann der Ansatz *Schroers*, unter Verweis auf das grundsätzliche Problem der empirischen Nachweisbarkeit präventiver Wirkungen – das identisch für die Strafe besteht – jegliches präventives Potential des Schuldspruchs zu verneinen, *dies.*, Absehen von Strafe, S. 88 ff.

722 *Köhler*, Strafrecht AT, S. 610. Gerade von dem Effekt des Schuldspruchs, den Täter zu *„bemakeln"*, lebe die Generalprävention meint *Fuchs* und betont die kriminalpädagogische Funktion des Schuldspruchs, dem eine selbstständige Repressivwirkung zukomme, *ders.*, Gesetzeskonkurrenz, S. 42.

des Gerichts davon absehen, Klage zu erheben[723], oder kann das Gericht im Falle einer bereits erhobenen Klage bis zum Beginn der Hauptverhandlung, die Zustimmung der Staatsanwaltschaft und des Angeklagten vorausgesetzt, das Verfahrens einstellen.[724] In diesem Fall entfallen Schuldspruch und Strafausspruch. Der Angeschuldigte bzw. Angeklagte gilt als nicht vorbestraft und wird auch nicht mit einer Eintragung in das Strafregister belastet (§ 4 BZRG).[725] Der Einstellung kann allerdings ein öffentliches Interesse am Schuldausspruch entgegenstehen.[726] Eine Entscheidung, ob damit der Durchführung des Verfahrens keine generalpräventive Wirkung zukommt, ist noch nicht getroffen. Im Gegenteil ist anzunehmen, dass das Hauptverfahren nach den bereits oben für die schweren Tatfolgen sowie den formellen Schuldspruch zugrunde gelegten Kriterien geeignet ist, als staatlich-intervenierende Maßnahme mit Außenwirkung Normgeltung wiederherzustellen und zu demonstrieren.[727] In diese Richtung argumentiert auch Peters, wenn er die Funktion des Prozesses in der Bestätigung *„sozialethischer Grundgesetze"* sowie in der Bewährung der Strafrechtsordnung *„kraft autoritären Machtspruchs"* sieht.[728] Letzteres erfolge erst durch das Urteil, genauer durch den Schuldspruch.

Dies könnte zum einen aus der öffentlich wahrnehmbaren Tatsache der Durchführung eines Strafverfahrens und den damit verbundenen persönlichen Einbußen des Betroffenen folgen. In diesem Sinne kann *Köhler* verstanden werden, der ausführt, *„für den an sich rechtsbewussten Bürger genügt nach einer leichten Tat der verfahrensmäßig formalisierte Appell an sein Rechtsbewusstsein, verbunden mit leichten Sanktionen [...], auf dieser ersten Stufe kann neben der nötigen Schuldauseinandersetzung unter Umständen auch von zusätzlichen Sanktionen abgesehen werden."*[729]

Davon abzugrenzen ist die Schuldfeststellung im Rahmen eines Einstellungsbeschlusses noch vor Schuldspruchreife. Für die Fälle einer Verfahrenseinstellung wegen geringer Schuld nach § 153 StPO hat das *Bundesverfassungsgericht* dem jeweils erkennenden Gericht die Mög-

---

723 § 153b Abs. 1 StPO.
724 § 153b Abs. 2 StPO.
725 Vgl. *Zickendraht-Wendelstadt*, Straffreierklärung, S. 187, *von Weber*, MDR 1956, 705 (707).
726 Für viele *Meyer-Goßner*, § 153b, Rn. 1.
727 Vgl. hierzu *Hauschild*, Die positive Generalprävention, S. 166 ff.
728 *Peters*, ZStW 68, S. 374 (376).
729 *Köhler*, Strafrecht AT, S. 613.

lichkeit an die Hand gegeben, die aus dessen Sicht höchstwahrscheinlich vorliegende Schuld des Angeklagten in den Entscheidungsgründen auszusprechen.[730] Vorausgesetzt, dies gelte auch für eine Einstellung nach § 153b StPO, könnte eben jene Feststellung geeignet sein, die generalpräventive Wirkung des Strafverfahrens trotz erfolgter Einstellung und geltender Unschuldsvermutung[731] zu stärken. Ist dieser informelle Akt im Rahmen des Strafverfahrens bezüglich seiner Wirkungen auf die Allgemeinheit, aber wohl auch auf den Beschuldigten bzw. den Angeklagten, gegenüber dem förmlichen Schuldausspruch in Gestalt einer Verurteilung auch milder einzustufen[732], wird ihm offensichtlich dennoch eine öffentliche Bedeutung zugemessen, auf die das erkennende Gericht in bestimmten Fällen nicht verzichten will.[733]

Abgrenzungskriterium zwischen Absehen von Strafe und dem Absehen von der Strafverfolgung nach § 153b StPO ist damit neben effektivitätsgeleiteten Überlegungen ein öffentliches Schuldausspruchsbedürfnis.[734] Die Funktionen des formellen Schuldausspruchs müssen für die Einstellung des Verfahrens nach § 153b StPO verzichtbar sein.[735] Wäre ein solches Schuldfeststellungsbedürfnis nicht existent, hätte sich eine materiell-rechtliche Regelung des Absehens von Strafe

730 BVerfGE 82, 106 (117).

731 Das *Bundesverfassungsgericht* weist ausdrücklich darauf hin, dass es sich hierbei aufgrund der uneingeschränkt geltenden Unschuldsvermutung nur um die Beschreibung einer Verdachtslage, die die Schuldfrage noch offen lasse, handele, die Schuld mithin nur unterstellt werden dürfe, vgl. BVerfGE 74, 358 (370 ff.); BVerfGE 82, 106, S. 117 ff.

732 *Wagner*, GA 1972, S. 33 (46).

733 Auf das Wesen dieser Feststellung einer höchstwahrscheinlichen Schuld als *„soziales Unwerturteil"* abstellend, sieht *Mahrenholz* in seiner abweichenden Meinung zur zitierten BVerfGE eben darin einen Verstoß gegen die Unschuldsvermutung. Bereits die gerichtliche Feststellung, der Angeklagte sei mit hoher Wahrscheinlichkeit einer Straftat schuldig, sei geeignet, eine für den Betroffenen nachteilige Wirkung zu erzielen, gegen die der Grundsatz der Unschuldsvermutung ihn schütze, BVerfGE 82, 106 (122 ff.).

734 *Wagner* geht von dem Schuldfeststellungsbedürfnis als Abgrenzungskriterium aus, was jedoch hinsichtlich der Möglichkeit einer summarischen Schuldfeststellung bei Einstellung des Verfahrens nicht ganz überzeugen kann, GA 1972, S. 33 (38). So auch etwa SK[8]-*Horn*, § 60, Rn. 19. Für die große Bedeutung des Schuldspruchs im Zusammenhang mit der Frage einer Einstellung nach § 153b StPO vgl. *Jescheck/Weigend*, Lehrbuch des Strafrechts AT, S. 864.

735 LK[11]-*Hirsch*, §. 60, Rn. 49; *Jescheck/Weigend*, Lehrbuch des Strafrechts AT, S. 864. *Schöch* forderte auf dem 59. DJT 1992 eine restriktivere Handhabung des § 153b StPO, um die Wirkung eines Urteils nach einem förmlichen Verfahren zu berücksichtigen und nicht den Eindruck der Sanktionslosigkeit in

neben § 153b StPO und den im Jahre 1969 bereits bestehenden kasuistischen Regelungen erübrigt. Fallkonstellationen, in denen der Täter durch die von ihm hervorgerufenen Tatfolgen besonders schwer getroffen wurde, hätten dann im Wege einer entsprechenden Ausweitung des § 153b StPO geregelt werden können.[736]

Dies macht deutlich, dass es nicht allein durch den Verweis auf die schwere Tatfolge gelingen kann, die abstrakte Normgeltung zu stärken und die Allgemeinheit davon abzuhalten, Straftaten zu begehen. Vielmehr setzen beide erstrebten Ziele eine öffentlich wahrnehmbare staatliche Reaktion voraus, die im Falle des § 60 StGB sowohl in dem förmlichen Schuldausspruch als auch in der Durchführung eines Strafverfahrens mit summarischer Schuldfeststellung nach § 153b StPO liegen kann, qua derer sie vermittelbar sind.[737]

2. Die absolute Theorie

Die Untersuchung, ob auch eine absolut begründete Strafe durch eingetretene schwere Tatfolgen oder den Schuldspruch ersetzt werden

---

der Öffentlichkeit sowie bei dem Verletzten aufkommen zu lassen, vgl. *ders.*, Gutachten C, 59. DJT, C 88 f.

736 *Dahs* wies als Mitglied der Großen Strafrechtskommission drei Jahre nach der Einführung des § 153a StPO a. F. darauf hin, dass es Fallgruppen gebe, für die die Einstellung des Verfahrens § 153a StPO *„unter gar keinen Umständen einen Ausweg"* biete. *„Noch viel wichtiger ist der sachliche Unterschied zwischen einer materiellen Entscheidung des Richters über die Schuld und daran anschließendem Absehen von Strafe und der ganz anders gearteten Einstellung des Verfahrens ohne entsprechende richterliche Feststellung der Schuld, Das hat auch ein ganz anderes Gewicht, und darauf kommt es an. [...] Ich finde, gerade bei erstmals straffälligen Gelegenheitstätern, ist eine solche Schuldfeststellung mit anschließendem Absehen von Strafe ein gutes, vielleicht sogar hervorragendes Erziehungsmittel, auf das man nicht verzichten kann. Ich habe [...] einen [...] Fall [...] gehabt, der mir zeigte, dass eine Entsühnung in besonders gelagerten Fällen schon dadurch möglich ist, dass die Schuld festgestellt und dem Täter vorgehalten wird."*, *Dahs*, Niederschriften, S. 127. Diesen Aspekt des Schuldausspruchs verkennt auch *Schroers*, wenn sie nicht den Schuldspruch, sondern die mit diesem in allen gegenwärtig bestehenden Regelungen des materiellen Rechts verknüpften natürlichen und staatlichen Tat- bzw. Rechtsfolgen als für die Abgrenzung zur Verfahrenseinstellung nach § 153b StPO verantwortlich zeichnet, *Schroers*, Absehen von Strafe, S. 30 ff.

737 *Frehsee*, Schadenswiedergutmachung, S. 85. *Seibert* stellt fest, dass jedwede Form der Verfahrenseinstellung einen – wenn auch unausgesprochenen – Strafausspruch enthalte, dies gelte gleichsam für eine Einstellung des Verfahrens nach § 153a StPO, *ders.*, FS-Lüderssen, S. 345 (334 f.).

kann, trifft zunächst begrifflich unmittelbar auf das Problem der Vereinbarkeit einer absoluten Straftheorie mit dem Wortlaut des § 60 StGB.

Wird im Anwendungsbereich des § 60 StGB von Strafe mit der Begründung abgesehen, dass in den umfassten Sachverhaltskonstellationen die Strafzwecke auch ohne Strafverhängung als erfüllt angesehen werden können, dürfen die absoluten Straftheorien nicht ohne weiteres als mitberücksichtigt behandelt werden. Denn gerade die Befreiung der Strafe von Zwecküberlegungen macht die absolute Straftheorie erst zu einer solchen.[738] Die Rechtfertigung des Strafübels erfolgt in der klassischen absoluten Straftheorie ausschließlich durch das begangene Übel in Form der Straftat.[739] Die Strafe ist demnach eine repressive, auf die Geschehnisse in der Vergangenheit gerichtete, staatliche Reaktion. Grob können die absoluten Theorien in die Vergeltungstheorie[740] sowie die Sühnetheorie eingeteilt werden.

Von einer *„offensichtlich verfehlten"* Strafverhängung im Sinne einer bereits eingetretenen Zweckerreichung, wie sie § 60 StGB fordert, kann aus dieser Perspektive nicht gesprochen werden.

Gleichwohl ist die Nähe des Wortlauts des § 60 StGB zur Idee der Vergeltung augenscheinlich.[741] So scheint es dort zu heißen, die Strafe sei überflüssig, wenn die schweren Tatfolgen deren Aufgabe bereits erfüllt haben. Dahinter verbirgt sich der Gedanke, der Täter sei durch die eingetretenen Tatfolgen bereits genug bestraft. Im Sinne der Vergeltungsidee formuliert: Der Täter habe keine weitergehende Übelszufügung verdient, die schweren Tatfolgen haben dem Täter bereits eine Freiheitsverletzung zugefügt, die ihrerseits nach Art und Maß geeignet ist, die Freiheitsverletzung eines Dritten durch die Tat auszugleichen.

Unterstützung erfährt diese Interpretation des § 60 StGB durch den

---

738 *Roxin*, JuS 1966, 377; *R.-P. Calliess*, NJW 1989, 1338 (1340); *Schmidhäuser*, Strafrecht Allgemeiner Teil, 2/2–4; *Naucke*, Strafrecht, S. 33.

739 *Naucke*, Strafrecht, S. 32 f.

740 Die Differenzierung innerhalb der Vergeltungstheorie zwischen ihrer älteren und neueren Ausgestaltung sei hier dahingestellt, dazu näher *Köhler*, Strafrecht AT, S. 43. Zur Ausprägung als Gerechtigkeitstheorie, *Schmidhäuser*, Vom Sinn der Strafe, S. 44, *ders.*, Allgemeiner Teil, 2/4–6.

741 *Bassakou* geht so weit, § 60 StGB als ausschließlich mit der Vergeltungstheorie vereinbar und letztlich aus diesem Blickwinkel statuiert, zu erklären, *dies.*, Analyse und Reform, S. 105 f., insbesondere S. 112 f.

ihm vorausgegangenen § 58 des Alternativ-Entwurfs eines Strafgesetzbuches, der in seiner ersten Tatbestandsalternative vorsah, von Strafe abzusehen, sofern der Täter durch die Tatfolgen bereits hinreichend bestraft erscheint. Daraus folgt, dass das Sanktionsbedürfnis erfüllt wurde. Damit ist indes noch keine Aussage darüber getroffen, ob die ausreichende Sanktionierung zwangsläufig Hand in Hand mit der sogenannten Vollzweckerreichung gehen muss. Das Bedürfnis nach Sanktionierung wurde jedenfalls bereits durch die Auswirkungen der Tat als befriedigt betrachtet.[742] Die Formulierung *„hinreichend bestraft erscheint"* macht somit deutlich, dass die zum Nachteil des Täters eingetretenen Tatfolgen als *poena naturalis* anerkannt wurden[743], die eine repressive Wirkung entfalten.[744] Weitere Aspekte der Vergeltungstheorie flossen in den Wortlaut ein, indem die Fälle, in denen eine Freiheitsstrafe von mehr als zwei Jahren verwirkt wurde oder eine vollendete vorsätzliche Straftat gegen das Leben vorlag, ausgenommen wurden. Dafür spricht auch der Hinweis der Verfasser des Alternativ-Entwurfs, eine Einstellung des Verfahrens käme aufgrund der erheblichen Folgen der Tat nicht in Betracht.[745] Mögliche darüber hinausgehende Wirkungen des Schuldspruchs werden dort nicht erörtert.[746]

---

742 *Eser*, FS-Maurach, S. 257 (260 f.).

743 *Baumann* u. a., Alternativ-Entwurf StGB-AT[1], S. 109, gleicher Wortlaut in *Baumann* u. a., Alternativ-Entwurf StGB-AT[2], S. 115.

744 Kritisch zur *poena naturalis* in Gestalt der schweren Tatfolgen *Bassakou*, Analyse und Reform, S. 114 ff., die die Unvereinbarkeit der natürlichen Strafe für § 60 StGB – insofern aber wohl gleichzeitig für § 58 AE – mit dem modernen Sanktionensystem des Strafgesetzbuches aufzeigt.

745 *Baumann* u. a., Alternativ-Entwurf StGB-AT[1], S. 109, gleicher Wortlaut in *Baumann* u. a., Alternativ-Entwurf StGB-AT[2] S. 115.

746 Keinerlei vergeltendes Potential wies hingegen die 2. Tatbestandsalternative des § 58 AE auf, der ein Absehen von Strafe bei Konflikttaten vorsah. Ein Äquivalent zur Strafe im Sinne der *poena naturalis* ist in dieser Konstellation nicht gegeben. Wurde für die erste Alternative des § 58 AE noch eine Erfüllung der Funktionen der Strafe durch die schweren Tatfolgen als natürliche Strafe angesehen, fehlen bei den Konflikttaten strafähnliche Einwirkungen auf den Täter. In diesen Fällen wird also auf Strafeinwirkungen – seien sie nun natürlicher oder staatlicher Art – verzichtet. Dennoch erschien den Verfassern die Einstellung des Verfahrens als eine der Schuld nicht ausreichende Reaktion. Anders hingegen der *„Ausspruch der Schuld"*. Dem Schuldspruch wird eine Wirkung und Funktion zugeschrieben, die von der Verfahrenseinstellung nicht erreicht werden kann und die den Schuldspruch mithin zu einem Mehr gegenüber der Einstellung macht. Ausführungen zur Funktion des Schuldspruchs lassen sich in den Materialien zum Alternativ-Entwurf nicht finden. Die Intention

Gleichzeitig mit der Neuformulierung durch den Sonderausschuss des Bundestages, der statt *„hinreichend bestraft"* die *„offensichtlich verfehlte"* Strafverhängung statuierte, könnte sich indes die Einschätzung der Funktionen der schweren Tatfolgen, respektive des Schuldspruchs, geändert haben.[747] Mit der Forderung, die Strafverhängung müsse verfehlt sein, um von Strafe absehen zu können, nahm der Sonderausschuss neben dem Schuldausgleichserfordernis auch die Strafzwecktheorien mit in § 16 a. F. StGB auf[748] und sah sich der Kritik ausgesetzt, die Konzeption des Absehens von Strafe zu verengen.[749]

Als Grund für die gegenüber dem Alternativ-Entwurf abweichende

---

der Verfasser bei Schaffung eines Schuldspruchs unter Strafverzicht bei Konflikttaten gründete sich wohl in erster Linie auf Strafzweckerwägungen, deren Neuformulierung ein Hauptanliegen der Verfasser war. Im Vordergrund standen ausdrücklich die Bemühungen um eine Entmoralisierung, Liberalisierung und Humanisierung des Strafrechts. (*Roxin*, Strafzweck und Strafrechtsreform, S. 75 [77]). Das Maß der Strafe bestimme sich grundsätzlich nach dem individuellen Verschuldensgehalt, sei aber nur insofern auszuschöpfen, wie es die Wiedereingliederung des Täters in die Rechtsgemeinschaft oder der Schutz der Rechtsgüter erfordert, § 59 Abs. 2 AE. Vor diesem Hintergrund muss § 58 Abs. 1 AE gesehen werden, der einmaligen Fehlhandlungen echter Überzeugungs- bzw. Gewissenstätern in bestimmten Ausnahmefällen Rechnung tragen will. (Begründung *Baumann* u. a., Alternativ-Entwurf StGB-AT[1] zu § 58) Das Ob der Strafe hängt nach dem Konzept des Alternativ-Entwurfs von der Tatschuld des Täters ab und ist in den von § 58 AE umfassten Fällen zu bejahen, das heißt es liegt ein tatbestandsmäßiges, rechtswidriges und schuldhaftes Handeln vor, Strafausschließungs- und Strafaufhebungsgründe sind nicht ersichtlich. Damit liegen die Voraussetzungen des Schuldspruchs vor. Das Wie der Strafe bestimmt sich demgegenüber nach den Kriterien der Resozialisierung und des Rechtsgüterschutzes (§§ 2 Abs. 1, 59 AE) und wird durch das Maß der Tatschuld begrenzt. (*Baumann*, Was erwarten wir von der Strafrechtsreform?, S. 14 [25]) Dient die Strafe keinen der beiden Zwecke wie in den von § 58 AE umfassten Fällen, erfolgt eine Reduktion auf den gänzlichen Verzicht bei Aufrechterhaltung des Schuldspruchs. Eine gänzliche Abkehr von Sühne- und Vergeltungsgedanken und kriminalpolitischen Erwägungen gelang hingegen auch den Strafrechtslehrern nicht: § 58 Abs. 2 AE schließt vorsätzliche Straftaten gegen das Leben von dem Anwendungsbereich des Absehens von Strafe aus, obwohl gerade in diesen Fällen Konstellationen denkbar sind, für die aus spezialpräventiven Erwägungen ein isolierter Schuldspruch die angemessenste Sanktion wäre. (*Arth. Kaufmann*, Dogmatische und kriminalpolitische Aspekte, S. 56 [68]).

747 Ausdrücklich war eine Distanzierung von den Anklängen an die poena naturalis noch im Alternativ-Entwurf erwünscht, vgl. BT-Dr V/32, Protokoll des Sonderausschusses „Strafrecht", 5. Wahlperiode, 107. Sitzung, Anlage, S. 2119.

748 SA, 107. Sitzung, S. 2119.

749 *Eser*, FS-Maurach, S. 257 (268) unter Bezugnahme auf die Kritik der Verfasser des Alternativ-Entwurfes StGB-AT[2], *ebenda* S. 210 f.

Formulierung nannte der Sonderausschuss[750] sein Interesse, die Tatbestandvoraussetzungen zu verobjektivieren sowie richterliche Abwägungsentscheidungen künftig zu vermeiden.[751] An dem Grundgedanken der *poena naturalis* und damit einer repressiven Funktion der schweren Tatfolgen hat aber auch die Neuformulierung des Sonderausschusses, die schließlich Eingang in das 1. und 2. StrRG 1969 fand, nichts geändert.[752] Auch in der Strafrechtswissenschaft wird das Tatbestandsmerkmal der schweren Tatfolgen nach wie vor als eng verbunden mit dem Gedanken der *poena naturalis*, der seinerseits aus dem Prinzip der Vergeltung zu folgern sei, betrachtet.[753] Den Gedanken der Schuldkompensation durch die Tatfolgen nahm jüngst auch der *Bundesgerichtshof* auf.[754] Dass die schweren Tatfolgen ein den Täter schwer beeinträchtigender Schaden und damit ein Übel darstellen müssen, um den Weg für den Verzicht auf staatliche Strafverhängung frei zu machen, ist mithin als eine allen Entwürfen für eine allgemeine Regelung des Absehens von Strafe immanente Voraussetzung festzu-

---

750 Vgl. Erster schriftlicher Bericht des Sonderausschusses 1969, BT-Dr V/4094, S. 6 f.

751 Der Vorschlag der Autoren des Alternativ-Entwurfes, ein eigenständiges neues Rechtsinstitut zu schaffen, wurde von dem Sonderausschuss mit der Begründung abgewiesen, man wolle eine übermäßige Differenzierung des Rechtsfolgensystems vermeiden. Ferner weise ein neues Rechtsinstitut in Form des isolierten Schuldspruchs moralisierende Tendenzen auf, die zu vermeiden seien (Protokoll des Sonderausschusses „Strafrecht", 5. Wahlperiode, 107. Sitzung, S. 2116; dagegen *Roxin*, Strafzweck und Strafrechtsreform, S. 77 ff., der dem Alternativ-Entwurf gerade das Ziel der Entmoralisierung zuschriebt). Diese Begründung kann jedoch mit Blick auf den Wortlaut der letztlich vom Sonderausschuss beschlossenen Regelung nicht überzeugen. Der Schuldspruch bildet in beiden, ausdrücklich für Ausnahmefälle konzipierten, Regelungen eine eigenständige Rechtsfolge. Ob dies nun mit der Begründung geschieht, die Straffunktionen seien durch die eingetretenen Tatfolgen bereits hinreichend erfüllt oder eine verhängte Strafe sei offensichtlich verfehlt, ändert an diesem Umstand nichts. Es liegt mithin die Vermutung nahe, der Vorwurf der Moralisierung beziehe sich weniger auf den isolierten Schuldspruch als Rechtsfolge als vielmehr auf die zweite von § 58 Abs. 1 AE genannte Alternative der außergewöhnlich schweren Konfliktlage. Die Diskussion um die den Anwendungsbereich des Absehens von Strafe im Allgemeinen Teil des Strafgesetzbuches eröffnenden Tatkonstellationen ist für die vorliegende Untersuchung aber nur von untergeordneter Bedeutung und muss nicht endgültig entschieden werden.

752 Vgl. *Hassemer*, Strafrechtsdogmatik, S. 115 ff.

753 Vgl. *Naucke*, Strafrecht, S. 217, kritisch zum *poena naturalis*-Gedanken; *Bassakou*, Analyse und Reform, S. 112 ff.

754 BGH NJW 1996, 3350.

halten. Doch vor dem Hintergrund der im dritten Teil der Untersuchung nachgewiesenen repressiven Funktion des Schuldspruchs könne auch dieser in minderschweren Fällen eine ausreichende Vergeltung für begangenes Unrecht darstellen.

In diesem Sinne sah *Dahs* als Mitglied der Großen Strafrechtskommission bereits einige Jahre vor dem Alternativ-Entwurf den Charakter des Schuldspruchs im Lichte der absoluten Theorie. Die dem Täter im Rahmen des Schuldausspruchs vorgehaltene Schuld entfalte auch ohne angeknüpfte Strafverhängung nachgerade eine *„entsühnende"* Wirkung.[755]

Auf die Repressivwirkung des Schuldspruchs stellt auch *Waiblinger* ausdrücklich ab, wenn er den strafprozessualen Schuldspruch als öffentlich ausgesprochene Disqualifizierung der Tat und des Täters einordnet, die vom Verurteilten oft als ein noch schwereres Übel als eine Strafverhängung empfunden werde.[756] Dem Schuldspruch käme so eine von der Strafe unabhängige Repressivwirkung zu, die insbesondere im Rahmen derjenigen Institute, die es ermöglichen, *„von Strafe Umgang zu nehmen"*[757], von besonderer Bedeutung sei.[758]

Die stigmatisierende Wirkung des Schuldspruchs nimmt Krauß zum Anlass, dessen Geeignetheit als Mittel der Vergeltung herauszustellen. In ihrer Symbolträchtigkeit ziehe die Verurteilung in Gestalt des Schuldspruchs Schuld und Vergeltung in einem Punkt zusammen, so dass der Schuldspruch selbst den Hauptaspekt der Vergeltung bilde.[759]

---

755 Niederschriften Band 1, Grundsatzfragen, S. 127.

756 *Waiblinger*, FS-Pfenninger, S. 157 (167).

757 Die Möglichkeit des Richters *„von einer Bestrafung Umgang zu nehmen"* ist dem schweizerischen Strafgesetzbuch entnommen, bezieht sich aber ebenfalls die Konstruktion eines Schuldspruchs unter Strafverzicht, wie er im Jahre 1969 dann auch im deutschen Strafgesetzbuch statuiert wurde.

758 *Waiblinger*, FS-Pfenninger, S. 157 (167). A. A. *Wagner*, der ausdrücklich eine repressive Wirkung des Schuldspruchs mit der Begründung ablehnt, der Schuldspruch stelle keine Übelzufügung dar, ziele auch nicht auf eine solche ab und disqualifiziere den Täter darüber hinaus auch nicht als Person. Im Gegenteil werde im Rahmen des Absehens von Strafe gerade auf Repression verzichtet, *ders.*, GA 1972, S. 33 (36 ff.).

759 *Krauß*, FS-Schaffstein, S. 411 (430). Eine Trennung von Schuldspruch und Strafe in Form eines Schuldinterlokuts sei daher *„das Gebot der Stunde"*, könnte doch auf diese Weise das Vergeltungsbedürfnis der Allgemeinheit im Schuldspruch kompensiert und gleichzeitig der Vollzug befreit von vergeltenden In-

Korrektiv der vergeltenden Straftheorie ist das Schuldprinzip bzw. der Gedanke des notwendigen Schuldausgleichs.[760] So weist *Jescheck* im Zusammenhang mit der richterlichen Möglichkeit, von der Strafverfolgung abzusehen, darauf hin, dass ein erhöhter Schuld- und Unrechtsgehalt der Tat den Schuldspruch als Sanktion gebiete und es sich gleichzeitig ausschließe, vom Strafverfahren abzusehen.[761] In diesem Sinne argumentiert gleichsam *Maiwald*, wenn er feststellt, allein die Höhe der Schuld rechtfertige es, die Einstellung des Verfahrens nach § 153b StPO zugunsten eines Schuldausspruchs abzulehnen. Dabei spielten weder spezial- noch generalpräventive Erwägungen eine Rolle.[762] Der Schuldspruch sei ein gerichtlicher Ausspruch der öffentlichen Missbilligung und stelle mithin eine symbolische Strafe für den Angeklagten dar.[763] Das Übel, das dem Täter aufgrund seiner Tat trifft bzw. treffen soll, sei nicht nur in der Strafverhängung, sondern in abgemilderter Form ebenfalls im Schuldspruch zu erblicken.[764]

Dennoch, trotz des Nachweises einer repressiven Wirkung schon und bereits des Schuldspruchs, erscheint es gerade vor dem Hintergrund der historischen Auslegung des § 60 StGB als schwer vertretbar anzunehmen, der Gesetzgeber habe den Schuldspruch im Blick, soweit er einen Ausgleich der Straftat durch ein Übel anstrebt.

3. Exkurs: Genugtuung als neuer Strafzweck

Ein neuer Begriff hat sich in den letzten Jahren in Strafrechtswissenschaft und Rechtsprechung im Zusammenhang mit den Strafzwecken etabliert, auf den ergänzend an dieser Stelle eingegangen werden soll: der Begriff der Genugtuung.[765]

---

tentionen ausschließlich der Sozialisierung gewidmet werden, *ders.*, a. a. O., S. 427 f., 430.

760 Für viele *Roxin*, JuS 1966, 377 f.; *Arth. Kaufmann*, Dogmatische und kriminalpolitische Aspekte, S. 61 ff.; *Gallas*, ZStW 80, S. 1 (2 ff.).

761 *Jescheck*, Lehrbuch des Strafrechts AT³, S. 693 („*[...] weil sonst der Schuldspruch als Sanktion nicht entbehrt werden kann.*") Daneben anerkennt *Jescheck/Weigend*, Lehrbuch des Strafrechts AT, S. 863 den Schuldausgleich durch die Tatfolgen.

762 *Maiwald*, ZStW 83, S. 663 (694).

763 *Maiwald*, ZStW 83, S. 663 (669).

764 *Maiwald*, ZStW 83, S. 663 (680).

765 Eng im Zusammenhang mit der Genugtuung steht die in § 46a StGB vorgesehene Möglichkeit, einen Täter-Opfer-Ausgleich durchzuführen und dies positiv im Rahmen der Strafbemessung zu berücksichtigen, vgl. dazu *Stratenwerth*:

Das Bemühen um materielle, aber auch und zuvorderst seelische Genugtuung des Verletzten einer Straftat durch Strafverhängung und -vollstreckung schlägt sich in wissenschaftlichen und judiziellen Ansätzen nieder, den Katalog der klassischen Strafzwecke um die Interessen des Opfers zu erweitern.[766] Diese Entwicklung ist vor dem Hintergrund des beharrlich auf das Opfer gerichteten kriminalpolitischen Fokusses zu sehen.[767] Die Diskussion um die verstärkte Beteiligung des Verletzten einer Straftat am Strafverfahren bzw. an der Bestrafung des Täters reißt trotz oder gerade aufgrund zahlreicher einschlägiger Änderungen der Strafprozessordnung[768] nicht ab. Bereits in den 80er Jahren setzte sich die strafrechtliche Wissenschaft umfassend mit der Stellung des Opfers im Strafprozess auseinander.[769] Die damals propagierte „Wiederentdeckung des Opfers"[770] ist

---

„Definitiv gesprengt wird das überkommene Schema der Strafzwecke von Vergeltung, General- und Spezialprävention im übrigen dadurch, daß dem Strafrecht seit den frühen 80er Jahren mit steigendem Nachdruck eine Aufgabe zugewiesen wird, die sich in ihm ohnehin nicht oder nur gewaltsam unterbringen läßt. Ich meine den Täter-Opfer-Ausgleich.", *Stratenwerth*, Lehre von den Strafzwecken, S. 13. Dazu noch näher nachfolgend, 4. Teil, 1. Kapitel, II.

766 Vgl. *Prittwitz*, Opferlose Straftheorien?, S. 55 ff.; *Lüderssen*, Der öffentliche Strafanspruch, S. 63; *Hassemer*, ZRP 1997, 318; *ders.*, Absehbare Entwicklungen, S. 25; vgl. bereits *Jung*, ZStW 93, S. 1147 (1152); *Sessar*, FS-Jescheck, 2. Halbband, S. 1137 (1151).

767 Vgl. *R.-P. Calliess*, NJW 1989, 1338 (1341).

768 Insbesondere durch das Erste Opferschutzgesetz vom 18.12.1986 (BGBl. I, S. 2496), das Gesetz zur Bekämpfung des illegalen Rauschgifthandels und anderer Erscheinungsformen der Organisierten Kriminalität (OrgKG) vom 15.7.1992 (BGBl. I, S. 1302), das Verbrechensbekämpfungsgesetz vom 28.10.1994 (BGBl. I, S. 3186), das Zeugenschutzgesetz vom 30.4.1998 (BGBl. I, S. 820) – im ZSchG ging ein Großteil der Entwürfe für ein Zweites Opferschutzgesetz aus dem Jahre 1997 (BT-Dr 13/6899) auf; nicht übernommene Vorschläge fielen dem Grundsatz der Diskontinuität anheim und wurden bisher nicht wieder aufgenommen –, das Opferanspruchssicherungsgesetz vom 8.5.1998 (BGBl. I, S. 905) und jüngst das Gesetz zur verfahrensrechtlichen Verankerung des Täter-Opfer-Ausgleichs und zur Änderung des Gesetzes über Fernmeldeanlagen vom 20.12.1999 (BGBl. I, S. 2491). Vgl. ferner Gesetzentwurf des Bundesrates „Gesetz zur Stärkung der Verletztenrechte" vom 16.11.2000, BT-Dr 14/4663 und *Bundesjustizministerium*, Eckpunkte, StV 2001, S. 314 ff.

769 Neben der viktimologischen und soziologischen Herangehensweise bezogen sich die strafverfahrensrechtlichen Untersuchungen insbesondere auf das Erste Opferschutzgesetz (1986). Die wissenschaftlichen Abhandlungen übersteigen in ihrer Anzahl den hier gegebenen Rahmen. Hervorzuheben sind jedoch die Arbeiten von *Rieß*, Gutachten C, 55. DJT 1984 und *Weigend*, Deliktsopfer und Strafverfahren (1989).

770 Vgl. *Seelmann*, JZ 1989, 670; Kritisch *Hassemer*, Einführung, S. 74; *ders.*, FS-

nach wie vor aktuell. Sie schlägt sich in den fortwährend auch von der Politik aufgegriffenen[771] Forderungen der Literatur, weitere aktive Beteiligungsrechte des Verletzten im Strafverfahren, insbesondere im Hauptverfahren, zu schaffen[772] sowie Opfer während des Strafprozesses besser vor abermaligen Verletzungen zu schützen[773], schlagen sich auch in wissenschaftlichen Ansätzen zur Integration der Interessen des Verletzten in die traditionellen Strafzwecklehren[774] nieder. Ausgangspunkt dieser Diskussionen ist meist die Überlegung, dass eine verstärkte Berücksichtigung des Opfers im Strafverfahren der Rehabilitierung, Wiedereingliederung, Genesung oder Befriedigung des Verletzten[775] diene und eine angemessene, gerechte Strafzumessungspraxis[776] fördere.[777] Mit Blick auf die traditionellen Strafzwecklehren scheint das Bedürfnis, den Aspekt der Genugtuung des Verletzten

---

Klug, S. 217 (226 ff.); *P.-A. Albrecht*, Kriminologie, S. 392 ff.; *ders.*, FS-Schüler-Springorum, S. 81 ff.; *Jung*, ZRP 2000, 159; *ders.*, JR 1984, 309; *Salditt*, StV 2002, 273; *Schünemann*, NStZ 1986, 193; *ders.*, jüngst ZStW 114, S. 1 (S. 30 ff.). *Hirsch* spricht von einer *„Verletzteneuphorie"*, *ders.*, GS-Armin Kaufmann, S. 699.

771 Jüngst Entwurf des Bundesrates für ein „Gesetz zur Stärkung der Verletztenrechte", BT-Dr 14/4661. Vgl. weiter die Mitteilung der Kommission der Europäischen Gemeinschaften an den Rat, das Europäische Parlament und den Wirtschafts- und Sozialausschuss, „Opfer von Straftaten in der Europäischen Union – Überlegungen zu Grundsätzen und Maßnahmen", BR-Dr 481/99. Ferner *Beck*, ZRP 1999, S. 87 f. zur Bedeutung des Opferschutzes in der Bürgerrechtspolitik von Bündnis 90/Die Grünen.

772 Für viele etwa *Weigend*, Deliktsopfer, S. 509 ff.

773 Vgl. *Bundesjustizministerium*, Eckpunkte, StV 2001, 314 (315); *Goll*, ZRP 1998, 14; *Hoffmann-Riem*, NK 1997, 22.

774 Dies diskutierte insbesondere *Jan Philipp Reemtsma* aus der seiner persönlichen Sicht eines Gewaltopfers und entwickelte eine opferorientierte Straftheorie, die er in die als Rahmentheorie zu verstehende Theorie der positiven Generalprävention eingebettet wissen will. Kernaussage seiner Theorie ist, dass die angestrebte Wiederherstellung der Rechtsordnung bzw. die Manifestation ihrer lückenlosen Geltung vom Staat verlange, durch staatliche Intervention, nämlich Strafe, eine Schadenserweiterung beim Opfer zu vermeiden. *Reemtsma*, Recht des Opfers, S. 23 ff. In diese Richtung bereits *ders.*, Im Keller (1998). Ferner *Kilchling*, NStZ 2002, 57 (58); *Weber*, Genugtuungsinteressen, S. 136 ff.; *Seelmann*, Strafzwecke, S. 44 ff. Dazu auch *Roxin*, Wiedergutmachung, S. 45 ff. Kritisch *Prittwitz*, Resurrection, S. 109; *ders.*, KritV 2000, 162 (166 ff.); *Lüderssen*, FS-Hirsch, S. 881 (886 ff.); *ders.*, Der öffentliche Strafanspruch, S. 63; *Schüler-Springorum*, Kriminalpolitik, S. 224 ff.

775 Vgl. die Beschlüsse des 62. Deutschen Juristentages 1998, nach denen die Opfergerechtigkeit als weiteres Verfahrensziel anerkannt werden soll. Ferner auch *Baumann*, FS-Stree und *Wessels*, S. 41 ff.

776 *Meyer-Goßner*, ZRP 1984, 229; *Hirsch*, GS-Armin Kaufmann, S. 699 (701).

777 Grundlegend *Rieß*, Gutachten C, 55. DJT 1984; *Odersky*, Verhandlungen des 55. DJT, L 29 ff.

durch Strafe einzufügen, am ehesten an das Modell der absoluten Straftheorie anknüpfen zu können, möchte doch die absolute Straftheorie den Verstoß gegen die Rechtsordnung und damit auch das dem Verletzten zugefügte Leid durch staatliche Übelzufügung zu Lasten des Täters kompensieren.[778] Zugleich vermag eine von utilitaristischen Überlegungen vollständig befreite Theorie schlechterdings nicht geeignet sein, fremdbestimmt von den Interessen des Opfers geleitet zu werden.[779]

Jedenfalls erweitert der Strafzweck der Genugtuung den Gedanken einer repressiven Freiheitssicherung durch staatliche Intervention[780] um einen im System des öffentlichen Strafanspruchs naturgemäß und insbesondere von der absoluten Straftheorie ausgeblendeten Aspekt: den des privaten Konflikts zwischen Täter und Opfer. Strafe erfolgt in diesem Kontext nicht im Interesse einer übergeordneten Freiheitssicherung – dem Recht an sich – sondern verschafft dem konkret Verletzten die Befriedigung, der Täter werde einer staatlichen Sanktion unterworfen, weil er ihm, seinem Opfer, einen Schaden zugefügt habe. Dabei ist die Grenze zur Befriedigung von schlichten Rachegefühlen fließend.[781] Dem Schuldspruch wurde nachgewiesen, aufgrund der mit ihm einhergehenden Stigmatisierung des Täters ein kommunikatives Übel zu sein. Doch ist diese unabhängig vom Strafausspruch bestehende repressive Wirkung kaum geeignet, vergeltende Bedürfnisse des Verletzten einer Straftat zu befriedigen.[782]

Doch erschöpfen sich die allerorts erhobenen Forderungen nach Genugtuung für das Opfer nicht allein in dem Wunsch, den Täter leiden oder, milder ausgedrückt, selbst verletzt zu sehen. Vielmehr soll die staatliche Reaktion auf Straftaten der Demonstration des Rechts dienen und den Verletzten auf diese Weise sozial wiedereingliedern und in die Rechtsgemeinschaft zurückholen. Das unmittelbare Ziel ist bekannt. Die Demonstration des Rechts durch staatliche Intervention entstammt der positiv generalpräventiven Strafzwecklehre. Dass der

778 *Hassemer*, Einführung, S. 72; vgl. *P.-A. Albrecht*, Kriminologie, S. 390.

779 Zu dieser Paradoxie *Prittwitz*, Opferlose Straftheorien?, S. 59.

780 *P.-A. Albrecht*, Kriminologie, S. 390.

781 *Reemtsma* geht davon aus, dass alle Verbrechensopfer den Wunsch nach Rache haben, stellt aber gleichwohl fest, dass diese Genugtuung durch Bestrafung des Täters empirisch nicht zu erlangen sei, *ders.*, Im Keller, S. 215 f.

782 So verstandene Genugtuungsbedürfnisse erfordern augenscheinlich die Strafvollstreckung; vgl. *Welzel*, Niederschriften, Band 1, S. 102.

Schuldspruch insofern ein taugliches Instrument ist, konnte bereits gezeigt werden. Doch tritt noch ein weiteres mittelbares Ziel hinzu: das der Wiedereingliederung des Opfers durch die staatliche Intervention. Gegenüber dem Verletzten soll klargestellt werden, dass die ihm beigebrachte Verletzung nicht allein ein Unglück – mag es sich dem Verletzten auch allein als ein solches darstellen –, sondern zugleich ein Unrecht ist, für dessen Begehung der Täter öffentlich verantwortlich gemacht wird.

Auf diesen die generalpräventiven Zwecke erweiternden Aspekt, verweist *Reemtsma* innerhalb seiner wissenschaftlichen Erörterung verschiedener Möglichkeiten, die Interessen des Opfers in die traditionellen Strafzwecklehren einzubeziehen.[783] Er stellt fest, das Bedürfnis des Verletzten gehe dahin, den durch das Verbrechen angerichteten sozialen Schaden, nämlich den Vertrauensverlust des Opfers in die Geltung des Rechts, zu beseitigen.[784] Die Solidarität der Gemeinschaft mit dem Opfer müsse demonstriert werden, indem der Täter im Wege der Verhängung und Vollstreckung einer Strafe ausgegrenzt und das Opfer in die Rechtsgemeinschaft wiederaufgenommen werde.[785] Dahinter verbirgt sich zugleich das Bedürfnis des Opfers, öffentlich feststellen zu lassen, dass es keine Mitschuld trage und auf der „richtigen Seite" stehe. Auf diese Weise gelingt es *Reemtsma*, den durch die Straftat angerichteten Schaden als unbegrenzt fortwirkend zu definieren und zu dem Schluss zu gelangen, eine staatliche Intervention als Reaktion auf einen Normbruch sei stets unverzichtbar.[786] Dass ein so verstandener Anspruch des Verletzten auf Bestrafung des Täters um der eigenen Genugtuung willen[787] Bestand haben kann und tragbar ist, muss aus einer Vielzahl empirischer, aber vor allem grundlegender straftheoretischer sowie strafprozessualer Gründen kritisch beurteilt werden. Doch steht die Auseinandersetzung mit dem „Ob" einer das

783 *Reemtsma*, Recht des Opfers, S. 10 ff.
784 *Reemtsma*, Recht des Opfers, S. 27.
785 *Reemtsma*, Im Keller, S. 216. Dazu *Scheerer*, EuS 2001, 58.
786 *Reemtsma*, Recht des Opfers, S. 27.
787 Vgl. dazu die Rechtsprechung des *Europäischen Gerichtshofs für Menschenrechte*: *„Der Beschwerdeführer mag einen gewissen immateriellen Schaden erlitten haben als Folge der Verletzung der Unschuldsvermutung in den nachfolgenden Verfahren. Nach den Umständen hat er jedoch eine hinreichende Genugtuung durch die Feststellung der Konventionsverletzung im vorliegenden Urteil gefunden."*, EuGH EuGRZ 1983, 475 (480).

Opfer berücksichtigenden Ergänzung bestehender Straftheorien oder eine entsprechende Neuformulierung einer Straftheorie hier nicht in Rede. Vielmehr soll es an dieser Stelle genügen darauf hinzuweisen, dass der Schuldspruch auch den Anforderungen einer modernen, auf die Interessen des Opfers gerichteten Kriminalpolitik gerecht werden kann. Auf die im dritten Teil der Untersuchung nachgewiesene Fähigkeit des Schuldspruchs, Verantwortung für begangenes Unrecht dem Täter zuzuschreiben und Tadel öffentlich auszusprechen, kann nun zurückgegriffen werden, um auch den Nachweis zu liefern, dass der Schuldspruch die nötigen Voraussetzungen mitbringt, den stellvertretend herausgegriffenen, von *Reemtsma* geschilderten Forderungen der Opfer nachzukommen. Im Zusammenhang mit der Klarstellungsfunktion des Schuldspruchs wurde bereits gezeigt, dass es nachgerade die originäre Funktion des Schuldspruchs ist, gegenüber Täter und Opfer klarzustellen, wer die Verantwortung für die begangene Straftat zu übernehmen hat. Das für die Erfüllung positiv generalpräventiver Zwecke zwingend erforderliche kommunikative Element steckt im Schuldspruch, nicht in der Strafe. Daraus folgt, dass bereits in Form des öffentlichen Schuldausspruchs als Ausdruck der Missbilligung Rücksicht auf das Opfer einer Straftat genommen werden kann.[788] Dies spiegelt sich auch in der im Rahmen des 59. Deutschen Juristentages geführten Diskussion um Änderungen und Ergänzungen bei den strafrechtlichen Sanktionen ohne Freiheitsentzug wider. *Schöch* verwies in seinem Gutachten darauf hin, dass eine Berücksichtigung der Betroffenheit des Opfers einer Straftat geeignet sei, ein Absehen von der Klage nach § 153b StPO abzulehnen und statt dessen eine förmliche Verurteilung nach § 60 StGB, also den Schuldspruch ohne Strafausspruch, zu verlangen.[789]

---

788 Anders *Hörnle/von Hirsch*, die zu dem Ergebnis kommen, gerade durch den nur durch die Strafe ermöglichten Tadel werde Rücksicht auf das Opfer genommen und diesem bestätigt, dass es durch den Fehler eines anderen verletzt wurde, *dies.*, GA 1995, S. 261 (275). So auch *Hörnle*, Tatproportionale Strafzumessung, S. 116 f.

789 *Schöch*, FS-Baumann, S. 255 (264 f.) unter Bezugnahme auf den Alternativ-Entwurf Wiedergutmachung 1992.

II. Die Straffunktion des Schuldspruchs und § 46a StGB

Eine weitere Ansatzmöglichkeit, dem Schuldspruch Straffunktionen zuzuschreiben, bietet § 46a StGB. Auch hier wird dem Gericht die Möglichkeit eingeräumt, von der Bestrafung eines Verurteilten abzusehen, sofern die entsprechenden Tatbestandsvoraussetzungen des § 46a StGB erfüllt sind, der Täter sich also entweder um eine immaterielle Wiedergutmachung des von ihm verursachten Schadens bemüht oder tatsächlich bereits eine materielle Wiedergutmachung geleistet hat.[790]

Die Besonderheit des § 46a StGB liegt darin, dass diese Regelung neben § 60 StGB das einzige Institut im materiellen Recht ist, das auf der Rechtsfolgenseite allein den Schuldspruch vorsieht, sofern das entscheidende Gericht davon absieht, Strafe zu verhängen. Im Unterschied zu § 60 StGB, der explizit fordert, die Funktionsfähigkeit der schweren Tatfolgen bzw. des Schuldspruchs im Sinne der Strafzwecktheorien zu überprüfen, nimmt § 46a StGB in seinem Wortlaut keinen Bezug auf die Strafzwecke. Ob der vom Täter zumindest anzustrebende Ausgleich mit dem Opfer oder die durch den Täter herbeigeführte Wiedergutmachung als geeignet angesehen wird, Straffunktionen zu erfüllen, muss dem Wortlaut nach nicht untersucht werden, um § 46a StGB anzuwenden. Obgleich die materielle oder immaterielle Schadenswiedergutmachung die Strafe also nicht als „offensichtlich verfehlt" erscheinen lassen muss, besteht die Strafrechtswissenschaft hier wie bei allen auf die Strafe verzichtenden Instituten sowohl im materiellen wie auch im formellen Recht darauf zu fragen, wie, wenn nicht durch die Strafe selbst, die ihr traditionell zugeschriebenen Zwecke erfüllt werden könnten.[791] Ein Einfallstor für diese Überlegungen findet sich nunmehr nicht auf der Tatbestands-, sondern auf der Rechtsfolgenseite. § 46a StGB stellt es in das Ermessen des Gerichts, von Strafe abzusehen, und bietet damit Gelegenheit, das Für und Wider einer Strafverhängung frei zu überprüfen. Maßstab hierfür sind wiederum die traditionellen Strafzwecklehren.

---

790 Zu den Voraussetzungen des § 46a StGB bereits oben 2. Teil, 2. Kapitel, II.

791 Eindeutig *Meier*, der es nur dann für gerechtfertig hält, von Strafe abzusehen, wenn die „in dem strafrechtlichen Ausgleich der Folgen der Tat liegende Belastung des Täters tatsächlich geeignet ist, die herkömmlich mit der Strafe verfolgten Zwecksetzungen zu verfolgen", *ders.*, JuS 1996, 436 ff., *ders.*, GA 1999, S. 1 (10 ff.).

Unter der Fragestellung *„Empfehlen sich Änderungen und Ergänzungen bei den strafrechtlichen Sanktionen ohne Freiheitsentzug?"* untersuchte *Schöch* bereits in seinem Gutachten für den 59. Deutschen Juristentag im Jahre 1992 die Möglichkeit, eine Wiedergutmachung durch den Täter auf Sanktionsebene zu berücksichtigen. § 46a StGB war zu diesem Zeitpunkt noch nicht statuiert. *Schöch* diskutierte ein Modell der Schadenswiedergutmachung ohne Strafausspruch als eigenständige Rechtsfolge im materiellen Recht. Seiner Ansicht nach ist die materielle Schadenswiedergutmachung sowie der immaterielle Ausgleich mit dem Opfer regelmäßig nicht geeignet, die Schuld des Täters vollständig zu beseitigen.[792]

Zu unterschiedlichen Ergebnissen kam *Schöch* hinsichtlich der Erfüllung präventiver Zwecke. Eine negativ spezialpräventive Wirkung könne von der Wiedergutmachung kaum erwartet werden, diese sei aber in den einschlägigen Fällen auch nicht erforderlich.[793] Sie verspreche hingegen positiv spezialpräventives Potential, das dem der Strafe nicht nachstehe. Die *„Denkzettelwirkung"* von Strafverfahren und Schuldspruch werde ergänzt durch die unmittelbare Auseinandersetzung mit der Tat aus der Sicht des Opfers und fördere die Resozialisierung, ohne die nachteiligen Wirkungen der Geld- bzw. Freiheitsstrafe nach sich zu ziehen.[794] Ferner versprach sich *Schöch* auch die Erzielung negativ generalpräventiver Wirkungen durch die neue Sanktion. Seiner Meinung nach blieben die wesentlichen Abschreckungselemente der Strafe im Zusammenwirken der Wiedergutmachung, der Strafandrohung, dem Strafverfahren und dem Schuldspruch erhalten.[795] Präzisierend und für die Leistungsfähigkeit des Schuldspruchs aufschlussreich, schließt *Meier* aus, dass von

792 *Schöch*, Gutachten C, 59. DJT, C 63 f. A. A. *Rössner*, NStZ 1992, 412; *Stein*, NStZ 2000, 393 (395) mit weiteren Nachweisen. Eine andere Ansicht vertritt ebenfalls *Meier*, der zu dem Ergebnis kommt, der Erfolgs- und Handlungsunwert der Tat werde durch den Erfolgs- und Handlungsunwert der Wiedergutmachung kompensiert; eine schuldausgleichende Wirkung des Schuldspruchs sieht *Meier* nicht, *ders.*, GA 1999, S. 1 (12.)

793 *Schöch*, Gutachten C, 59. DJT, C 63 f.; so auch *Meier*, GA 1999, S. 15. A. A. *Loos*, FS-Hirsch, S. 851 (854).

794 *Schöch*, Gutachten C, 59. DJT, C 64 f. In diesem Sinne auch *Frehsee*, Schadenswiedergutmachung, S. 94 ff.; *Roxin*, FS-Lerche, S. 301 (303); *Rössner*, NStZ 1992, 412. Vgl. dazu *Beste*, KrimJ 1986, 163; *Dölling*, JZ 1992, 494 f.; *Meier*, GA 1999, S. 1 (15).

795 *Schöch*, Gutachten C, 59. DJT, C 64.

einem freiwillig erbrachten Tatfolgenausgleich durch den Täter eine nennenswerte Abschreckungswirkung ausgehe. Vielmehr sei es empirischen Untersuchungsergebnissen zufolge das Entdeckungsrisiko, das potentielle Täter abschrecke.[796] Diesem Wirkungszusammenhang stünde die Wiedergutmachung nicht entgegen.[797]

Die Einschätzung des Entdeckungsrisikos ist von den auf die Tat folgenden Strafverfolgungsmaßnahmen abhängig. Das eingeleitete Strafverfahren und der öffentliche Schuldausspruch stehen dabei in einem Stufenverhältnis. Allein diese staatlichen Interventionen sind geeignet, die Handlungsfähigkeit der Strafverfolgungsbehörden sowie deren Reaktionen auf die Begehung einer Straftat zu demonstrieren. So ist wohl auch *Meier* zu verstehen, wenn er davon ausgeht, dass es für die Erzielung eines Abschreckungseffektes genüge, dass die begangene Rechtsgutsverletzung förmlich festgestellt wird. Unschärfe im Umgang mit den speziellen Wirkungen des Schuldspruchs beweist *Meier* jedoch im Fortgang. So fügt er seinen Ausführungen hinzu, es sei gleichgültig, ob die Feststellung der Rechtsgutsverletzung im Wege der Verurteilung des Angeklagten oder der Einstellung des Strafverfahrens nach § 153b StPO erfolge.[798]

Darüber hinaus räumte *Schöch* wie auch weitere sich nachfolgend mit dem inzwischen statuierten § 46a StGB auseinandersetzende Autoren den speziellen, § 46a Nr. 1 oder Nr. 2 StGB subsumierbaren Leistungen oder Verdiensten des Täters eine positiv generalpräventive Wirkung ein. Dem materiellen Schadensausgleich und anderweitigen Bemühungen des Täters um Schadenswiedergutmachung wird zugute gehalten, die entstandene soziale Störung beseitigen und das allgemeine Rechtsbewusstsein wieder beruhigen zu können.[799] Und ein weiterer Aspekt, der bereits im Rahmen der Genugtuungsfunktion des

796 *Meier*, GA 1999, S. 1 (14) mit weiteren Nachweisen; *ders.*, JuS 1996, 438 f.; *Roxin*, FS-Lerche, S. 301 (304). Vgl. auch über empirische Erkenntnisse *Chr. Pfeiffer*, FS-Schüler-Springorum, S. 53 ff.

797 *Meier*, GA 1999, S. 1 (14).

798 *Meier*, JuS 1996, 439.

799 *Meier*, GA 1999, S. 1 (14); *Schöch*, Gutachten C, 59. DJT, C 64. Ausführlich *Frehsee*, Schadenswiedergutmachung, S. 87 ff. Ferner *Rössner*, NStZ 1992, 412; *Stratenwerth*, Lehre von den Strafzwecken, S. 13. Bereits vor Statuierung des § 46a StGB hierzu *Roxin*, der der Wiedergutmachung zugesteht, positiv generalpräventiv und spezialpräventiv wirken zu können, *ders.*, Wiedergutmachung, S. 48 ff.; *Roxin*, Strafrecht AT 1, § 3, Rn. 65.

Schuldspruchs diskutiert wurde[800], kommt hinzu: der des Tatopfers. Tatsächlich geben die Gesetzesmaterialien zu § 46a StGB Aufschluss darüber, dass die Verurteilung als die im Vergleich zu einem Einstellungsbeschluss schwerwiegendere Belastung des Täters gewollt war, um das Tatopfer auf diese Weise stärker im Strafverfahren zu berücksichtigen. Im Gegensatz zu § 60 StGB, der die Möglichkeit des Gerichts, von Strafe abzusehen, an Voraussetzungen knüpft, die alleine aus dem Kontext des Angeklagten stammen, nimmt § 46a StGB also den Blickwinkel des Tatopfers ein. Das betrifft nicht allein die grundlegend verschiedenen Voraussetzungen, sondern auch die Erwartungen, die der Gesetzgeber an die „Rechtsfolge Schuldspruch" knüpft. Das Bemühen, die Belange der Opfer und den individuellen Konflikt zwischen Täter und Opfer in den Vordergrund zu rücken, stellte eine Plattform dar, den Schuldspruch in einem neuen Licht zu sehen. Der Gesetzgeber verspricht sich von den Bemühungen des Täters um Wiedergutmachung effiziente Einwirkungen auf diesen.[801] Besser als durch die Strafe, so die Begründung des 12. Bundestages, seien die Reaktionsmöglichkeiten der Wiedergutmachung und des Täter-Opfer-Augleichs geeignet, dem Täter Einsicht in die Verwerflichkeit seines Tuns zu verschaffen und ihn zur Übernahme von Verantwortung für die Folgen seiner Straftat zu veranlassen.[802]

Und ferner, nun mit Blick auf die positiv generalpräventive Wirkung der Wiedergutmachung, stellt der Gesetzgeber fest, die Ausgleichsmaßnahmen könnten gegenüber der Allgemeinheit deutlich machen, dass eine Straftat nicht ohne Folgen für den Täter bleibe.[803] Bereits die Verwendung der Begriffe *„Reaktionsmöglichkeit"* und *„Ausgleichsmaßnahme"* in den Gesetzesmaterialien als Synonyme für die Bemühungen des Täters um Schadenswiedergutmachung oder einen immateriellen Ausgleich mit dem Opfer zeigen auf, dass der Unterschied zwischen staatlichen Sanktionen und tatsächlichen Geschehnissen wiederum unbeachtet bleibt. Vielmehr werden nicht-staatliche Geschehnisse in den Stand gehoben, die Strafe zu substituieren. Wie bereits die schweren Tatfolgen des § 60 StGB sollen auch die Bemühungen des Täters um die Bereinigung des entstandenen Konfliktes – um den zum

800 Vgl. oben 4. Teil, 1. Kapitel, I., 3.
801 Dazu *Beste*, MschrKrim 1987, S. 337.
802 Vgl. BGH StV 2000, 128.
803 BT-Dr 12/6853, S. 21.

geflügelten Wort avancierten und die Wiederentdeckung des individualisierten Opfers im Strafverfahren manifestierenden Begriff aufzugreifen – zwar nicht wie Strafe, aber doch „besser als" Strafe auf ihn einzuwirken, um künftiges Legalverhalten zu erzwingen. Und auch die Außenwirkung, der Eindruck auf die Allgemeinheit wird verstärkt berücksichtigt. Erneut sind es positiv und negativ generalpräventive Zwecke, die erfüllt werden sollen und abermals muss festgestellt werden, dass sich der Gesetzgeber dafür nicht-staatlicher Mittel bedient. Der Rechtsgemeinschaft kann jedoch weder mittels eingetretener Verletzungen des Täters noch mittels ebenfalls im nichtstaatlichen Kontext stehender Bemühungen des Täters um materiellen oder immateriellen Ausgleich mit dem – vermuteten – Opfer (s)einer Tat verdeutlicht werden, dass eine Straftat nicht ohne staatliche Intervention bleibt. Dies zumindest so lange nicht, wie es im Strafrecht noch um die Manifestation der Normgeltung durch staatliche Intervention und nicht um die Bereinigung eines privaten Konfliktes geht. Generalpräventiv wirken können weder die unabhängig von einer Verurteilung bereits in deren Vorfeld eingetretenen Tatfolgen noch die Bemühungen des Täters um einen Ausgleich mit dem Opfer, sondern frühestens die öffentlich erfolgende Verurteilung in Gestalt des gerichtlichen Schuldausspruchs.[804]

Und so macht es Sinn, wenn auf die Einführung des Täter-Opfer-Ausgleichs im materiellen Recht mit kurzer zeitlicher Verzögerung die Statuierung des strafverfahrensrechtlichen Pendants in § 155a StPO und § 155b StPO folgte. § 153a Abs. 1 S. 2 Nr. 1 und 5 StPO[805] ermöglicht Staatsanwaltschaft und Gericht, von der Klage abzusehen bzw. das bereits eröffnete Strafverfahren einzustellen und zugleich dem Beschuldigten aufzuerlegen, eine Wiedergutmachung des durch die Tat entstandenen Schadens zu erbringen oder sich ernsthaft um einen Ausgleich mit dem Verletzten zu bemühen. Deshalb gilt für § 46a StGB wie bereits für § 60 StGB: Wären die Bemühungen des Angeklagten um Schadenswiedergutmachung oder einen anderweitigen Ausgleich mit dem Opfer bzw. der Eintritt der schweren Tatfolgen bereits allein geeignet, die Strafe zu substituieren, bräuchte es keine materiell-rechtliche Konstruktion des Absehens von Strafe in § 46a

804 Vgl. hierzu ebenfalls *Krauß*, FS-Schaffstein, S. 411 (424).
805 Eingeführt durch das Gesetz zur strafverfahrensrechtlichen Verankerung des Täter-Opfer-Ausgleichs [...] vom 20. 12. 1999, BGBl. I, S. 2491.

StGB neben den strafverfahrensrechtlichen Einstellungsmöglichkeiten nach § 153a StPO und § 153b StPO, weisen diese doch die gleichen Voraussetzungen wie die materiellen Regelungen auf. Der entscheidende Unterschied liegt allein in dem performativen Akt des öffentlichen Schuldausspruchs.

III. Die Straffunktion des Schuldspruchs und § 59 StGB

Anders als § 60 StGB weisen auch die Tatbestandvoraussetzungen des § 59 StGB keinen Bezug zu den Strafzwecken auf. Systematisch der Strafaussetzung zur Bewährung nahestehend, wird § 59 StGB in den Fällen minderschwerer Kriminalität angewendet, in denen der Versuch unternommen werden soll, das künftige Legalverhalten eines Straftäters auch ohne Strafvollstreckung zu erwirken. Im Zusammenhang mit dem oben bereits erörterten Entstehungsprozess des § 59 StGB wurde festgestellt, dass die möglichen Funktionen des Schuldspruchs über dessen rein formale Funktion hinaus in den Materialien zur Entstehung des § 59 StGB nicht berücksichtigt wurden. Im Anwendungsbereich der Verwarnung mit Strafvorbehalt sollte auf Strafe gerade verzichtet werden, so dass nach Ansicht des Gesetzgebers die der Strafe zugeschriebenen Zwecke auch nicht anderweitig erfüllt zu werden brauchen.

Dennoch bleibt es dabei, dass § 59 StGB als Instrument geschaffen wurde, das sich dadurch, dass es zwingend mit einem öffentlichen Schuldausspruch einhergeht, grundlegend von der Einstellung des Verfahrens beispielsweise gegen Auflagen nach § 153a StPO unterscheidet. Der Schuldspruch rückt mithin an zentrale Stelle und wurde folglich auch von der den § 59 StGB untersuchenden strafrechtlichen Literatur entsprechend berücksichtigt. So fragte *Bartelt*, ob die Verwarnung mit Strafvorbehalt Strafe sei und überprüfte jedes Element des § 59 StGB hinsichtlich seines Strafcharakters.[806] Als erstes Kriterium hierfür benannte er den Übelcharakter der einschlägigen Komponenten und stellte fest, dass sowohl der Schuldspruch[807] als auch die

806 *Bartelt*, Verwarnung mit Strafvorbehalt – Rechtsnatur und prozessuale Fragen, 1973.

807 *Bartelt*, Verwarnung mit Strafvorbehalt, S. 40 f.

Straffestsetzung[808] sowie die ausgesprochenen Auflagen[809] und die Registereintragung[810] als Übel anzuerkennen seien. Doch erst durch die Zuschreibung von Strafzwecken werde seiner Ansicht nach ein Übel zum Strafübel. In den Vordergrund stellt *Bartelt* den Strafzweck des Schuldausgleichs und verneint sodann die entsprechende Eignung des Schuldspruchs mit der Begründung, das durch den Schuldspruch erzielte Übel wiege nicht schwer genug, um einen Schuldausgleich zu ermöglichen.[811] Auch eine negativ generalpräventive Wirkung des Schuldspruchs könne nicht angenommen werden[812], so dass im Ergebnis festgehalten werden müsse, dass der Schuldspruch trotz seines eigenen Übelcharakters keine Strafe sei. Auch eine Typisierung des § 59 StGB als Maßregel lehnt er ab, vielmehr sei die Verwarnung mit Strafvorbehalt als strafrechtliche Reaktion *„auf der dritten Spur"* einzuordnen.[813] Lehnt *Bartelt* im Ergebnis übereinstimmend mit der herrschenden Auffassung in Literatur und Rechtsprechung den Strafcharakter des § 59 StGB eindeutig ab, anerkennt er dennoch eine tragende Rolle des Schuldspruchs als Übel für den Verurteilten innerhalb dieses Instituts.[814] Ohne nähere Begründung sieht auch die Kommentarliteratur zu § 59 StGB im Schuldspruch ein von der Strafe unabhängiges pönales Element.[815] Die Rechtsprechung trat der Einordnung des Schuldspruchs als spürbare Reaktion entgegen, schreibt ihm allerdings dennoch eine *„spezialpräventive Warnungswirkung"* zu.[816] Anerkannt wird weithin zumindest ein selbstständiger sanktionierender Charakter des Schuldspruchs im Rahmen des § 59 StGB.[817]

In seinem Gutachten für den 59. Deutschen Juristentag untersuchte *Schöch* auch bereits bestehende Sanktionsmöglichkeiten ohne Freiheitsentzug hinsichtlich ihrer Wirkungen.[818] Für die bereits bestehen-

---

808 *Bartelt*, Verwarnung mit Strafvorbehalt, S. 44.
809 *Bartelt*, Verwarnung mit Strafvorbehalt, S. 48 ff.
810 *Bartelt*, Verwarnung mit Strafvorbehalt, S. 50 f.
811 *Bartelt*, Verwarnung mit Strafvorbehalt, S. 60 f., 67.
812 *Bartelt*, Verwarnung mit Strafvorbehalt, S. 60 und 66.
813 *Bartelt*, Verwarnung mit Strafvorbehalt, S. 74.
814 *Bartelt*, Verwarnung mit Strafvorbehalt, S. 74 ff.
815 Sch/Sch-*Stree*, § 59, Rn. 3.
816 BayObLG JR 1976, 511; so auch Sch/Sch-*Stree*, § 59, Rn. 1.
817 Etwa *Arth. Kaufmann*, Dogmatische und kriminalpolitische Aspekte, S. 68; *Jescheck/Weigend*, Lehrbuch des Strafrechts AT, S. 855.
818 *Schöch*, Gutachten C, 59. DJT, C 33.

de Verwarnung mit Strafvorbehalt entwickelte er auf der Basis seiner Ergebnisse verschiedene Anwendungsfelder[819], von denen eines Aufschluss über die Position des Schuldspruchs in dieser Konstellation zu geben vermag. Demnach komme § 59 StGB dem Bedürfnis nach, ein sozial-ethisches Unwerturteil *„bei geringem Sanktionsbedürfnis in Grenzbereichen des strafrechtlichen Rechtsgüterschutzes oder bei gemindertem Unrechtsbewusstsein"* aufrechtzuerhalten.[820] Mangels anderweitiger in Frage kommender Elemente kann *Schöch* im Einklang mit den vorangegangenen Ergebnissen mit dem Begriff des sozial-ethischen Unwerturteils nur auf den Schuldspruch abstellen. Insbesondere kommt die Verwarnung nicht als Mittel in Betracht, eine sozial-ethische Missbilligung der begangenen Tat darzustellen. Die Verwarnung als spezielles Element des § 59 StGB auf dessen Rechtsfolgenseite ist rein formell zu verstehen, das heißt es beschreibt einen Status des Verurteilten und verfügt nur über einen sehr geringen eigenen Aussagegehalt. Missbilligung oder Tadel werden durch die Verwarnung selbst nur marginal ausgedrückt. Dennoch wird auch dem Element der Verwarnung ein eigener sanktionierender Charakter zugeschrieben[821], der wohl in erster Linie auf die Wirkung auf den Verurteilten zurückzuführen ist. Daraus folgt mitunter die Zuschreibung einer positiv spezialpräventiven Wirkung der Verwarnung in der Literatur.[822] Die Verwarnung ist als performativer Akt zu verstehen, dessen Funktion sich bereits mit dem schlichten Ausspruch entfaltet. Erst im Zusammenspiel mit der ausgesetzten Strafe erfolgt eine Drohung für den Fall künftigen „Nichtwohlverhaltens". Das zeigt, dass die Wirkungen des Schuldspruchs von denen der Verwarnung nicht überlagert oder ersetzt werden.

Die im Falle des Ausspruchs einer Verwarnung mit Strafvorbehalt zugleich erfolgende Strafzumessung entfaltet aufgrund ihrer Eigenschaft als staatliche Reaktion auf ein tatbestandsmäßiges, rechtswidriges und schuldhaftes Handeln Wirkung auf den Verurteilten, den durch die Straftat Verletzten sowie die Allgemeinheit. Insofern wird der Verkündung des Strafmaßes sowohl eine Genugtuungs-[823] als

---

819 Aufstellung bei *Schöch*, FS-Baumann, S. 255 (264).
820 *Schöch*, FS-Baumann, S. 255 (264), *ders.*, Gutachten, 59. DJT, C 33.
821 *Jescheck/Weigend*, Lehrbuch des Strafrechts AT, S. 855.
822 Sch/Sch-*Stree*, § 59, Rn. 1, 3.
823 Sch/Sch-*Stree*, § 59, Rn. 3; LK[11]-*Gribbohm*, § 59a, Rn. 3.

auch eine schuldausgleichende Funktion zugeschrieben. Die durch die Nennung des verwirkten Strafmaßes implizierte Feststellung der Tatschwere ist insbesondere für das Opfer der Straftat von Bedeutung.[824] Von der ausgesetzten Geldstrafe zu unterscheiden sind die in § 59b Abs. 2 StPO aufgeführten Auflagen und Weisungen, die zusätzlich ausgesprochen werden können. Insbesondere den Auflagen werden strafähnliche, also vordringlich repressive bzw. sanktionierende Wirkungen zugeschrieben.[825] Aus dem Katalog der Weisungen gilt entsprechendes wohl für die Aufgabe, neben der ausgesetzten Geldstrafe einen Geldbetrag zugunsten einer gemeinnützigen Einrichtung oder der Staatskasse zu zahlen.[826] *Welzel* führte im Rahmen der Sitzungen der Großen Strafrechtskommission an, die Auflagen und Weisungen *„erheben die bedingte Verurteilung über den Charakter des bloßen Denkzettels der Strafe"*.[827] Neben der Straffunktion des Schuldausgleichs kommt insbesondere der Anweisung des Gerichts, sich um einen Ausgleich mit dem Verletzten zu bemühen oder den durch die Tat entstandenen Schaden anderweitig wieder gutzumachen[828], positiv spezialpräventive Wirkung zu.[829] Von Wirkung und Funktion der Verkündung des gefundenen Strafmaßes lassen sich überdies Wirkungen des Aussetzungsaktes bzw. des Vorbehalts der (Geld)strafe an sich unterscheiden. Die Aussetzung der Strafe zum sogenannten Wohlverhalten erfolgt in erster Linie aus spezialpräventiven[830] Erwägungen, genauer im Interesse der Resozialisierung.[831] Von den Strafzwecken losgelöst wird in der Strafaussetzung ein Akt *„humanen Strafrechts"* gesehen, der dem Angeklagten schlicht das Strafübel erspart soll.[832]

---

824 *Dencker* verweist darauf, dass durch die vorbehaltene Strafe die Schwere der Straftat festgestellt werde und diese Feststellung in erster Linie im Interesse des Opfers erfolge, *Dencker*, StV 1986, 399 (403).

825 LK[11]-*Gribbohm*, § 59a, Rn. 3 unter Verweis auf die Funktionsbestimmung der Auflagen im Anwendungsreich des § 56b StGB.

826 *Jescheck/Weigend*, Lehrbuch des Strafrechts AT, S. 855.

827 *Welzel*, Niederschriften, Band 1, S. 104.

828 § 59a Abs. 2, Nr. 1 StGB.

829 Sch/Sch-*Stree*, § 59, Rn. 1.

830 Sch/Sch-*Stree*, § 59, Rn. 1.

831 *Jescheck/Weigend*, Lehrbuch des Strafrechts AT, S. 855.

832 *Dencker*, StV 1986, 399 (403).

Kapitel 2 Ausblick – Der Schuldspruch in der kriminalpolitischen Diskussion

Die Diskrepanz ist bekannt: Während der Ruf nach mehr und härterer Strafe in der öffentlichen Diskussion nicht verstummt, gehört die Suche nach etwas Besserem als Strafe zugleich zum Alltagsgeschäft der Strafrechtswissenschaftler. Die mangelnde Effizienz der (Freiheits)strafe gilt als empirisch gleichsam bewiesen, infolgedessen wird um ihre theoretische Rechtfertigung allerorts in der Wissenschaft gerungen. Allein es fehlen die Alternativen.[833] Parallel zu den plakativen Rufen nach Strafverschärfungen in der Bevölkerung und den entsprechenden dem Vorwurf populistischen Agierens ausgesetzten kriminalpolitischen Reaktionen des Gesetzgebers widmet sich die Strafrechtswissenschaft neuen Aufgaben des öffentlichen Strafrechts sowie möglichen Alternativen zur herkömmlichen (Freiheits-)strafe, um traditionelle und neue Aufgaben zu erfüllen.

Mit der Wiederentdeckung der Opfer von Straftaten in den 80er Jahren des vergangenen Jahrhunderts hielt die Überlegung auf eine begangene Straftat müsse die Wiedergutmachung des entstandenen Schadens erfolgen, Einzug in die strafrechtswissenschaftliche Diskussion. Die Eingliederung der materiellen und immateriellen Schadenswiedergutmachung in den Rechtsfolgenkatalog des Strafgesetzbuches wurde erwogen und im Rahmen der Regelungen zur Einstellung des Strafverfahrens in der Strafprozessordnung sowie als Strafmilderungsgrund bzw. als Bedingung für das Absehen von Strafe im Allgemeinen Teil des Strafgesetzbuches tatsächlich statuiert. Präventive Straftheorien erfuhren eine Paradigmenerweiterung um die Interessen der Opfer. Diese zeichnen sich zunächst dadurch aus, dass materielle Schadenswiedergutmachung dort, wo sie technisch möglich ist, ein Bedürfnis befriedigt, das im Wege der konventionellen Übelszufügung in Gestalt der Geld- oder Freiheitsstrafe unberücksichtigt bleibt.

Doch auch der Wunsch nach materiellem Schadensausgleich deckt die im Rahmen intensiver Beschäftigung mit allen Aspekten der Stellung

833 Anstelle vieler: Grundlegend *Lüderssen*, Abschaffen des Strafens?, S. 7, im Zusammenhang mit der Wiedergutmachung, a. a. O., S. 153 ff.; *Plack*, Plädoyer für die Abschaffung des Strafrechts, 1974; *Scheerer*, EuS 2001, 22 ff.

des Verletzten im Strafprozess freigelegten Erwartungen an die staatliche Reaktion auf begangenes Unrecht nicht ab. Rein materielle Wiedergutmachung könnte schließlich auch im Wege einer zivilrechtlichen Leistungsklage begehrt werden. Nicht allein der Verletzte einer Straftat, sondern auch stellvertretend für diesen erwartet die Rechtsgemeinschaft von den erkennenden Strafgerichten wertende Stellungnahmen im Rahmen der Verurteilung. Die begangene Straftat soll in ihrer moralischen Verwerflichkeit bezeichnet und Verantwortungsbereiche öffentlich und verbindlich abgesteckt werden. Dabei kommt es insbesondere Opfern von Integritätsverletzungen sowie der Allgemeinheit besonders darauf an, die alleinige Verantwortung des ermittelten Täters für das begangene Unrecht kenntlich zu machen.

Die skizzierten Bedürfnisse nimmt *Jerouschek* zum Anlass, für die Einführung eines *„Unrechtsinterlokuts im Strafverfahren"* zu plädieren, das beschränkt auf traumatisierungsspezifische Delikte noch vor der Entscheidung über die Schuld des Angeklagten öffentlich ausgesprochen werden solle. Auf diese Weise solle *„dem Opfer wie auch der Allgemeinheit deklaratorisch bekundet"* werden, *„dass die Rechtsgemeinschaft die dem Opfer angetane Tat missbilligt [...]."*[834] Die symbolische Bedeutung des Unrechtsinterlokuts[835] für das Opfer im Prozess dürfe nicht unterschätzt werden.[836] Allein der Verweis auf eine im bestehenden Strafverfahren zu konstatierende überbordende *„strafprozessuale Täterprominenz"*, die kumuliert im Rahmen der Klärung der Schuldfrage

---

834 *Jerouschek*, JZ 2000, 185 (191). Auch *Hefendehl* verweist auf ein Modell *Fletchers* der modifizierte Zweiteilung der Hauptverhandlung und hebt den Vorteil hervor, mit Hilfe dieses Reformmodells könnten auch Opfer einer durch einen schuldunfähigen Täter begangenen Straftat Genugtuung erfahren, indem dem Opfer innerhalb eines förmlichen Verfahren bestätigt werden könne, dass ihm erhebliche Unrecht zugefügt worden sei obwohl es zu keinem Schuldspruch kam, *Hefendehl*, JZ 2000, 600 (607) unter Verweis auf *Fletcher*, With Justice for some (1995), S. 245 ff.

835 Nach *Maiwald* stellt der isolierte Schuldspruch ein strafprozessuales Feststellungsurteil dar, das als *„symbolische Strafe"* anerkannt werden müsse, *ders.*, ZStW 83, S. 663 (680). Davon zu unterscheiden ist das Schlagwort des „Symbolischen Strafrechts" (dazu für viele *Ripollés*, ZStW 112, S. 516 ff.; *Hassemer*, NStZ 1989, 553) unter dem der an die Adresse des Gesetzgebers gerichtete Vorwurf gemeint ist, im Wege der Kriminalisierung neuer Sachverhalte vorzugeben, dass gesellschaftliche Probleme gelöst werden, um auf diese Weise politische Handlungsfähigkeit zu demonstrieren. Vgl. hierzu *P.-A. Albrecht*, Kriminologie, S. 74 ff., 77, 79; *Voß*, Strafe muss nicht sein, S. 139).

836 *Jerouschek*, JZ 2000, 185 (192).

eine zu vermeidende zusätzliche Belastung des Opfers darstelle[837], mag abgesehen von grundlegenden strafprozessualen Hindernissen auf dem Weg zu einem so konstruierten Unrechtsinterlokut indes nicht recht überzeugen. Dies vor allem deshalb nicht, weil nach den hier gefundenen Untersuchungsergebnissen mit dem Schuldspruch bereits ein Instrument besteht, das geradezu prädestiniert ist, den genannten Anforderungen gerecht zu werden. Dem Schuldspruch vorzuwerfen, gerade dort bestünde eine unverhältnismäßige Täterprominenz, die dem Opfer weiteren Schaden zufüge, erscheint kaum nachvollziehbar. Es sei allein darauf verwiesen, dass auch der Verletzte einer Straftat dem Grundsatz der Unschuldsvermutung unterliegt und erst im Moment der Verurteilung seinen Status als vermeintliches Opfer der angeklagten Tat verliert.

Doch zurück zum Schuldspruch. Die vorangegangenen Ausführungen haben gezeigt, dass das erkennende Gericht im Rahmen des Schuldspruchs das begangene Unrecht erschöpfend darstellt, um gegenüber allen Adressaten des Strafurteils klarzustellen, welcher Straftat der Angeklagte schuldig gesprochen wird. Diese Funktion stellt zuvorderst und unmittelbar bestimmte Anforderungen an den Wortlaut der Urteilsformel. Diese muss das Tatgewicht widerspiegeln und fungiert als Abbild der begangenen Tat. Auch *Albrecht* verweist darauf, dass das öffentliche Strafrecht als Freiheitssicherung Unrecht öffentlich kenntlich machen müsse. Das Sanktionieren sei demgegenüber sekundär.[838] Doch bleibt es nicht bei der Aufgabe einer rein formellen Kenntlichmachung wie sie oben noch unter der Überschrift der Feststellungsfunktion dargestellt wurde. Die vorstehende Untersuchung hat auch die weiteren Funktionen des Schuldspruchs zusammengetragen, die sich auf dessen symbolischen, wertenden und repressiven Charakter gründen. Diese ermöglichen es, dass innerhalb der öffentlichen Verurteilung nicht allein begangenes Unrecht um der formellen Bestätigung von Verfassungsgrundsätzen willen mit den Worten des Gesetzes beschrieben und dokumentiert wird, sondern darüber hinaus auch die Vermittlung einer selbstständigen normativen Aussage. Die exakte, das Unrecht vollständig abbildende Formulierung des Schuldspruchs informiert nicht nur, sondern sym-

837 *Jerouschek*, JZ 2000, 185 (191).
838 *P.-A. Albrecht*, FS-Trechsel, S. 645 (649 f.).

bolisiert zugleich den Vorwurf der Tat und den gelungenen Nachweis ihrer Begehung durch einen dafür als verantwortlich erklärten Täter.[839] Gleichzeitig steht der Schuldspruch für eine sozial-ethische Verurteilung des Normverstoßes, für den der Angeklagte öffentlich getadelt wird. In diesem Sinne ist der Schuldspruch ein Symbol.[840]

Gesetzgeber, Wissenschaftler und Praktiker reagieren auf diese Entwicklung und entdecken den isolierten Schuldspruch als selbstständige Sanktion.[841] Aktuelle Vorschläge für eine Reform des Jugendstrafrechts etwa bauen auf ein reformiertes Rechtsfolgensystem. Die Zweite Jugendstrafrechtsreformkommission erkennt an, dass dem Schuldspruch selbst eine Warnfunktion zu komme. Dieser mache die Verantwortlichkeit des Täters für die Tat deutlich und fordere diese ein. In der Konsequenz wird vorgeschlagen, den Schuldspruch ohne weitere Sanktionierung in den Rechtsfolgenkatalog des Jugendgerichtsgesetzes mit aufzunehmen.[842] Auch im regulären Strafrecht steht der Sanktionenkatalog des Strafgesetzbuches auf dem Prüfstand. Neue summarische Verfahren und Institute, sie sich allein auf den öffentlichen Schuldausspruch beschränken, werden von *Wolter* vorgeschlagen.[843] Bereits im Jahre 1991 kündigte *Schüler-Springorum* an, neue Reaktionsformen, darunter insbesondere der Schuldspruch unter Sanktionsverzicht, müssten ausgebaut werden. *„Der Grundgedanke erscheint mannigfach erstreckbar auf zahlreiche über § 60 StGB hinausgehende Situationen, die eine Bestrafung [...] verfehlt erscheinen lassen, ohne dass darum ein (öffentlich oder privates) Interesse an der Feststellung und dem Ausspruch der Tatschuld entfiele. Das müsste also*

839 Nach *Weigend* erfordert die Erzielung eines positiv generalpräventiven Effektes, also der Stärkung der allgemeinen Rechtstreue lediglich eine symbolische Bekräftigung der Normgeltung, *ders.*, GA 1992, 345 (349).

840 *Beste*, KrimJ 1986, 162: *„Die Hauptfunktion des Strafrechts wird aber [...] in der symbolischen Bekräftigung des Vertrauens in die Moralstandards gesehen."*

841 Vgl. *Lagodny*, Strafrecht, S. 100. Bereits im Jahre 1970 erwog *Stratenwerth, „die eigentliche Sanktion auf den richterlichen Schuldspruch als solchen zu beschränken."* Er hält diesen Ansatz jedoch für undurchführbar. *„Denn die im Schuldspruch liegende Sanktion kann nur innerhalb einer geschlossenen Gruppe und nur gegenüber dem voll integrierten Mitglied genügen."*, *ders.*, Leitprinzipien, S. 18.

842 *Jugendstrafrechtskommission*, DVJJ-Journal, 2002, 227 (248).

843 *Wolter* stellt im Rahmen seiner Ausführungen zum summarischen Verfahren fest, *„Eine gesetzliche Regelung des bloßen Schuldspruchs [...] auch im Strafgesetzbuch, etwa im Anschluss an § 60 StGB, ist erwägenswert."*, *ders.*, GA 1989, S. 397 (406).

der Königsweg sein [...].“[844] Das Bedürfnis nach einer eigenständigen Sanktion in Form des Schuldspruchs konstatierte *Schöch* bereits im Jahre 1992 und stellte vor der Einführung der Schadenswiedergutmachung in § 46a StGB fest, der Schuldspruch unter Strafverzicht komme dem Genugtuungsbedürfnis des Verletzten entgegen und trage zur Normverdeutlichung im Sinne der positiven Generalprävention bei.[845] Dass der Schuldspruch geeignet ist, als mildestes Mittel dem Sanktionenkatalog des Strafgesetzbuches zugerechnet zu werden, kann als *conclusio* der vorangegangenen Untersuchungen als erwiesen betrachtet werden.[846]

„Besseres als Strafe ist keine Utopie“[847] formuliert *Scheerer* als These im Rahmen seiner Suche nach Alternativen und stellt an die auf begangenes Unrecht erfolgende Reaktion die Aufgabe der *„expressiven Normvalidierung“*. Um der Entmachtung des Opfers entgegenzuwirken, die mit dem staatlichen Strafanspruch einhergehe, solle die Verarbeitung von Unrecht nicht staatszentriert, sondern subjektzentriert vorgehen. Gleichwohl müsse sie einen Sachverhalt *„skrupelhaft und fair“* aufarbeiten, *„Schuld und Verantwortung“* differenzieren und *„in aller Klarheit“* zuweisen.[848] Die Allgemeinheit habe *„ein Recht auf die Validierung der Norm und klare Aussagen über die Schuld und Verantwortung“*.[849] Um ohne *„strafrechtstypische Norm-Demonstration“* auszukommen, geht *Scheerer* über die Idee einer isolierten öffentlichen Verurteilung hinaus und schlägt als *„Modell für etwas Besseres, mit dem man die Strafe ersetzen könnte – da, wo die Schwere des Deliktes*

---

844 *Schüler-Springorum*, Kriminalpolitik, S. 172.

845 *Schöch*, Gutachten C, 59. DJT, C 89.

846 Den Schuldspruch hatte das *Bundesverfassungsgericht* freilich nicht im Blick, als es im Zusammenhang mit dem Geltungsbereich des Bestimmtheitsgrundsatzes formulierte, *„dass Art. 103 II GG sich nicht nur auf Kriminalstrafen bezieht, sondern auch für staatliche Maßnahmen gilt, die eine missbilligende hoheitliche Reaktion auf ein schuldhaftes Verhalten enthalten und ein 'Übel' wegen eines rechtswidrigen Verhaltens verhängen.“*, BVerfGE 42, 261, vgl. ebenfalls BVerfGE 9, 137 (144); 26, 186 (203); 38, 348 (371) – unter Verwendung der hier gefundenen Ergebnisse wird jedoch deutlich, dass der Schuldspruch die genannten Voraussetzungen erfüllt und folglich hinsichtlich seiner eigenen sanktionierenden Wirkung neben die Strafe gestellt werden kann.

847 *Scheerer*, EuS 2001, Überschrift zu 45 ff.

848 *Scheerer*, EuS 2001, 56.

849 *Scheerer*, EuS 2001, 65.

eine öffentliche Befassung erfordert und damit erlaubt" die *„Vorgehensweise eines Parlamentarischen Untersuchungsausschus es"* vor.[850]

Die vollständige Abschaffung jeglicher die Freiheit und die Persönlichkeitsrechte einschränkender Übelszufügungen als Reaktion auf eine Straftat über den Schuldspruch hinaus ist gegenwärtig jedenfalls für das sogenannte Kernstrafrecht unvorstellbar.[851] Und so resümiert *Hassemer* die gegenwärtige Situation, in der sich das sich allmählich verändernde Strafrecht befindet, wie folgt: *„[...] In dieser Lage haben wir zwei Optionen. Die erste besteht darin, nicht nur das Strafrecht [...] flächendeckend zu verbreitern [...], sondern auch die Strafe zu einem soft law zu machen: die Strafmengen und die besonders einschneidenden Strafarten [...] zu vermindern oder gar es bei der Tat- und Schuldfeststellung zu belassen und eine Strafe vorzubehalten. Diese Option ist weniger abwegig als sie auf den ersten Blick aussieht, und die wird [...] auch schon praktiziert [...] Das Problem dieser Option liegt nicht in ihrer Logik, das Problem liegt bei uns. Ich glaube nicht, dass wir so empfindsam sind, schon die Feststellung von Täterschaft und Schuld als eine hinreichende, als eine angemessene Sanktion auf das Verbrechen wahrnehmen zu können [...] und gewiss sollten wir [...] immerzu und ernsthaft fragen, ob wir mit der Feststellung der Schuld [...] nicht vielleicht auskommen. Auf absehbare Zeit wird das aber die klare Ausnahme bleiben. Wenn auch nur ungefähr stimmt, was zu Straflust und Kontrollbedürfnissen in der Risikogesellschaft gesagt worden ist, dann sollten wir diese Option nach Kräften analysieren und ausbauen, uns aber in der absehbaren Zukunft keinesfalls auf sie verlassen."*[852]

Doch braucht sich der Schuldspruch nicht an den Funktionen der Strafe messen zu lassen. Der Schuldspruch soll keine bessere Strafe und auch keine mildere Form der Strafe sein. Die ihm nachgewiesenen Funktionen begründen indes die Feststellung, dass der Schuldspruch ein originär selbständiges Institut neben der Strafe ist, dessen Potential nicht annähernd erfasst wird, sieht man in ihm lediglich eine formelle Voraussetzung für Strafverhängung. Die Eigenschaft

---

850 *Scheerer*, EuS 2001, 65.

851 Unter Berufung nicht auf vergeltende Bedürfnisse, sondern empirischen Bedenken aus dem Blickwinkel der Opfer stellt *Hefendehl* fest, dass *„also nicht mit durchschlagender Überzeugungskraft dargetan werden kann, dass die Durchführung eines mit einem förmlichen Unwerturteil zu beendenden Verfahrens jedenfalls aus der Opferperspektive eine gelungene Lösung wäre [...]"*, *ders.*, JZ 2000, 600 (607).

852 *Hassemer*, FR vom 20. 12. 2000, S. 16.

des Schuldspruchs als performativer Akt eines erkennenden Gerichts der Missbilligung einer begangenen Straftat öffentlich Ausdruck zu verleihen, ermöglicht aber jedenfalls den symbolisch-expressiven Gehalt der Strafe hinreichend zu ersetzen.[853]

853 K. *Günther*, FS-Lüderssen, S. 205, 219: *„Der symbolisch-expressive Gehalt der Strafe lässt sich vollständig im öffentlichen und formalisierten Verfahren der Unrechts- und Schuldfeststellung ausdrücken. Alle Bedeutungen, die der Strafe insoweit zugeschrieben werden, lassen sich durch dieses Verfahren hinreichend manifestieren. Für den Vollzug kommt es dabei allein auf den performativen Akt der öffentlichen Deklaration an, manifestiert im Schuldspruch [...] Ihre (der der Strafe,* d. Verf.*) Existenzberechtigung hat sie allein als ein konventionelles Symbol."*

RESUMÉE

1.

Im Verbund mit der Entscheidung über Rechtsfolgen, Kosten und eventuell darüber hinaus bestehenden Entschädigungsansprüchen bildet der Schuldspruch den Urteilstenor. Anerkannt als wesentlicher oder entscheidender Bestandteil des Strafurteils werden besondere Anforderungen an die Formulierung des Tenors gestellt. Aufgabe des Schuldspruchs ist es dabei, das begangene Unrecht erschöpfend zu erfassen. Die Skizzierung seines prozessualen Umfeldes hat gezeigt, dass dem Schuldspruch bereits formal eine selbstständige Bedeutung zuzuerkennen ist. Indem das erkennende Gericht im Namen des Volkes öffentlich verkündet „Der Angeklagte ist schuldig" nimmt es eine selbstständige Handlung vor. In diesem Sinne ist der Schuldspruch eine performative Äußerung.

2.

Neben seiner Erscheinungsform als Bestandteil der strafgerichtlichen Verurteilung ist dem Schuldspruch auch eine materielle Bedeutung zuzuerkennen. Im Strafgesetzbuch sind Konstellationen enthalten, die dem Schuldspruch im Wege der Zurückdrängung der Strafe eine exponierte Position zuerkennen. Beginnend mit jenen Regelungen, die den Schuldspruch mit der Strafaussetzung kombinieren, wurde zunächst die Strafaussetzung zur Bewährung nach § 56 StGB vorgestellt. Sanktionierende Wirkungen verspricht sich der Gesetzgeber gleichermaßen vom Schuldspruch, dem bereits im Tenor festgelegtem Strafmaß, der Dauer der Bewährungszeit sowie von eventuell angekoppelten Auflagen oder Weisungen. Sinn der Vorschrift ist es, eine mildere Alternative zur kurzen Freiheitsstrafe zu schaffen. Im Falle der Verwarnung mit Strafvorbehalt nach § 59 StGB steht eine ebenfalls im Tenor bestimmte Geldstrafe neben Schuldspruch, Verwarnung und dem Vorbehalt der Strafe. Als Ausnahmevorschrift konzipiert, intendierte der Gesetzgeber mit der Schaffung des § 59 StGB, eine Sanktion auf unterster Stufe des Rechtsfolgenkatalogs zu schaffen. Dem Verurteilten sollte der Strafmakel erspart bleiben. Die nächstmildere Reaktion auf begangenes Unrecht ist § 153a StPO. Kriterium für die Entscheidung, ob eine Einstellung des Verfahrens erfolgen kann, ist, ob ein Schuldfeststellungsbedürfnis besteht oder nicht.

Im Jugendstrafrecht wird besonderes Augenmerk auf die Belastung des Angeklagten durch eine öffentliche Verurteilung gelegt. § 27 JGG sieht die Möglichkeit des erkennenden Gerichts vor, die Jugendstrafe auszusetzen. Die Sanktionswirkung einer förmlichen Schuldfeststellung in Gestalt des Schuldspruchs wird anerkannt und in der Konsequenz der Schuldspruch der späteren Tilgung zugänglich gemacht. Auf zweiter Stufe sind die Regelungen zusammenzufassen, die unter Bezugnahme auf Schädigungen oder Einbußen des Täters, die auf dessen eigener Handlung beruhen, die Strafe entfallen lassen. § 60 StGB sieht unter der Überschrift „Absehen von Strafe" einen Schuldspruch ohne Strafausspruch vor. Aufgrund seines Zuschnitts auf Fälle, in denen der Täter selbst in Folge der Tat schwer geschädigt wurde, nimmt § 60 StGB eine Sonderstellung im Sanktionenkatalog ein. Der Blick in die Gesetzesmaterialien zeigt, dass in den einschlägigen Entwürfen für eine materiell-rechtliche Möglichkeit, von Strafe abzusehen, der Schuldspruch nicht im Mittelpunkt der Überlegungen stand. Gleichwohl gingen der eigentlichen Statuierung des § 16 StGB a. F. (nun § 60 StGB) im Jahre 1969 mehrere Entwürfe für eine materiell-rechtliche Regelung voraus. Übereinstimmung bestand darüber, dass Regelungsbedarf für jene Fallkonstellationen bestand, bei denen selbst eine ausgesetzte Strafe als zu starke Sanktionierung, die Einstellung des Verfahrens über entsprechende materiell-rechtliche Regelungen in Verbindung mit § 153a StPO a. F. (nun § 153b StPO) jedoch gleichsam als zu mildes Mittel eingeschätzt wurden, der Schuldspruch jedoch angemessen erschien. Nicht über Schädigungen des Täters in Folge der Tat, sondern unter Verweis auf die von dem Angeklagten schon während des laufenden Verfahrens vorgenommenen Bemühungen um einen materiellen oder immateriellen Ausgleich mit dem vermuteten Opfer rechtfertigt der Gesetzgeber die Möglichkeit des Gerichts, gemäß § 46a StGB von Strafe abzusehen. Auch für die Fälle wechselseitig begangener Beleidigungen sieht das Strafgesetzbuch in § 199 StGB vor, dass auf Strafe verzichtet wird und folglich wiederum ein Schuldspruch ohne Strafausspruch ergeht. Gänzlich auf Strafe und jegliche Substitute verzichten jene Regelungen im Besonderen Teil des Strafgesetzbuches, die auf der Rechtsfolgenseite dem erkennenden Gericht die Möglichkeit an die Hand geben, von Strafe abzusehen. Allein Delikte mit geringem Unrechts- bzw. Schuldgehalt, Fälle, in denen der Angeklagte von der Tatvollendung zurücktrat bzw. tätige Reue nachweisbar ist, erachtet der Gesetzgeber als geeignet, allein mit dem Schuldspruch zu sanktionieren. Alternativ besteht über § 153b StPO die Möglichkeit, in diesen Fällen bereits von der Klage abzusehen oder das Strafverfahren bereits vor Schuldspruchreife einzustellen.

3.

Dem Schuldspruch kommt eine feststellende Funktion zu. In ihm manifestiert sich das Vorliegen einer volldeliktischen Handlung. Durch den Schuldausspruch wird das Strafverfahren beendet. Die bis zur öffentlichen Verurteilung geltende Unschuldsvermutung ist nun widerlegt. Hinsichtlich der im Schuldspruch bezeichneten Delikte tritt Strafklageverbrauch ein. Ferner legitimiert der Schuldspruch die Strafe. Er bildet zugleich die Grundlage für die Strafzumessung und ist Bedingung für verfassungsgemäße Strafe.

4.

Der Schuldspruch hat eine klarstellende Funktion. Gerade weil der Schuldspruch nicht nur formelle Grundlage für die Strafe ist, wird dort klargestellt, welcher strafbaren Handlung der Angeklagte schuldig gesprochen wird. Wäre der Schuldspruch nur Rechtsgrund der Strafe, genügte die Benennung derjenigen Tatbestände, Qualifikationen und Konkurrenzformen, die Einfluss auf die Strafzumessung nehmen. Gerade dies hat der *Bundesgerichtshof* zuletzt im Jahre 1998 widerlegt. Unter Bezugnahme auf die Klarstellungsfunktion des Schuldspruchs und der daraus folgenden Verpflichtung des Gerichts,

Tateinheit statt Gesetzeskonkurrenz anzunehmen, sofern das begangene Unrecht nur so erschöpfend erfasst werden könne, zeigt auf, dass dem Schuldspruch eine eigenständige Funktion und Wirkung zukommt. Die Klarstellungsfunktion ist keine spezielle Funktion der Idealkonkurrenz, sondern vielmehr eine originäre Funktion des Schuldspruchs. Die Aufgabe, begangenes Unrecht erschöpfend darzustellen und so ein Abbild der Tat zu sein, obliegt dem Schuldspruch und schlägt sich neben der Dogmatik der Konkurrenzen auch im Bereich der Diskussion um die Wahlfeststellung und den alternativen Vorsatz nieder.

5.

Durch die öffentliche Verurteilung in Form des Schuldspruchs schreibt das erkennende Gericht dem Täter die Verantwortung für das begangene Unrecht zu. Gleichzeitig wird der Verletzte symbolisch aus der Verantwortung genommen und ihm gegenüber klargestellt, dass er keineswegs einem Unglücksfall, sondern einer Straftat zum Opfer fiel, für die der Täter allein zur Rechenschaft gezogen wird. Die Gesellschaft wird ebenfalls aus der Verantwortung genommen und soll von der Funktionsfähigkeit der Strafrechtspflege überzeugt werden.

6.

Der Schuldspruch erhebt öffentlich einen Vorwurf an die Adresse des überführten Täters. Auf der Grundlage der materiellen Schuldprüfung, an deren Ende die Vorwerfbarkeit der Tat festgestellt wurde, formuliert das erkennende Gericht mit Verkündung des Urteiltenors als kommunikativen und expressiven Akt den prozessualen Schuldvorwurf. Als expressiver Akt ist der Schuldspruch das geeignete prozessuale Instrument, um den strafrechtlichen (Schuld)Vorwurf im Rahmen eines öffentlichen Ausspruchs zu erheben. Im Schuldspruch manifestiert sich neben der Unrechtsbegehung einschließlich der Strafbarkeitsvoraussetzungen sowohl die materielle Schuldfeststellung inzident durch die rechtliche Bezeichnung der Tat als auch die übergeordnete Schuldidee. Der Schuldspruch stellt materielle Schuld fest und macht das Gewicht der begangenen Straftat deutlich. Darüber hinaus missbilligt er die Tat in ihrer Gesamtheit und wirft sie dem Täter vor. Damit nimmt das Gericht innerhalb des Schuldspruchs eine moralische Verurteilung in Form eines sozial-ethischen Unwerturteils vor.

7.

Schuldspruch und Strafe sind zwei in ihrem materiellen Gehalt selbstständige und voneinander unabhängige Institute. Um eine Maßnahme generell als Strafe auszuweisen, bedarf es nicht des Schuldspruchs. Dafür genügt bereits jedwede Übelszufügung. Insofern ist der Schuldspruch auch kein konstitutives Element der Strafe.[854] Vielmehr stehen sich der Schuldspruch als Vorwurf, Ausdruck der Missbilligung oder auch als Unwerturteil und die Strafe als Übelszufügung originär autonom gegenüber.[855] Der akzessorische Verbund, der allerdings, und dies sei noch einmal im Einklang mit der Position des Schuldspruchs im materiellen Recht betont, nur einseitig zwischen rechtsstaatlicher Strafe und Schuldspruch besteht, ist eine verfassungsrechtliche Sicherung, aber nicht konstitutiver Natur. Strafe ohne Schuldspruch bleibt eine Strafe, wenn diese auch in diesem Falle nicht prozessordnungsgemäß zustande gekommen ist. Strafe ohne Schuldspruch ist ein Übel, kann aber für sich keinen öffentli-

854 So auch *Appel*, Verfassung und Strafe, S. 499, 538 f.

855 Vgl. *Schöch* im Zusammenhang mit dem Vorschlag einer Neugestaltung des § 60 StGB: „[...] *Damit wird das sozialethische Unwerturteil des Schuldspruchs verdeutlicht, der nach den strafprozessualen Vorschriften ohnehin im Urteilstenor zum Ausdruck zu bringen ist.* [...], *ders.*, Gutachten C, 59 DJT, C 89. Nahestehend wohl auch *Krauß*, der betont, was (von der Schuld als sozialethischer Unwert) in die Strafe eingehe, sei nicht die sittliche Qualität des Vorwurfs, sondern die Schuld als Grundlage und Begründung staatlicher Reaktionen, *ders.*, FS-Schüler-Springorum, S. 459 (469). *Hörnle* vertritt – unter Verweis auf *Joel Feinberg*, The Expressive Function of Punishment, in: *ders.*, Doing and Deserving, Princeton 1970, S. 97 ff. – die Auffassung, „*der Ausdruck von Missbilligung, oder in anderen Worten von Tadel, ist ein wesentliches Element der Kriminalstrafe.*" Sie präzisiert im Fortgang, „*Missbilligung ist nicht primär als emotional geprägte Reaktion zu verstehen, sondern als Werturteil 'im Namen des Volkes', genauer als Unwerturteil 'im Namen des Volkes'.*" Mit dem Verweis auf die ureigene Eingangsformel jedes Strafurteils nähert sich *Hörnle* dem Akt der öffentlichen Urteilsverkündung auf Sichtnähe, ohne eben diese als den eigentlichen kommunikativ-expressiven Akt, als das eigentliche Unwerturteil zu identifizieren; *dies.*, Tatproportionale Strafzumessung, S. 114.

chen Vorwurf erheben. Hingegen bleibt ein Schuldspruch ohne Strafe ein wirksamer rechtskraftfähiger Schuldspruch einschließlich seines selbstständigen materiellen Gehalts, der sich neben anderen Funktionen in der Vorwurfsfunktion niederschlägt. Durch den akzessorischen Verbund mit dem Schuldspruch unterscheidet sich die Kriminalstrafe von anderen strafähnlichen Maßnahmen. Nicht ein der Strafe originär anhaftender Tadelscharakter, sondern der Schuldspruch als sozial-ethisches Unwerturteil begründet diese Differenzierung.

8.

Der Schuldspruch manifestiert öffentlich das begangene Unrecht, stigmatisiert den Täter und ist daher als Übel eigener Art neben der Strafe anzuerkennen. In der Konsequenz wird der Schuldspruch im materiellen Recht bereits *de lege lata* als eigenständige Sanktion eingesetzt und wird auch das Rechtsmittelrecht von der repressiven Wirkung des Schuldspruchs beeinflusst. Der Schuldspruch stellt eine eigenständige Beschwer dar, auf die Rechtsmittel gestützt werden können. Unabhängig vom Strafausspruch ist der Schuldspruch teilrechtskraftfähig. Damit steht fest, dass der erstmalige Schuldspruch eines zuvor freigesprochenen Angeklagten weder im Rahmen eines zu seinen Gunsten noch eines zu seinen Ungunsten eingelegten Rechtsmittels durch das Revisionsgericht zulässig ist. Unter den Begriff der Rechtsfolge in den das Verschlechterungsverbot statuierenden Vorschriften §§ 354 Abs. 1, 358 Abs. 2 S. 1, 373 Abs. 2 S. 1 StPO ist auch der Schuldspruch aufgrund seines repressiven Gehalts zu fassen. Ob eine Schuldspruchänderung durch ein Rechtsmittelgericht zum Nachteil des Angeklagten erfolgte, bestimmt sich nach den konkret-individuellen Einwirkungen auf den Täter. Durch den Schuldspruch wird der Verurteilte existentiell in seinen Grundrechten betroffen. Das im Schuldspruch enthaltende Unwerturteil berührt regelmäßig den in der Menschenwürde wurzelnden Wert- und Achtungsanspruch des Verurteilten. Neben einer feststellenden, klarstellenden und vorwerfenden Funktion wurde dem Schuldspruch auch eine repressive Funktion nachgewiesen. Dieser stellt sich nicht nur als tadelndes, sondern auch als bemakelndes, belastendes Institut dar. Die Zuschreibung einer repressiven Wirkung nimmt Bezug auf die psychische Beeinträchtigung des Täters. Die Bemakelung des Täters durch den Schuldspruch weist den Normbruch, aber auch den Täter persönlich in seiner Sozial- und Rechtsstellung zurück. Von einem Verhältnis zwischen Schuldspruch und Strafe in Form einer Arbeitsteilung kann nicht gesprochen werden. Neben der Strafe weist auch der Schuldspruch den Charakter eines Übels auf.

9.

Das sozial-ethische Unwerturteil wird nicht durch die Strafe an sich, sondern bereits gänzlich unabhängig von einer eventuell im Anschluss noch vollstreckten Strafe durch den Schuldspruch ausgesprochen. Der Schuldspruch weist eine straffunktionale Kompetenz auf, die aufgrund der fehlenden Differenzierung im Umgang mit Schuldspruch und Strafe gewohnheitsgemäß und vermeintlich selbstverständlich letzterer zugeschrieben wird. Die erarbeiteten Funktionen des Schuldspruchs vermitteln jedoch in der Gesamtschau betrachtet ein vollständiges Bild vom Institut des Schuldspruchs, auf das aufbauend nachgewiesen werden konnte, dass vom Schuldspruch eine positiv und negativ spezialpräventive, vordringlich aber eine positiv generalpräventive Wirkung ausgeht. Die Auseinandersetzung mit gesetzgeberischen Materialen und höchstrichterlicher Rechtsprechung im Zusammenhang mit dem Absehen von Strafe nach § 60 StGB hat ergeben, dass der Gedanke einer präventiven Kompetenz des Schuldspruchs zum Teil ausformuliert wurde, bisweilen unterschwellig unterstellt oder zumindest offen gelassen wurde. Erhöhte Aufmerksamkeit erfuhr der Schuldspruch indes in der Diskussion um eine verstärkte Berücksichtigung der Interessen der Opfer von Straftaten im Strafverfahren. Dies spiegelt sich insbesondere darin wider, dass dem Schuldspruch in Literatur und Rechtsprechung ausdrücklich zugeschrieben wird, Genugtuungsfunktionen zu erfüllen.

LITERATURVERZEICHNIS

Achenbach, Hans, Historische und dogmatische Grundlagen der strafrechtssystematischen Schuldlehre, Berlin 1974.

Achenbach, Hans, Individuelle Zurechnung, Verantwortlichkeit, Schuld, in: Schünemann, Bernd (Hrsg.), Grundfragen des modernen Strafrechtssystems, Berlin, New York 1984, S. 135–151.

Albrecht, Peter-Alexis, Jugendstrafrecht, 3. Auflage, München 2000.

Albrecht, Peter-Alexis, Kriminologie, 2. Auflage, München 2002.

Albrecht, Peter-Alexis, Trojanische Pferde – Wege der Zerstörung des öffentlichen Strafrechts, in: Festschrift für Stefan Trechsel, Zürich 2002, S. 645–653.

Albrecht, Peter-Alexis, Strafrechtsverfremdende Schattenjustiz, Zehn Thesen zum Täter-Opfer-Ausgleich, in: Festschrift für Horst Schüler-Springorum, Köln, Berlin, Bonn, München 1993, S. 81–90.

Alternativkommentar zum Strafprozessordnung, Wassermann, R. (Hrsg.), Band 2, Teilband 2 §§ 213–275, Neuwied, Kriftel, Berlin 1993.

Appel, Ivo, Verfassung und Strafe, Berlin 1998.

Arndt, Adolf, Rechtsprechende Gewalt und Strafkompetenz, in: Festgabe für Carlo Schmid zum 65. Geburtstag, Tübingen 1962, S. 5–32.

Austin, John Langshaw, Zur Theorie der Sprechakte (How to do things with words), 2. Auflage, Stuttgart 1998.

Bartelt, Stephan, Die Verwarnung mit Strafvorbehalt – Rechtsnatur und prozessuale Fragen, Hamburg 1973.

Bassakou, Xanthi, Beiträge zur Analyse und Reform des Absehens von Strafe nach § 60 StGB, Frankfurt 1991.

Batereau, Ludwig, Die Schuldspruchberichtigung, Göttingen 1970.

Baumann, Jürgen / Brauneck, Anne-Eva / Hanack, Ernst-Walter / Kaufmann, Arthur / Klug, Ulrich / Lampe, Ernst-Joachim / Lenckner, Theodor / Maihofer, Werner / Noll, Peter / Roxin, Claus / Schmitt,

Rudolf / Schultz, Hans / Stratenwerth, Günter / Stree, Walter (Hrsg.), Alternativ-Entwurf eines Strafgesetzbuches, Allgemeiner Teil, 1. Auflage Tübingen 1966 und 2. Auflage, Tübingen 1969.

Baumann, Jürgen, Was erwarten wir von der Strafrechtsreform?, in: Baumann, Jürgen (Hrsg.) Programm für ein neues Strafgesetzbuch, Frankfurt am Main 1968, S. 14–35.

Baumann, Jürgen / Weber, Ulrich / Mitsch, Wolfgang, Strafrecht Allgemeiner Teil, 11. Auflage, Bielefeld 2003.

Baumann, Jürgen, Über die Denaturierung eines Rechtsinstituts (§ 59 StGB), JZ 1980, S. 464–469.

Baumann, Jürgen, Zur Repersonalisierung des Strafrechts, Festschrift für Walter Stree und Johannes Wessels, Heidelberg 1993, S. 41–47.

Beck, Volker, Bürgerrechtspolitik von Bündnis 90/Die Grünen in der 13. und 14. Legislaturperiode, ZRP 1999, S. 85–89.

von Beling, Ernst, Die Lehre vom Verbrechen, Tübingen 1906, Neudruck Aalen 1964.

Bennecke, Hans / von Beling, Ernst, Lehrbuch des deutschen Strafprozesses, Breslau 1900.

Beste, Hubert, Probleme der Schadenswiedergutmachung, Monatsschrift der Kriminologie 1987, S. 336–352.

Beste, Hubert, Schadenswiedergutmachung im Zuge viktimisierter Kriminalpolitik – ein Fall für Zwei?, Kriminologisches Journal 1986, S. 161–181.

Beulke, Werner / Fahl, Christian, Prozessualer Tatbegriff und Wahlfeststellung – Strafprozessuale Probleme bei alternativer Tatsachenfeststellung, Jura 1998, S. 262–269.

Binding, Karl, Strafrechtliche und strafprozessuale Abhandlungen, Band 2, Strafprozess, München und Leipzig 1915.

Blei, Hermann, Strafrecht I, Allgemeiner Teil, 18. Auflage, München 1983.

Bruns, Hans-Jürgen, Teilrechtskraft und innerprozessuale Bindungswirkung des Strafurteils, Köln, Berlin, München, Bonn 1961.

Bruns, Hans-Jürgen, Zur Feststellungswirkung des rechtskräftigen Strafurteils, in: Festschrift für Eberhard Schmidt, Göttingen 1961, S. 602–619.

Bundesministerium der Justiz, Eckpunkte einer Reform des Strafverfahrens, Diskussionspapier der Regierungskoalition, StV 2001, S. 314–317.

Calliess, Rolf-Peter, Strafzwecke und Strafrecht, NJW 1989, S. 1338–1343.

Cremer, Peter-Josef, Erlebt die Verwarnung mit Strafvorbehalt – §§ 59 ff. StGB – eine (Re-)naissance?, NStZ 1982, S. 449–453.

Dästner, Christian, Flexibles Schuldinterlokut?, DRiZ 1977, S. 9–13.

Deiters, Mark, Strafzumessung bei mehrfach begründeter Strafbarkeit, Baden-Baden 1999.

Dencker, Friedrich, Ein Plädoyer für § 59 StGB, StV 1986, S. 399–405.

Dölling, Dieter, Der Täter-Opfer-Ausgleich, JZ 1992, S. 493–499.

Dölling, Dieter, Die Weiterentwicklung der Sanktionen ohne Freiheitsentzug im deutschen Strafrecht, ZStW 104 (1992) S. 259–289.

Dreher, Eduard, Die Verwarnung mit Strafvorbehalt, in: Festschrift für Reinhart Maurach, Karlsruhe 1972, S. 275–294.

Dünnebier, Hanns, Die Subsidiaritätsklausel, Goltdammers Archiv 1954, S. 271–274.

Eisenberg, Ulrich, Jugendgerichtsgesetz, 9. Auflage, München 2002.

Ellscheid, Günter / Hassemer, Winfried, Strafe ohne Vorwurf, Bemerkungen zum Grund strafrechtlicher Haftung, in: Lüderssen, Klaus und Sack, Fritz; Seminar: Abweichendes Verhalten II, Die gesellschaftliche Reaktion auf Kriminalität, Band 1, Frankfurt 1975, S. 266–292.

Engisch, Karl, Logische Studien zur Gesetzesanwendung, 2. Auflage, Heidelberg 1960.

Eser, Albin, Absehen von Strafe – Schuldspruch unter Strafverzicht, in: Festschrift für Reinhart Maurach, Karlsruhe 1972, S. 257–273.

von Feuerbach, Paul J. Anselm, Revision der Grundsätze und Grundbegriffe des positiven peinlichen Rechts, Teil 1, Erfurt 1799, Neudruck Aalen 1969.

Fezer, Gerhard, Strafprozessrecht, 2. Auflage, München 1995.

Fezer, Gerhard, Vereinfachtes Verfahren im Strafprozess, ZStW 106 (1994) S. 1–59.

Fischer, Martin, Wille und Wirksamkeit. Eine Untersuchung zum Problem des dolus alternativus, Frankfurt am Main 1993.

Foth, Eberhard, Anmerkung zu BVerfG, Beschluss vom 8.5.1991, 2 BvR 1380/90, NStZ 1992, S. 444–447.

Frank, Reinhard, Über den Aufbau des Schuldbegriffs, in: Festschrift für die Juristische Fakultät in Gießen, Gießen 1907, S. 525–547.

Frehsee, Detlev, Schadenswiedergutmachung als Instrument strafrechtlicher Sozialkontrolle, Berlin 1987.

Freund, Georg, Strafrecht Allgemeiner Teil, Berlin, Heidelberg, New York 1998.

Freund, Georg, Straftatbestand und Rechtsfolgebestimmung, Goltdammers Archiv 1999, S. 509–538.

Frister, Helmut, Schuldprinzip, Verbot der Verdachtsstrafe und Unschuldsvermutung als materielle Grundprinzipien des Strafrechts, Berlin 1988.

Fuchs, Matthias, Gesetzeskonkurrenz und mitbestrafte Vortaten, Berlin 1988.

Gallas, Wilhelm, Der dogmatische Teil des Alternativ-Entwurfs, ZStW 80 (1968), S. 1-33.

Ganske, Joachim, Der Begriff des Nachteils bei den strafprozessualen Verschärfungsverboten, Berlin 1960.

Geerds, Friedrich, Zur Lehre von der Konkurrenz im Strafrecht, Kiel 1961.

Geerds, Friedrich, Anmerkung zu BayObLG, Urteil vom 22.8.1967 – Rreg. 2a St. 234/67, JZ 1968, S. 388 ff., Anm. S. 390–395.

Geppert, Klaus, Grundzüge der Konkurrenzlehre (§§52 bis 55 StGB) Teil 1 und 2, Jura 2000, S. 598–603 und S. 651–657.

Goll, Ulrich, Opferschutz im Strafverfahren, ZRP 1998, S. 14–16.

Grau, Fritz, Verwarnung mit Strafvorbehalt, in: Gürtner, Franz (Hrsg.), Das kommende deutsche Strafrecht Allgemeiner Teil, 1935, S. 183-199.

Grünwald, Gerald, Das Rechtsfolgensystem des Alternativ-Entwurfs, ZStW 80 (1968) S. 89–118.

Grünwald, Gerald, Die Teilrechtskraft im Strafverfahren, 1964.

Günther, Hans-Ludwig, Verurteilungen im Strafprozess trotz subsumtionsrelevanter Tatsachenzweifel, Berlin 1976.

Günther, Klaus, Die symbolisch-expressive Bedeutung der Strafe- Eine neue Straftheorie jenseits von Vergeltung und Prävention?, in: Festschrift für Klaus Lüderssen, Baden-Baden 2002, S. 205–219.

Günther, Klaus, Die Zuschreibung strafrechtlicher Verantwortlichkeit auf der Grundlage des Verstehens, in: Lüderssen, Klaus (Hrsg.), Aufgeklärte Kriminalpolitik oder Kampf gegen das Böse?, Band 1, Legitimationen, Baden-Baden 1998, S. 319-349.

Günther, Klaus, Strafrechtliche Verantwortlichkeit in der Zivilgesellschaft, in: Prittwitz, Cornelius / Manoledakis, Ioannis (Hrsg.), Strafrechtsprobleme an der Jahrtausendwende, Baden-Baden 2000, S. 27–42.

Hall, Karl, Die Freiheitsstrafe als kriminalpolitisches Problem, ZStW 66 (1954), S. 77–110.

Hartung, Fritz, Subsidiarität der Verkehrsübertretungen?, NJW 1954, S. 587–588.

Hassemer, Winfried, Absehbare Entwicklungen in Strafrechtsdogmatik und Kriminalpolitik, in: Prittwitz, Cornelius / Manoledakis, Ioannis (Hrsg.), Strafrechtsprobleme an der Jahrtausendwende, Baden-Baden 2000, S. 17–25.

Hassemer, Winfried, Das „Absehen von Strafe" als kriminalpolitisches Instrument, Festschrift für Werner Sarstedt, Berlin, New York 1981, S. 65–79.

Hassemer, Winfried, Die neue Lust auf Strafe, in: Frankfurter Rundschau (FR) vom 20. 12. 2000, S. 16.

Hassemer, Winfried, Einführung in die Grundlagen des Strafrechts, 2. Auflage, München 1990.

Hassemer, Winfried, Generalprävention und Strafzumessung, in: Hassemer, Winfried / Lüderssen, Klaus / Naucke, Wolfgang (Hrsg.) Hauptprobleme der Generalprävention, Frankfurt 1979, S. 29–53.

Hassemer, Winfried, Rücksichten auf das Verbrechensopfer, Festschrift für Ulrich Klug, Band II, Köln 1983, S. 217–234.

Hassemer, Winfried, Strafrechtsdogmatik und Kriminalpolitik, Hamburg 1974.

Hassemer, Winfried, Symbolisches Strafrecht und Rechtsgüterschutz, NStZ 1989, S. 553–559.

Hassemer, Winfried, Warum und zu welchem Ende strafen wir? ZRP 1997, S. 316–321.

Hauschild, Jörn, Die positive Generalprävention und das Strafverfahren, Frankfurt am Main 2000.

Hefendehl, Roland, Täter und Opfer bei kindlicher Gewaltkriminalität, JZ 2000, S. 600–608.

Herdegen, Gerhard, Tatgericht und Revisionsgericht – insbesondere die Kontrolle verfahrensrechtlicher „Ermessensentscheidungen", in: Festschrift für Theodor Kleinknecht, München 1985, S. 173–190.

Hilger, Hans, Anmerkung zu BGH, Beschluss vom 5. 11. 1999, StB 1/99, NStZ 2000, S. 330 ff., Anm. S. 332.

Hirsch, Hans Joachim, Das Schuldprinzip und seine Funktion im Strafrecht, ZStW 106 (1994), S. 746–765.

Hirsch, Hans Joachim, Zur Behandlung der Bagatellkriminalität in der Bundesrepublik Deutschland, ZStW 92 (1980), S. 218–254.

Hirsch, Hans Joachim, Zur Stellung des Verletzten im Straf- und Strafverfahrensrecht, in: Gedächtnisschrift für Armin Kaufmann, Köln, Berlin, Bonn, München, 1989, S. 699–721.

Hörnle, Tatjana, Tatproportionale Strafzumessung, Berlin 1999.

Hörnle, Tatjana / von Hirsch, Andrew, Positive Generalprävention und Tadel, Goltdammers Archiv 1995, S. 261–282.

Hoffmann-Riem, Wolfgang, Opferhilfe und Opferschutz, Neue Kriminalpolitik 1997, Heft 1, S. 22–25.

Hohenleitner, Siegfried, Schuld als Werturteil, in: Festschrift für Theodor Rittler, Innsbruck 1957, S. 185–194.

Horn, Eckhard, Ist die Verwarnung mit Strafvorbehalt noch zu retten?, NJW 1980, S. 106–107.

Horstkotte, Hartmuth, Die Vorschriften des Ersten Gesetzes zur Reform des Strafrechts über die Strafbemessung (§§ 13–16, 60 StGB), JZ 1970, S. 122–128.

Hruschka, Joachim, „Wahlfeststellung" zwischen Diebstahl und Begünstigung?, NJW 1971, S. 1392–1394.

Hruschka, Joachim, Zur Logik und Dogmatik von Verurteilungen aufgrund mehrdeutiger Beweisergebnisse im Strafprozess, JZ 1970, S. 637–642.

Jakobs, Günther, Strafrecht Allgemeiner Teil, 3. Auflage, Berlin, New York 1993.

Jakobs, Günther, Das Selbstverständnis der Strafrechtswissenschaft vor den Herausforderungen der Gegenwart (Kommentar), in: Eser, Albin / Hassemer, Winfried / Burkhardt, Björn (Hrsg.), Die deutsche Strafrechtswissenschaft vor der Jahrtausendwende, München 2000, S. 47–56.

Jerouschek, Günter, Straftat und Traumatisierung, Überlegungen zu Unrecht, Schuld und Rehabilitierung der Strafe aus viktimologischer Perspektive, JZ 2000, S. 185–194.

Jescheck, Hans-Heinrich, Die kriminalpolitische Konzeption des Alternativ-Entwurfs eines Strafgesetzbuches (Allgemeiner Teil), ZStW 80 (1968) S. 54–88.

Jescheck, Hans-Heinrich, Lehrbuch des Strafrechts, Allgemeiner Teil, 3. Auflage, Berlin 1982.

Jescheck, Hans-Heinrich / Weigend, Thomas, Lehrbuch des Strafrechts, Allgemeiner Teil, 5. Auflage, Berlin 1996.

Joerden, Jan C., Der auf die Verwirklichung von zwei Tatbeständen gerichtete Vorsatz, ZStW 95 (1983) S. 565–605.

Jung, Heike, Die Stellung des Verletzten im Strafprozess, ZStW 93 (1981) S. 1147–1176.

Jung, Heike, Zur Rechtsstellung des Verletzten im Strafverfahren, JR 1984, S. 309–312.

Jung, Heike, Zur Renaissance des Opfers – ein Lehrstück kriminalpolitischer Zeitgeschichte, ZRP 2000, S. 159–163.

Kaiser, Gerd, Die Beschwer als Voraussetzung strafprozessualer Rechtsmittel, Heidelberg 1993.

Kaiser, Günther / Kerner, Hans-Jürgen / Sack, Fritz / Schellhoss, Hartmut (Hrsg.), Kleines Kriminologisches Wörterbuch, 3. Auflage, Heidelberg 1993.

Kant, Immanuel, Metaphysik der Sitten, zitiert nach der Werksausgabe in 12 Bänden, Wilhelm Weischedel (Hrsg.), 11. Auflage, Frankfurt 1997.

Kargl, Walter, Beleidigung und Retorsion, in: Festschrift für E. A. Wolff, Berlin, New York, Heidelberg, S. 189–223.

Karlsruher Kommentar zur Strafprozessordnung, Pfeiffer, Gerd (Hrsg.), 5. Auflage, München 2003.

Kaufmann, Arthur, Das Schuldprinzip, Eine strafrechtlich-rechtsphilosophische Untersuchung, 2. Auflage, Heidelberg 1976.

Kaufmann, Arthur, Dogmatische und kriminalpolitische Aspekte des Schuldgedankens im Strafrecht, in: Baumann, Jürgen (Hrsg.), Programm für ein neues Strafgesetzbuch, Frankfurt am Main 1968, S. 56–74.

Kemper, Werner, Horizontale Teilrechtskraft des Schuldspruchs und Bindungswirkung im tatrichterlichen Verfahren nach der Zurückweisung, §§ 353, 354 Abs. 2 StPO, Frankfurt am Main 1993.

Kerner, Hans-Jürgen, Artikel „Sanktionen", in: Kleines kriminologisches Wörterbuch (KKW), hrsg. von Günther Kaiser, 3. Aufl. Heidelberg 1993, S. 437–439.

Kilchling, Michael, Opferschutz und der Strafanspruch des Staates – ein Widerspruch?, NStZ 2002, S. 57–63.

Kindhäuser, Urs, Anmerkung zu BGH, Urteil vom 23.3.2000 – 4 StR 650/99, NStZ 2001, S. 31–32.

Kindhäuser, Urs, Personalität, Schuld und Vergeltung, Goltdammers Archiv 1989, S. 493–507.

Kommentar zur Strafprozessordnung und zum Gerichtsverfassungs- und Ordnungswidrigkeitengesetz, Kleinknecht, Th. / Müller, H. / Reitberger, L. (Begründer), neubearbeitet von Fezer, G. / Paulus, R., Band 3, 1999.

Köhler, Michael, Strafrecht Allgemeiner Teil, Berlin, Heidelberg, New York 1997.

Krauß, Detlef, Das Prinzip der materiellen Wahrheit im Strafprozess, in: Festschrift für Friedrich Schaffstein, Göttingen 1975, S. 411–431.

Krauß, Detlef, Schuld im Strafrecht – Zurechnung der Tat oder Abrechnung mit dem Täter?, in: Festschrift für Horst Schüler-Springorum, Köln, Berlin, Bonn, München 1993, S. 459–473.

Kroschel, Theodor / Meyer-Goßner, Lutz, Die Urteile in Strafsachen, 27. Auflage, München 2002.

Krümpelmann, Justus, Die Bagatelldelikte, Berlin 1966.

Kühl, Kristian, Strafrecht, Allgemeiner Teil, 4. Auflage, München 2002.

Kühl, Kristian, Unschuldsvermutung, Freispruch und Einstellung, Köln, Berlin, Bonn, München 1983.

Kühl, Kristian, Zur Beurteilung der Unschuldsvermutung bei Einstellungen und Kostenentscheidungen, JR 1978, S. 94–100.

Küper, Wilfried, Die Grundlagen der Kompensation und die Voraussetzungen der Straffreierklärung nach § 199 StGB, JZ 1968, S. 651–661.

Lackner, Karl / Kühl, Kristian (Hrsg.), Strafgesetzbuch mit Erläuterungen, 24. Auflage, München 2001.

Lagodny, Otto, Strafrecht vor den Schranken der Grundrechte, Tübingen 1996.

Lampe, Ernst-Joachim, Unrecht und Schuld, Sühne und Reue, in: Festschrift für Jürgen Baumann, Bielefeld 1992, S. 21–32.

Lange, Richard, Die Systematik der Strafdrohungen, in: Materialien zur Strafrechtsreform, 1. Band, Gutachten der Strafrechtslehrer, Bonn 1954.

Leipziger Kommentar zum Strafgesetzbuch, Jähnke, Burkhard / Laufhütte, Heinrich Wilhelm / Odersky, Walter (Hrsg.), – Einleitung, §§ 1–2, 1. Lieferung, 11. Auflage, Berlin, New York 1992; §§ 52–55, 28. Lieferung, 11. Auflage, Berlin New York 1999; §§ 56–60, 9. Lieferung, 11. Auflage, Berlin New York 1993.

Lenckner, Theodor, Strafe, Schuld und Schuldfähigkeit, in: Göppinger, Witter (Hrsg.), Handbuch der forensischen Psychatrie, Band 1, Berlin/Heidelberg 1972, S. 3–286.

von Löbbecke, Bernfried, Begriff und Wesen der Beschwer im strafprozessualen Rechtsmittelverfahren, Nürnberg 1972.

Löwe, E. / Rosenberg, W., Die Strafprozessordnung und das Gerichtsverfassungsgesetz mit Nebengesetzen, Riess, Peter (Hrsg.), 25. Auflage, §§ 247–261, 14. Lieferung, Berlin, New York, 2000; §§ 374–406h, 11. Lieferung, Berlin, New York 1999; §§ 333–358, 12. Lieferung, Berlin, New York 1999.

Löwe, E. / Rosenberg, W., Die Strafprozessordnung und das Gerichtsverfassungsgesetz mit Nebengesetzen, Riess, Peter (Hrsg.), 24. Auflage, 4. Band, §§ 296–373a, Berlin, New York, 1998.

Loos, Fritz, Bemerkungen zu § 46a StGB, in: Festschrift für Hans Joachim Hirsch, Berlin, New York 1999, S. 851–877.

Lüderssen, Klaus, Abschaffen des Strafens?, Frankfurt am Main 1995.

Lüderssen, Klaus, Der öffentliche Strafanspruch im demokratischen Zeitalter – Von der Staatsräson über das Gemeinwohl zum Opfer? in: Prittwitz, Cornelius / Manoledakis, Ioannis (Hrsg.), Strafrechtsprobleme an der Jahrtausendwende, Baden-Baden 2000, S. 63–74.

Lüderssen, Klaus, Opfer im Zwielicht, in: Festschrift für Hans Joachim Hirsch, Berlin, New York 1999, S. 881–895.

Maatz, Kurt Rüdiger, Kann ein (nur) versuchtes schwereres Delikt den Tatbestand eines vollendeten Delikts verdrängen?, NStZ 1995, S. 209–213.

Maiwald, Manfred, Anmerkung zu OLG Karlsruhe, JZ 1974, S. 772 ff., Anm. S. 773–775.

Maiwald, Manfred, Das Absehen von Strafe nach § 16 StGB, ZStW 83 (1971) S. 663–696.

Mangakis, Georgios, Über das Verhältnis von Strafrechtsschuld und Willensfreiheit, ZStW 75 (1963) S. 499–540.

Maurach, Reinhart / Zipf, Heinz, Strafrecht, Allgemeiner Teil, 8. Auflage, Teilband 1, Heidelberg 1992.

Maurach, Reinhart / Gössel, Karl Heinz / Zipf, Heinz, Strafrecht, Allgemeiner Teil, 7. Auflage, Teilband 2, Heidelberg 1989.

Meier, Bernd-Dieter, Konstruktive Tatverarbeitung im Strafrecht – Bestandsaufnahme und Reformperspektiven, Goltdammers Archiv 1999, S. 1–20.

Meier, Bernd-Dieter, Täter-Opfer-Ausgleich und Wiedergutmachung im allgemeinen Strafrecht, JuS 1996, S. 436–442.

Meyer, Dieter, Das Aussetzungsverbot des § 30 Abs. 1 Satz 2 JGG bei Einbeziehung eines Schuldspruchs (§ 27 JGG) gemäß § 31 JGG in eine neue verurteilende Entscheidung, MDR 1978, S. 983–984.

Meyer-Goßner, Lutz, Strafprozessordnung, 47. Auflage, München 2004.

Montenbruck, Axel, „Wahlfeststellung" – und kein Ende?, Goltdammers Archiv 1988, S. 531–546.

Müller, Gerd, Der Schuldspruch unter Strafverzicht im Alternativ-Entwurf eines Strafgesetzbuches Allgemeiner Teil, Köln 1969.

Müller-Dietz, Heinz, Absehen von Strafe (§ 60 StGB n. F.), in: Festschrift für Richard Lange 1976, S. 303–332.

Naucke, Wolfgang, Strafrecht, Eine Einführung, 10. Auflage, Neuwied Kriftel 2002.

Neufelder, Martin, Schuldbegriff und Verfassung, Goltdammers Archiv 1974, S. 289–307.

Neumayer-Wagner, Eva-Maria, Die Verwarnung mit Strafvorbehalt, Berlin 1998.

Niederschriften über die Sitzungen der Großen Strafrechtskommission, 1. Band, Grundsatzfragen, Bonn 1956.

Niederschriften über die Sitzungen der Großen Strafrechtskommission, 3. Band, Bonn 1958.

Noll, Peter, Die ethische Begründung der Strafe, Tübingen 1962 (Recht und Staat in Geschichte und Gegenwart, Heft 244).

Nomos Kommentar zum Strafgesetzbuch, Neumann, Ulfrid / Puppe, Ingeborg / Schild, Wolfgang (Hrsg.), Loseblattsammlung, Band 1, 1995 ff.

Odersky, Walter, Die Rechtsstellung des Verletzten im Strafverfahren, Verhandlungen im Rahmen des 55. Deutschen Juristentag, Band 2, Verhandlungen, München 1984.

Ostendorf, Heribert, Bewährung ohne Freiheitsstrafe – eine Falltür im Jugendstrafrecht?, NJW 1981, S. 378–383.

Ostendorf, Heribert, Jugendgerichtsgesetz, Kommentar, 6. Auflage, Köln, Berlin, Bonn, München 2003.

Otto, Harro, Anmerkung zu BGHSt 36, 1, JR 1990, S. 203 ff., Anm. S. 205–206.

Otto, Harro, Grundkurs Strafrecht – Allgemeine Strafrechtslehre, 6. Auflage, Berlin, New York, 2000.

Otto, Harro, „In dubio pro reo" und Wahlfeststellung, in: Festschrift für Karl Peters zum 70. Geburtstag, Tübingen 1974, S. 373–392.

Otto, Harro, Über den Zusammenhang von Schuld und menschlicher Würde, Goltdammers Archiv 1981, S. 481–497.

Paulus, R., Anmerkung zu OLG Stuttgart, Beschluss vom 13. 12. 1985, NStZ 1986, S. 520 ff., Anm. S. 521–524.

Peters, Karl, Die Parallelität von Prozess- und Sachentscheidungen, ZStW 68 (1956), S. 374–398.

Peters, Karl, Schuldspruch durch das Revisionsgericht bei Freispruch in der Tatsacheninstanz, in: Festschrift für Ulrich Stock, Würzburg, 1966, S. 197–216.

Peters, Karl, Strafprozess, 4. Auflage, Heidelberg 1985.

Pfeiffer, Christian, Opferperspektiven, Wiedergutmachung und Strafe aus der Sicht der Bevölkerung, in: Festschrift für Horst Schüler Springorum, Köln, Berlin, Bonn, München 1993, S. 53–80.

Plack, Arno, Plädoyer für die Abschaffung des Strafrechts, München 1974.

Potrykus, Gerhard, Jugendarrest und Schuldspruch (§ 27 JGG), JR 1961, S. 407–408.

Potrykus, Gerhard, Über die bedingte Verurteilung nach §§ 27 ff. JGG, MDR 1954, S. 456–459.

Prittwitz, Cornelius, Opferlose Straftheorien?, in: Schünemann, Bernd / Dubber, Dirk (Hrsg.), Die Stellung des Opfers im Strafrechtssystem, Köln, Berlin, Bonn, München 2000, S. 51–73.

Prittwitz, Cornelius, The Resurrection of the victim in Penal Theory, Buffalo Criminal Law Review, Volume 1 Number 1, New York 1999, S. 109–129.

Prittwitz, Cornelius, Positive Generalprävention und „Recht des Opfers auf Bestrafung des Täters"?, Kritische Vierteljahresschrift, Sonderheft, Winfried Hassemer zum 60. Geburtstag, 2000, S. 162–175.

Puppe, Ingeborg, Idealkonkurrenz und Einzelverbrechen, Logische Studien zum Verhältnis von Tatbestand und Handlung, Berlin 1979.

Reemtsma, Jan Philipp, Das Recht des Opfers auf die Bestrafung des Täters – als Problem, München 1999.

Reemtsma, Jan Philipp, Im Keller, Hamburg 1998.

Rieß, Peter, Die Rechtsstellung des Verletzten im Strafverfahren, Gutachten C für den 55. Deutschen Juristentag, Band 1, Teil C, München 1984.

Ripollés, José Luis Diez, Symbolisches Strafrecht und die Wirkungen der Strafe, ZStW 112 (2001), S. 516–538.

Roeder, Hermann, Die Begriffsmerkmale des Urteils im Strafverfahren, ZStW 79 (1967) S. 250–303.

Römer, Wilhelm, Das Schuldinterlokut, Goltdammers Archiv 1969, S. 333–347.

Rössner, Dieter, Strafrechtsfolgen ohne Übelszufügung? – Zur Reform der Sanktionen ohne Freiheitsentzug, NStZ 1992, S. 409–415.

Rogall, Klaus, Justizmord? Todesstrafe im Strafrecht, in: Boulanger, Christian / Heyes, Vera / Hanfling, Philip (Hrsg.), Zur Aktualität der Todesstrafe, Interdisziplinäre und globale Perspektiven, 2. Auflage, Berlin 2002, S. 45 ff.

Roxin, Claus, Die Wiedergutmachung im strafrechtlichen Sanktionensystem, in: Festschrift für Peter Lerche zum 65. Geburtstag, München 1993, S. 301–313.

Roxin, Claus, Die Wiedergutmachung im System der Strafzwecke, in: Schöch, Heinz (Hrsg.), Wiedergutmachung und Strafrecht. Symposion aus Anlaß des 80. Geburtstages von Friedrich Schaffstein, München 1987, S. 37–55.

Roxin, Claus, „Schuld" und „Verantwortlichkeit" als Systemkategorien, in: Festschrift für Heinrich Henkel, Berlin, New York 1974, S. 171–197.

Roxin, Claus, Sinn und Grenzen staatlicher Strafe, JuS 1966, S. 377–387.

Roxin, Claus, Strafrecht Allgemeiner Teil, Band 1, 3. Auflage, München 1997.

Roxin, Claus, Strafverfahrensrecht, 25. Auflage, München 1998.

Roxin, Claus, Strafzweck und Strafrechtsreform, in: Baumann, Jürgen (Hrsg.), Programm für ein neues Strafgesetzbuch, Frankfurt am Main 1968, S. 75–92.

Roxin, Claus, Zur jüngsten Diskussion über Schuld, Prävention und Verantwortlichkeit im Strafrecht, in: Festschrift für Paul Bockelmann, München 1979, S. 279–309.

Roxin, Claus, Zur Wiedergutmachung als einer „Dritten Spur" im Sanktionensystem, in: Festschrift für Jürgen Baumann, Bielefeld 1992, S. 243–254.

Roxin, Claus, Über den Notwehrexzess, in: Festschrift für Friedrich Schaffstein, Göttingen 1975, S. 105–127.

Salditt, Franz, Der Griff nach dem Vorurteil – Frühe Genugtuung und Schlichtung als strafprozessuales Reformprogramm, StV 2002, S. 273–277.

Sarstedt, Werner, Anmerkung zum Urteil des Kammergerichts vom 27.9.1956, JR 1957, S. 270 ff., Anm. S. 272.

Satzger, Helmut, Anmerkung zu BGHSt 44, 196, JR 1999, S. 201 ff., Anm. S. 203–205.

Sax, Walter, Grundsätze der Strafrechtspflege, in: Bettermann, August / Neumann, Franz / Nipperdey, Die Grundrechte, Handbuch der Theorie und Praxis der Grundrechte, Band 3, 2. Halbband, 1. Auflage, Berlin 1959.

Sax, Walter, Zur Wahlfeststellung bei Wahldeutigkeit mehrerer Taten, JZ 1965, S. 745–749.

Schädler, Wolfram, Den Geschädigten nicht nochmals schädigen, ZRP 1990, S. 150–154.

Schaffstein, Friedrich / Beulke, Werner, Jugendstrafrecht, 14. Auflage, 2002.

Scheerer, Sebastian, Kritik der strafenden Vernunft, Ethik und Sozialwissenschaften (EuS) 2001, S. 69–83.

Schild, Wolfgang, Strafbegriff und Grundgesetz, in: Festschrift für Theodor Lenckner, München 1998, S. 287–311.

Schmidt, Eberhard, Lehrkommentar zur StPO und dem GVG, Teil I, 2. Auflage, Göttingen 1964 und Teil II, 1. Auflage, Göttingen 1957.

Schmidt, Gerhard, Schuldspruch und Rechtskraft, JZ 1966, S. 89–94.

Schmidhäuser, Eberhard, Strafrecht Allgemeiner Teil, Lehrbuch, Tübingen 1970.

Schmidhäuser, Eberhard, Vom Sinn der Strafe, Göttingen 1971.

Schmidhäuser, Eberhard, Zur Frage nach dem Ziel des Strafprozesses, in: Festschrift für Eberhard Schmidt, Göttingen 1961, S. 511–524.

Schmitt, Rudolf, Die Konkurrenz im geltenden und künftigen Strafrecht, ZStW 75 (1963) S. 43–62 und S. 179–219.

Schmitz, Roland, Der dolus alternativus, ZStW 112 (2000) S. 301–333.

Schmoller, Kurt, Alternative Tatsachenaufklärung im Strafrecht – Wahlfeststellungen, Stufenverhältnisse, „Freispruch zweiter Klasse“, Wien 1986.

Schneider, Egon, Über die Bestrafung des alternativen Vorsatzes, Goltdammers Archiv 1956, S. 257–264.

Schöch, Heinz, Anmerkung zu BayObLG vom 30. 9. 1975, RReg. 2 St 171/75, JR 1978, S. 73 ff., Anm. S. 74–75.

Schöch, Heinz, Verwarnung statt Strafe. Zum Aufblühen der Verwarnung mit Strafvorbehalt nach § 59 StGB, in: Festschrift für Jürgen Baumann, Bielefeld 1992, S. 255–265.

Schöch, Heinz, Empfehlen sich Änderungen und Ergänzungen bei den strafrechtlichen Sanktionen ohne Freiheitsentzug?, Gutachten für den 59. Deutschen Juristentag, Band 2, Teil C, München 1992.

Schönke, Adolf / Schröder, Horst, Strafgesetzbuch. Kommentar, 26. Auflage, bearb. von Theodor Lenckner u. a., München 2001; 16. Auflage, bearb. von Horst Schröder, München 1972.

Schroeder, Friedrich-Christian, Legalitäts- und Opportunitätsprinzip heute, in: Festschrift für Karl Peters zum 70. Geburtstag, Tübingen 1974, S. 411–427.

Schroeder, Friedrich-Christian, Schreien als Gewalt und Schuldspruchberichtigung durch Beschluss – BGH NJW 1982, 189, JuS 1982, S. 491–496.

Schröder, Horst, Anmerkung zu BGH, Urteil vom 7.2.1967 – 1 StR 640/66, JZ 1967, S. 368 ff., Anm. S. 368–370.

Schröder, Horst, Anmerkung zu BGH, Urteil vom 30.6.1967 – 4 StR 194/67, JZ 1967, S. 708 ff., Anm. S. 709–710.

Schröder, Horst, Konkurrenzprobleme bei den erfolgsqualifizierten Delikten, NJW 1956, S. 1737–1739.

Schroers, Marlene, Das Absehen von Strafe nach § 60 StGB, Heidelberg 1975.

Schüler-Springorum, Horst, Kriminalpolitik für Menschen, Frankfurt am Main 1991.

Schünemann, Bernd, Die Funktion des Schuldprinzips im Präventionsstrafrecht, in: Schünemann, Bernd (Hrsg.), Grundfragen des modernen Strafrechtssystems, Berlin, New York 1984, S. 153–195.

Schünemann, Bernd, Wohin treibt der deutsche Strafprozess?, ZStW 114 (2002), S. 1–62.

Schünemann, Bernd, Zur Stellung des Opfers um System der Strafrechtspflege, NStZ 1986, S. 193–200 und NStZ 1986, S. 439–443 (Fortsetzung).

Searle, John R., Sprechakte, Frankfurt am Main 1971.

Seelmann, Kurt, Paradoxien der Opferorientierung im Strafrecht, JZ 1989, S. 670–676.

Seelmann, Kurt, Strafzwecke und Wiedergutmachung, Zeitschrift für evangelische Ethik, 1981, S. 44 ff.

Seibert, Thomas-Michael, Plädoyer für symbolisches Strafrecht, in: Festschrift für Klaus Lüderssen, Baden-Baden 2002, S. 345–357.

Sessar, Klaus, Über das Opfer, in: Festschrift für Hans-Heinrich Jescheck, 2. Halbband, Berlin 1985, S. 1137–1157.

Solbach, Günther / Kugler, Klaus, Zur Fassung der Urteilsformel im Strafverfahren, DRiZ 1971, S. 56–58.

Statistisches Bundesamt, Rechtspflege, Arbeitsunterlage, Strafverfolgung 2000, Wiesbaden 2001.

Stein, Wolfgang, Anmerkung zu BGH, Urteil vom 23.3.2000 – 4 StR 650/99, JR 2001, S. 70 ff., Anm. S. 72-73.

Stein, Wolfgang, Täter-Opfer-Ausgleich und Schuldprinzip, NStZ 2000, S. 393–397.

Stratenwerth, Günter, Die Stufen des Verbrechensaufbaus, in: Lüderssen, Klaus / Sack, Fritz; Seminar: Abweichendes Verhalten II,

Die gesellschaftliche Reaktion auf Kriminalität, Band 1, Frankfurt 1975, S. 251–265.

Stratenwerth, Günter, Leitprinzipien der Strafrechtsreform, in: Kühn, Heinz / Brandt, Leo (Hrsg.); Arbeitsgemeinschaft für Forschung des Landes Nordrhein-Westfalen, Heft 162, Köln 1970.

Stratenwerth, Günter, Strafrecht Allgemeiner Teil, Band 1, 4. Auflage, Köln, Berlin, Bonn, München 2000.

Stratenwerth, Günter, Schuld und Sühne, in: Evangelische Theologie, Heft 8, 1958, S. 337–353.

Stratenwerth, Günther, Was leistet die Lehre von den Strafzwecken?, Schriftenreihe der Juristischen Gesellschaft zu Berlin, Heft 139, Berlin, New York, 1995.

Systematischer Kommentar zum Strafgesetzbuch, Rudolphi, Hans-Joachim / Horn, Eckhard / Samson, Erich / Günther, Hans-Ludwig (Hrsg.), Band 1 (§§ 38–79b StGB), 8. Auflage, 2001.

Systematischer Kommentar zur Strafprozessordnung, Rudolphi, Hans-Joachim / Frisch, Wolfgang / Paeffgen, Hans-Ullrich / Rogall, Klaus / Schlüchter, Ellen / Wolter, Jürgen (Hrsg.), Band 3 (§§ 251–420 StGB), 1986 ff.

Tiedemann, Klaus, Entwicklungstendenzen der strafprozessualen Rechtskraftlehre, Tübingen 1969.

Tiemeyer, Jürgen, Grundlagenprobleme des normativen Schuldbegriffs, Goltdammers Archiv 1986, S. 203–227.

Tröndle, Herbert / Fischer, Thomas, Strafgesetzbuch und Nebengesetze, 52. Auflage, München 2004.

Vogler, Theo, Funktion und Grenzen der Gesetzeseinheit, in: Festschrift für Paul Bockelmann 1979, S. 715–736.

Volk, Klaus, Der Begriff der Strafe in der Rechtsprechung des Bundesverfassungsgerichts, ZStW 83 (1971) S. 405–434.

Voß, Michael, Strafe muss nicht sein. Zu einer Inanspruchnahme des Strafrechts, die an Bestrafung nicht interessiert ist, in: Peters, Helge (Hrsg.), Muss Strafe sein?, Zur Analyse und Kritik strafrechtlicher Praxis, Opladen 1993, S. 135–150.

Wagner, Heinz, Die selbständige Bedeutung des Schuldspruchs im Strafrecht, insbesondere beim Absehen von Strafe gemäß § 16 StGB, Goltdammers Archiv 1972, S. 33–53.

Waiblinger, Max, Der rechtliche Charakter und die Bedeutung der Schuldigerklärung im Strafprozess. Das Problem der Teilrechtskraft, in: Festschrift für Hans F. Pfenninger, Zürich 1956, S. 157–179.

Walbaum, Ina, Schuldspruch in der Revisionsinstanz nach freisprechendem Urteil des Tatgerichts, Frankfurt am Main, 1996 .

Walper, Caroline, Die Voraussetzungen der Postpendenzentscheidung und der Tenor des Strafurteils, Jura 1998, S. 622–625.

Walther, Susanne, Vom Rechtsbruch zum Realkonflikt, Berlin 2000.

Walther, Susanne, Was soll „Strafe"?, ZStW 111 (1999) S. 123–143.

Weber, Joachim, Zum Genugtuungsinteresse des Verletzten als Strafzweck, Baden-Baden 1997.

von Weber, Helmuth, Das Absehen von Strafe, MDR 1956, S. 705–707.

Weigend, Thomas, Deliktsopfer und Strafverfolgung, Berlin 1989.

Weigend, Thomas, Sanktionen ohne Freiheitsentzug, Goltdammers Archiv 1992, S. 345–367.

Werner, Fritz, Mündliche und schriftliche Urteilsbegründung im Strafprozess, JZ 1951, S. 779–781.

Willms, Günther, Zur Fassung der Urteilformel in Strafsachen, DRiZ 1976, S. 82–83.

Wittschier, Johannes, Das Verbot der reformatio in peius und der Schuldspruch, StV 1986, S. 173–178.

Wollweber, Harald, Die innerprozessuale Bindungswirkung vom Revisionsgericht aufrechterhaltener tatrichterlicher Feststellungen, Münster, Hamburg 1991.

Wolter, Jürgen, Informelle Erledigungsarten und summarische Verfahren bei geringfügiger und minderschwerer Kriminalität, Goltdammers Archiv 1989, S. 397–429.

Wolter, Jürgen, Wahlfeststellung und in dubio pro reo, Berlin 1987.

Zickendraht-Wendelstadt, Gunnar, Straffreierklärung und Absehen von Strafe, Hamburg 1972.

Zipf, Heinz, Anmerkung zu BayObLG, Urteil vom 4. 11. 1975, JR 1976, S. 511 ff., Anm. S. 512–514.

Zweite Jugendstrafrechtsreformkommission, Abschlussbericht v. 15. 8. 2002, DVJJ-Journal. Die Zeitschrift für Jugendkriminalrecht und Jugendhilfe (DVJJ) 2002, S. 227–266.

FRANKFURTER KRIMINALWISSENSCHAFTLICHE STUDIEN

Band 1 Peter Böning: Die Lehre vom Unrechtsbewußtsein in der Rechtsphilosophie Hegels 100 S., 1978.

Band 2 Wolfgang Schneider: Kriminelle Straßenverkehrsgefährdung (§ 315c Abs. 1 Ziff. 2, Abs. 3 StGB). Eine kriminologische und strafrechtliche Untersuchung zur Problematik dieser Verkehrsstraftaten unter Berücksichtigung ausländischer Rechte. 342 S., 1978.

Band 3 Lothar Kuhlen: Die Objektivität von Rechtsnormen. Zur Kritik des radikalen labeling approach in der Kriminalsoziologie. 178 S., 1978.

Band 4 Günther Grewe: Straßenverkehrsdelinquenz und Marginalität. Untersuchungen zur institutionellen Regelung von Verhalten. 148 S., 1978.

Band 5 Dieter Haberstroh: Strafverfahren und Resozialisierung. Eine Studie über Verstehen und Nicht-Verstehen, über Verstanden-Werden und Nicht-Verstanden-Werden und deren Bedingungen in der Hauptverhandlung. 202 S., 1979.

Band 6 Thomas Vogt: Die Forderungen der psychoanalytischen Schulrichtungen für die Interpretation der Merkmale der Schuldunfähigkeit und der verminderten Schuldfähigkeit (§§ 51 a.F., 20, 21 StGB). 182 S., 1979.

Band 7 Andreas Michael: Der Grundsatz in dubio pro reo im Strafverfahrensrecht. Zugleich ein Beitrag über das Verhältnis von materiellem Recht und Prozeßrecht. 214 S., 1981.

Band 8 Ilias G. Anagnostopoulos: Haftgründe der Tatschwere und der Wiederholungsgefahr (§§ 112 Abs. 3, 112 a StPO). Kriminalpolitische und rechtssystematische Aspekte der Ausweitung des Haftrechts. 1984.

Band 9 Helga Müller: Der Begriff der Generalprävention im 19. Jahrhundert. Von P.J.A. Feuerbach bis Franz v. Liszt. 1984.

Band 10 Frowin Jörg Kurth: Das Mitverschulden des Opfers beim Betrug. 1984.

Band 11 Martin J. Worms: Die Bekenntnisbeschimpfung im Sinne des § 166 Abs. 1 StGB und die Lehre vom Rechtsgut. 1984.

Band 12 Jong-Dae Bae: Der Grundsatz der Verhältnismäßigkeit im Maßregelrecht des StGB. 1985.

Band 13 Helmut Fünfsinn: Der Aufbau des fahrlässigen Verletzungsdelikts durch Unterlassen im Strafrecht. 1985.

Band 14 Christoph Krehl: Die Ermittlung der Tatsachengrundlage zur Bemessung der Tagessatzhöhe bei der Geldstrafe. 1985.

Band 15 Walter-Hermann Kiehl: Strafrechtliche Toleranz wechselseitiger Ehrverletzungen - Zur ratio legis der §§ 199, 233 Strafgesetzbuch -. 1986.

Band 16 Matthias Krahl: Die Rechtsprechung des Bundesverfassungsgerichts und des Bundesgerichtshof zum Bestimmtheitsgrundsatz im Strafrecht (Art. 103 Abs. 2 GG). 1986.

Band 17 Patrick Carroll Campbell: § 220a StGB. Der richtige Weg zur Verhütung und Bestrafung von Genozid? 1986.

Band 18 Winfried Hassemer (Hrsg.): Strafrechtspolitik. Bedingungen der Strafrechtsreform. 1987.

Band 19 Felix Herzog: Prävention des Unrechts oder Manifestation des Rechts. Bausteine zur Überwindung des heteronom-präventiven Denkens in der Strafrechtstheorie der Moderne. 1987.

Band 20 Astrid Michalke-Detmering: Die Mindestanforderungen an die rechtliche Begründung des erstinstanzlichen Strafurteils. Zur Auslegung des § 267 StPO. 1987.

Band 21 Lothar Kuhlen: Die Unterscheidung von vorsatzausschließendem und nichtvorsatzausschließendem Irrtum. 1987.

Band 22 Michael Buttel: Kritik der Figur des Aufklärungsgehilfen im Betäubungsmittelstrafrecht (§ 31 BtMG). 1988.

Band 23 Matthias Kögler: Die zeitliche Unbestimmtheit freiheitsentziehender Sanktionen des Strafrechts. Eine vergleichende Untersuchung zur Rechtslage und Strafvollstreckungspraxis in der Bundesrepublik Deutschland und den USA. 1988.

Band 24 Klaus Lüderssen/Cornelius Nestler-Tremel/Ewa Weigend(Hrsg.): Modernes Strafrecht und ultima-ratio-Prinzip. 1990.

Band 25 Jürgen Taschke: Die behördliche Zurückhaltung von Beweismitteln im Strafprozeß. 1989.

Band 26 Daniela Westphalen: Karl Binding (1841-1920). Materialien zur Biographie eines Strafrechtsgelehrten. 1989.

Band 27 Sigrid Jans: Die Aushöhlung des Klageerzwingungsverfahrens. 1990.

Band 28 Dimitris Spirakos: Folter als Problem des Strafrechts. Kriminologische, kriminalsoziologische und (straf-)rechtsdogmatische Aspekte unter besonderer Berücksichtigung der Folterschutzkonvention und der Pönalisierung der Folter in Griechenland. 1990.

Band 29 Stephan Moll: Strafrechtliche Aspekte der Behandlung Opiatabhängiger mit Methadon und Codein. 1990.

Band 30 Stefan Werner: Wirtschaftsordnung und Wirtschaftsstrafrecht im Nationalsozialismus. 1991.

Band 31 Xanthi Bassakou: Beiträge zur Analyse und Reform des Absehens von Strafe nach § 60 StGB. 1991.

Band 32 Rainer Runte: Die Veränderung von Rechtfertigungsgründen durch Rechtsprechung und Lehre. Moderne Strafrechtsdogmatik zwischen Rechtsstaatsprinzip und Kriminalpolitik. 1991.

Band 33 Olaf Hohmann: Das Rechtsgut der Umweltdelikte. Grenzen des strafrechtlichen Umweltschutzes. 1991.

Band 34 Klaus Jochen Müller: Das Strafbefehlsverfahren (§§ 407 ff. StPO). Eine dogmatisch-kriminalpolitische Studie zu dieser Form des schriftlichen Verfahrens unter besonderer Berücksichtigung der geschichtlichen Entwicklung – zugleich ein Beitrag zum StVÄG 1987. 1993

Band 35 Sang-Don Yi: Wortlautgrenze, Intersubjektivität und Kontexteinbettung. Das strafrechtliche Analogieverbot. 1991.

Band 36 Birgit Malsack: Die Stellung der Verteidigung im reformierten Strafprozeß. Eine rechtshistorische Studie anhand der Schriften von C. J. A. Mittermaier. 1992.

Band 37 Rüdiger Schäfer: Die Privilegierung des "freiwillig-positiven" Verhaltens des Delinquenten nach formell vollendeter Straftat. Zugleich ein Beitrag zum Grundgedanken des Rücktritts vom Versuch und zu den Straftheorien. 1992.

Band 38 Cornelius Nestler-Tremel: AIDS und Strafzumessung. 1992.

Band 39 Christine Gutmann: Freiwilligkeit und (Sozio-)Therapie – notwendige Verknüpfung oder Widerspruch? 1993.

Band 40 Walter Kargl: Der strafrechtliche Vorsatz auf der Basis der kognitiven Handlungstheorie. 1993.

Band 41 Jürgen Rath: Zur strafrechtlichen Behandlung der aberratio ictus und des error in objecto des Täters. 1993.

Band 42 Martin Fischer: Wille und Wirksamkeit. Eine Untersuchung zum Problem des *dolus alternativus*. 1993.

Band 43 Regina Harzer: Der Naturzustand als Denkfigur moderner praktischer Vernunft. Zugleich ein Beitrag zur Staats- und Rechtsphilosophie von Hobbes und Kant. 1994.

Band 44 Helmut Pollähne: Lockerungen im Maßregelvollzug. Eine Untersuchung am Beispiel der Anwendung des nordrhein-westfälischen Maßregelvollzugsgesetzes im Westfälischen Zentrum für Forensische Psychiatrie (Lippstadt). 1994.

Band 45 Hans-Joachim Leonhardt: Rechtsmittelermessen der Staatsanwaltschaft. Eine Gegenüberstellung von § 296 StPO mit Nummern 147 und 148 Richtlinien für das Strafverfahren und das Bußgeldverfahren (RiStBV). 1994.

Band 46 Rolf Grünebaum: Zur Strafbarkeit des Therapeuten im Maßregelvollzug bei fehlgeschlagenen Lockerungen. 1996.

Band 47 Barbara Bialas: Promille-Grenzen, Vorsatz und Fahrlässigkeit. 1996.

Band 48 Christine Pott: Die Außerkraftsetzung der Legalität durch das Opportunitätsdenken in den Vorschriften der §§ 154, 154a StPO. Zugleich ein Beitrag zu einer kritischen Strafverfahrensrechtstheorie. 1996.

Band 49 Wolfgang Köberer: *Iudex non calculat.* Über die Unmöglichkeit, Strafzumessung sozialwissenschaftlich-mathematisch zu rationalisieren. 1996.

Band 50 Institut für Kriminalwissenschaften Frankfurt a.M. (Hrsg.): Vom unmöglichen Zustand des Strafrechts. 1995.

Band 51 Petra Kamberger: Treu und Glauben (§ 242 BGB) als Garantenstellung im Strafrecht? 1996.

Band 52 Anastassios Triantafyllou: Das Delikt der gefährlichen Körperverletzung (§ 223a StGB) als Gefährdungsdelikt. (Zugleich ein Beitrag zur Dogmatik der Gefährdungsdelikte). 1996.

Band 53 Norbert Kissel: Aufrufe zum Ungehorsam und § 111 StGB. Grundrechtlicher Einfluß bei der Feststellung strafbaren Unrechts. 1996.

Band 54 Susanne Ehret: Franz von Liszt und das Gesetzlichkeitsprinzip. Zugleich ein Beitrag wider die Gleichsetzung von Magna-charta-Formel und Nullum-crimen-Grundsatz. 1996.

Band 55 Stefan Braum: Geschichte der Revision im Strafverfahren von 1877 bis zur Gegenwart. Zugleich eine Kritik der Kontinuität politischer Macht im Recht. 1996.

Band 56 Katja Diel: Das Regreßverbot als allgemeine Tatbestandsgrenze im Strafrecht. 1997.

Band 57 Christoph Koller: Die Staatsanwaltschaft – Organ der Judikative oder Exekutivbehörde? Die Stellung der Anklagebehörde und die Gewaltenteilung des Grundgesetzes. 1997.

Band 58 Frank Schößler: Anerkennung und Beleidigung. Rechtsgut und Strafzweck des § 185 StGB. 1997.

Band 59 Regina Engelstädter: Der Begriff des Unfallbeteiligten in § 142 Abs. 4 StGB. Zugleich eine Kritik an aktuellen Zurechnungslehren. 1997.

Band 60 Jörg Reinhardt: Der Ausschluß und die Ablehnung des befangen erscheinenden Staatsanwaltes. 1997.

Band 61 Jens Christian Müller-Tuckfeld: Integrationsprävention. Studien zu einer Theorie der gesellschaftlichen Funktion des Strafrechts. 1998.

Band 62 Peter Maria Rohe: Verdeckte Informationsgewinnung mit technischen Hilfsmitteln zur Bekämpfung der Organisierten Kriminalität. Zugleich eine rechtsvergleichende Analyse der polizeilichen Abhörbefugnisse in den U.S.A. 1998.

Band 63 Dirk Fabricius: Was ein Lehrbuch lehrt ... Eine exemplarische Untersuchung von Jakobs *Strafrecht – Allgemeiner Teil*. 1998.

Band 64 Stefan Sinner: Der Vertragsgedanke im Strafprozeßrecht. 1999.

Band 65 Sebastian Schattenfroh: Die Staatsphilosophie Giovanni Gentiles und die Versuche ihrer Verwirklichung im faschistischen Italien. 1999.

Band 66 Athanassia Dionyssopoulou: Der Tatbestand der Geldwäsche. Eine Analyse der dogmatischen Grundlagen des § 261 StGB. 1999.

Band 67 Klaus von Lampe: *Organized Crime*. Begriff und Theorie organisierter Kriminalität in den USA. 1999.

Band 68 Christian Hanssen: "Trennung der Märkte". Rechtsdogmatische und rechtspolitische Probleme einer Liberalisierung des Drogenstrafrechts. 1999.

Band 69 Institut für Kriminalwissenschaften und Rechtsphilosophie Frankfurt a.M. (Hrsg.): Irrwege der Strafgesetzgebung. 1999.

Band 70 Konstantinos Chatzikostas: Die Disponibilität des Rechtsgutes Leben in ihrer Bedeutung für die Probleme von Suizid und Euthanasie. 2000.

Band 71 Bettina Wirmer-Donos: Die Strafrechtstheorie Karl Christian Friedrich Krauses als theoretische Grundlage des spanischen Korrektionalismus. 2001.

Band 72 Christine Löw: Die Erkundigungspflicht beim Verbotsirrtum nach § 17 StGB. 2001.

Band 73 Florian Ufer: Der Verwertungswiderspruch in Theorie und Praxis. Prozessuale Obliegenheiten des Verteidigers und ihre Bedeutung für die Rechtsposition des Beschuldigten. 2002.

Band 74 Katja Melzer: Psychisch kranke Straftäterinnen. Frauen im Maßregelvollzug. 2001.

Band 75 Gregor Kuntze-Kaufhold: Lebenswelt und Unparteilichkeit. Kriterien für eine Rechtsanwendungslehre am Beispiel der Analyse von fünf Hauptverhandlungen in Strafverfahren. 2002.

Band 76 Iris Kristina Passek: Die erstinstanzliche Zuständigkeit der Oberlandesgerichte in Staatsschutzstrafsachen. Historische Entwicklung und aktuelle Probleme. 2002.

Band 77 Michael Krebs: Die Weisungsgebundenheit des Staatsanwalts unter besonderer Berücksichtigung des rechtstatsächlichen Aspekts. 2002.

Band 78 Kerstin Degenhardt: Europol und Strafprozeß. Die Europäisierung des Ermittlungsverfahrens. 2003.

Band 79 Domenico Siciliano: Das Leben des fliehenden Diebes: Ein strafrechtliches Politikum. 2003.

Band 80 Marc Colussi: Produzentenkriminalität und strafrechtliche Verantwortung. 2003.

Band 81 Thilo Lars Hild: Grenzen einer strafrechtlichen Regulierung des Kapitalmarktes. Eine kriminalrechtliche Untersuchung von Börsengängen und Aktienhandel in Deutschland und den USA. 2004.

Band 82 Philipp Rau: Schweigen als Indiz der Schuld. Ein Vergleich des deutschen und englischen Rechts zur Würdigung des Schweigens des Beschuldigten. 2004.

Band 83 Alexandra Pfeiffer: Die Regelung der Lebendorganspende im Transplantationsgesetz. 2004.

Band 84 Elena Fischer: Recht auf Sterben?! Ein Beitrag zur Reformdiskussion der Sterbehilfe in Deutschland unter besonderer Berücksichtigung der Frage nach der Übertragbarkeit des Holländischen Modells der Sterbehilfe in das deutsche Recht. 2004.

Band 85 Jörg Ziethen: Grundlagen probabilistischer Zurechnung im Strafrecht. 2004.

Band 86 Stefanie Schork: Ausgesprochen schuldig. Dogmatische und metadogmatische Untersuchungen zum Schuldspruch. 2005.

www.peterlang.de

Peter Lang · Europäischer Verlag der Wissenschaften

Philipp Rau

Schweigen als Indiz der Schuld

Ein Vergleich des deutschen und englischen Rechts zur Würdigung des Schweigens des Beschuldigten

Frankfurt am Main, Berlin, Bern, Bruxelles, New York, Oxford, Wien, 2004.
406 S.
Frankfurter kriminalwissenschaftliche Studien.
Verantwortlicher Herausgeber: Ulfrid Neumann. Bd. 82
ISBN 3-631-52063-8 · br. € 68.50*

Die Arbeit behandelt die Schweigegarantie des Beschuldigten im deutschen und englischen Recht. Hierbei wird – neben der dogmatischen Ableitung des Rechts – speziell die Frage der richterlichen Würdigung des Schweigens untersucht. Die Arbeit ist dreiteilig aufgebaut: im ersten Teil wird die deutsche Rechtslage behandelt, im zweiten die englische und in einem dritten Teil werden die Ansätze beider Rechtsordnungen verglichen. Die Analyse zeigt, dass (ungeachtet der Unterschiedlichkeit der Rechtssysteme) erhebliche Strukturparallelen bestehen. In beiden Rechtsordnungen ist das Schweigerecht aus der Würde des einzelnen abzuleiten. Zudem ergibt sich, dass jede Form der Interpretation des Schweigens aus normativen Gründen (Unschuldsvermutung, Fairness) unzulässig ist. Die Abhandlung berücksichtigt zudem die europäische Perspektive (Urteile des Europäischen Gerichtshofs für Menschenrechte zu den englischen Regelungen).

Aus dem Inhalt: Schweigegarantie des Beschuldigten im deutschen und englischen Recht · Speziell dogmatische Ableitung und richterliche Würdigung des Schweigens · Reform in England im Jahre 1994 · Urteile des EGMR zu den englischen Regelungen

Frankfurt am Main · Berlin · Bern · Bruxelles · New York · Oxford · Wien
Auslieferung: Verlag Peter Lang AG
Moosstr. 1, CH-2542 Pieterlen
Telefax 00 41 (0) 32 / 376 17 27

*inklusive der in Deutschland gültigen Mehrwertsteuer
Preisänderungen vorbehalten

Homepage http://www.peterlang.de

Kolibri 360 GmbH
Ferdinand-Jühlke-Straße 7
99095 Erfurt, Deutschland
produktsicherheit@kolibri360.de

Druck:
CPI Druckdienstleistungen GmbH
im Auftrag der
Kolibri 360 GmbH
Ferdinand-Jühlke-Str. 7
99095 Erfurt